文革から「改革開放」期における中国朝鮮族の日本語教育の研究

本田弘之 著

はじめに
―「朝鮮族」との出会いと疑問の発端―

　「朝鮮族」の人たちにはじめて出会ったのは、1989年、青年海外協力隊員として赴任した中国吉林省長春市(きつりん)だった。わたしが日本語を教えていた医科大学に、何人かの非常に日本語が上手な学生がいた。彼らに「すごく日本語が上手ですね」というと、「わたしは朝鮮族です」という返事が返ってきた。長春は大学の多い街だが、他の大学で日本語を学んでいる学生の中にも、朝鮮族の学生が少なくなかった。彼らは、みんな日本語がうまく、それ以上に「手慣れた感じ」の日本語を話した。彼らと親しくなるにつれ、その理由が、中学時代から英語ではなく日本語を外国語として学んできたことにあるということがわかってきた。しかし、なぜ英語ではなく日本語なのか？この質問に対する彼らの答えは「満州国時代からの歴史的経緯により、朝鮮族の民族中学では日本語教育がおこなわれている」というものだった。……「満州国」から？
　わたしは中国にいくまで、日本の高校で世界史の教員を勤めていたから、当然、朝鮮総督府による「国語常用全解運動」などについての「知識」を持っていた。その「知識」によれば、1945年、日本の敗戦・朝鮮半島の解放と同時に、日本語と日本文化は「禁止」され、少なくとも韓国では1970年代に入るまで日本語を学ぶことは公認されていなかったし、公認後も韓国人の口から「日帝時代からの歴史的経緯により日本語を学ぶ」などという発言が出てくることは、冗談にしてもありえないはずだった。しかし、朝鮮族の学生は、それと同じ趣旨の発言を、当然のようにしているのである。わたしは当時、まだ「満州国」の遺構が随所に残っていた長春市内でその理由を考えあぐね、そして、朝鮮族のコミュニティにおける日本語教育の意味を探りはじめたのであった。
　それ以来、20年にわたって彼らとつきあい、話を聴き、わたし自身が朝

鮮族中学の教室に立つという経験も積んだ結果、朝鮮族の人々が、彼らの日本語教育を「満州国」時代の遺産である、と公言する理由が見えてきた。朝鮮族の日本語教育は、1970年代後半、文化大革命によって疲弊した民族教育を復興させ、消失の危機にあった民族の言語と文化を次代に継承するために、彼ら自身が選択した「必殺技」ともいうべき手段だったのである。その日本語教育は、彼らが自律的に選択、実行し、彼らの目的にあわせて変容した日本語教育であった。すなわち、朝鮮族の人々は「満州国」時代に民族の言語や文化を剥奪するために強制された日本語教育を、まったく正反対に自らの民族言語と文化を守るための手段として使っていたのである。たとえとして適切かどうかはわからないが、朝鮮族の日本語教育は「敵が攻撃に使ってきた兵器を捕獲して、自分たちの新たな戦いに勝利するために使った」という構造を持っており、そのために「満州国時代から…」という発言がおこなわれることに不思議はなかったのである。

このように彼ら自身のためだけに「再開」された朝鮮族の日本語教育であったが、その後の中国の急速な経済成長の中で、「再開」時には、朝鮮族の人々が想定していなかった役割を担うこととなった。それは、外国語教育の本来の目的というべき、日本人とコミュニケーションするために日本語を使う、という役割であった。「改革開放」政策の進展とともに、日本語ができる人材として、中学校から日本語を学んでいる朝鮮族が注目され、数多くの若者が「南方」(経済特区)に移動していった。彼らが日本企業の中国進出と「南方」における日本語教育の発展にかなり大きな役割を果たしたということも、朝鮮族のコミュニティの中では、いわば「常識」として語られている。

さて、このような「満州国」時代に起源し、現在みられるような日系企業の中国進出に大きな役割を果たしてきた朝鮮族の日本語教育であるが、これまで、ほとんど研究らしい研究はおこなわれてこなかった。それは彼らの日本語教育の「再開」に日本人がまったく関与していなかったこと、そして、中国における朝鮮族という「少数民族」の存在の見えにくさによるものではないかと推測される。しかし、ほとんどの日本語教育史が「『満州国』における日本語教育は1945年に消滅した」と記述し、それ以降の中国における

日本語教育との関係をなにも検討していないことには、大きな問題があると思われる。たしかに、日本人の手による侵略主義的な目的をもった日本語教育は1945年に終了、消滅した。ただし、それが当時学校で日本語を学び、日本語を使っていた学習者の消滅を意味しているわけではない。それを日本人は、はっきり認識しておかなければならないと、わたしは考えている。

　本書は、いままで「見えない日本語学習者」として日本語教育研究の空白となっていた中国朝鮮族の日本語教育についての調査・研究報告である。

目　次

はじめに …………………………………………………………………… iii

第 1 章　研究の目的と方法 ――――――――――――――――― 1
1.1　研究の目的と意義 ………………………………………………… 1
1.2　本書の構成 ………………………………………………………… 4
1.3　先行研究 …………………………………………………………… 8
1.4　調査方法 …………………………………………………………… 15

第 2 章　中国朝鮮族と少数民族教育 ―――――――――――― 23
2.1　中国朝鮮族 ………………………………………………………… 23
　2.1.1　「朝鮮族」の成立過程 ……………………………………… 23
　2.1.2　朝鮮族の居住地と言語生活 ………………………………… 29
2.2　少数民族教育 ……………………………………………………… 34
　2.2.1　中国の教育制度 ……………………………………………… 35
　2.2.2　進学競争と入試制度 ………………………………………… 39
　2.2.3　民族教育制度 ………………………………………………… 44
　2.2.4　民族教育制度が直面する問題点 …………………………… 49
2.3　朝鮮族の民族教育 ………………………………………………… 55
　2.3.1　朝鮮族中学における教育とその特徴 ……………………… 55
　2.3.2　民族教育の「漢語化」と「トランスナショナル化」 …… 73
2.4　朝鮮族が直面するコミュニティの縮小と解体 ………………… 84

第 3 章　中国朝鮮族の日本語教育 ── 95

- 3.1　朝鮮族の日本語教育の時代的な推移 ── 99
  - 3.1.1　「満州国」時代の日本語教育と朝鮮人 ── 99
  - 3.1.2　文化大革命と民族教育の危機 ── 106
- 3.2　「中国」における日本語教育の時代的な推移 ── 110
  - 3.2.1　清末から民国期まで ── 110
  - 3.2.2　中華人民共和国成立から文化大革命終了まで ── 113
  - 3.2.3　文化大革命終了と日本語教育の再開 ── 116
- 3.3　朝鮮族による日本語教育の「再開」 ── 123
  - 3.3.1　日本語教育の「再開」事情 ── 123
  - 3.3.2　「再開」期の日本語の授業 ── 136
  - 3.3.3　再開期における大学の日本語の授業 ── 147
  - 3.3.4　再開期の朝鮮族中学の授業と大学の授業を比較する ── 163
- 3.4　教員の世代交代と授業の変化 ── 166
  - 3.4.1　「外国語教育」としての日本語教育のはじまり ── 170
  - 3.4.2　現在の朝鮮族の日本語教育 ── 181
  - 3.4.3　日本語教育へのビリーフ ── 188
  - 3.4.4　教師の授業観とその実現 ── 191
  - 3.4.5　日本語教師の学習経験 ── 206
- 3.5　教科書とその使用 ── 208
  - 3.5.1　民族中学で使用される教科書とその変遷 ── 209
  - 3.5.2　問題集にみる「受験日本語」 ── 221
  - 3.5.3　中国の日本語教育における教科書の位置 ── 223
- 3.6　朝鮮族の日本語教育の進展と変化 ── 230

第 4 章　朝鮮族の日本語教育の変遷とその構造 ── 241

- 4.1　中国経済の高度成長と人材の不足 ── 243
- 4.2　産業界への人材供給源として機能した朝鮮族の日本語教育 ── 249
- 4.3　朝鮮族の「南方」移住が日本語教育の地域的な拡大に果たした役割 ── 259
- 4.4　1980年代、中国における日本語教育と人材育成の二重構造 ── 265

4.5　中国朝鮮族の「漢語化」と「トランスナショナル化」……………………… 267
4.6　中国朝鮮族の将来と日本語教育……………………………………………… 273

参考文献………………………………………………………………………………… 281

おわりに………………………………………………………………………………… 287

索引……………………………………………………………………………………… 291

第 1 章
研究の目的と方法

1.1 研究の目的と意義

　本書は中華人民共和国における朝鮮族の日本語教育について論考する。中国における少数民族の一つである朝鮮族のコミュニティでは、日本語を学習する者の比率がきわめて高い。中国は世界で 2 番目に日本語学習者が多い地域である。はじめて中国の日本語学習者数が調査されたのは、1990 年であった（国際交流基金の委託による）。このとき報告された学習者総数は 24 万 9,000 人であったが、推計では、その 30％にあたる 7 万 6,000 人以上が朝鮮族の学習者でしめられていた[1]。すなわち、1990 年当時、中国の日本語学習者の 3 人に 1 人は朝鮮族であった。また、中国朝鮮族の総人口は約 190 万人であるから、日本語学習率は人口の 4％に達していたことになる。このような人口当たりの学習率の高さも他に類をみないものである[2]。中国において日本語教育が本格的におこなわれるようになったのは、1972 年に日中の国交が回復し、1976 年に文化大革命が終結（「四人組」の逮捕）して以降のことである。つまり日本語教育の開始から少なくとも 1990 年まで 20 年以上にわたって、朝鮮族の日本語学習者は中国の日本語教育の中で大きな比重をしめており、また、朝鮮族にとっても日本語を学ぶことが重要な意味を持っていたと考えられるのである。

　しかし、朝鮮族の日本語教育の歴史も、それが中国の日本語教育の中でどのような位置づけにあるのかも、現在、ほとんど知られていない。それには三つの理由があげられる。一つは日本語教育が再開された 1970 年代には、まだ文化大革命後の社会混乱が続き、学校教育に関して、ほとんど記録らしい記録が残されていないからである。もう一つの理由は、朝鮮族の日本語教

育が主として民族中学という民族コミュニティ以外の人々には閉ざされた社会の中で展開し、あまり公開されることがなかったからである。さらに、もう一つの理由として、朝鮮族の日本語教育は、かつて「満州国」時代に日本語教育を受けた世代によって担われ、第二次世界大戦後の日本人や日本社会とはほとんど関わりを持たないままおこなわれてきたこともあげられる。

それとは反対に、中国の日本語教育としては高等教育機関における日本語教育、とりわけ「重点大学」とよばれた総合(性)大学[3]、および語学教育の専門大学である外国語学院(大学)の日本語学科における教育がよく知られてきた。とくに北京日本語研修センター(通称：大平学校・現：日本学研究センター)および東北師範大学赴日予備学校が開校して以降、大学に所属する日中間の研究者・教員の交流はたえずおこなわれてきた。そのため、「中国の日本語教育」というと大学の日本語教育ばかりが想起される傾向が強い。それは、朝鮮族の日本語教育に関心がおよばないのとは対照的である。

本書は、いままでまったく空白となっており、資料もほとんど残っていない文革から「改革開放」期における朝鮮族の日本語教育をフィールドワークとインタビューにより再現し、それが中国の日本語教育の開始時期にどのような役割を果たしてきたか、その役割は大学の日本語学科とはどのように異なっていたのか、また、朝鮮族に対して日本語教育がどのような影響を与えてきたのか、すなわち「中国朝鮮族の日本語教育とは何だったのか」を明らかにするものである。

ところで、日本語に限らず中国の外国語教育は実学志向がきわめて強い。そこでは、ヨーロッパ諸国にみられるように、純粋に個人的な興味や趣味として日本語が学ばれる例がほとんどない。さらに中国では、その実学志向の日本語学習の目的が「日本語を使って仕事をする(職を得る)ため」と「(資格)試験に合格するため」に単純に二分されてしまう傾向が強い。たとえば大学における日本語教育をみても、専攻課程の日本語教育は早くから「仕事に使うための日本語教育」を希求してきたのに対し、第二外国語としておこなわれる日本語教育などは、学位をとるための試験に合格するための勉強と化している[4]。朝鮮族の民族中学の日本語教育は中等教育でおこなわれてきたが、これもまた「大学受験のための日本語教育」を目的としてきた。し

がって、朝鮮族中学では、授業中に話す練習や聞く練習などはおこなわれず、教科書の内容を暗記することに終始していたのであった。ところが、1980年代半ばより、経済特区などに進出した日本企業が、日本語と中国語の通訳を雇用しようと探した際に見出したのが、「話すこと」などは目的にせず、受験教育に特化した日本語教育を受けていたはずの朝鮮族の人々であった。実際に、彼らは通訳など日本語を使った実務的な仕事もうまくこなしたらしく、まもなく日本企業は彼らをきそって採用しはじめた。こうして朝鮮族の民族中学卒業者は、中国の経済成長期に「日本語を使って仕事ができる人材」の大きな供給源となったのである。したがって、朝鮮族が民族中学で展開していた日本語教育は単純な受験教育をこえる要素をどこかに持っていたのではないかと考えられる。そこで、本書では朝鮮族の日本語教育を、同じ時代の大学の日本語専攻課程における教育と比較し、大学入学試験を目的とした教育に終始していたはずの朝鮮族の日本語教育が、同時に「日本語を使って仕事ができる人材」をも輩出してきた理由を明らかにする。

　文革終了時期まで朝鮮族が居住していたのは、彼らの故地である朝鮮半島に隣接した中国東北三省(次ページ参照)である。しかし、日本企業の通訳として朝鮮族が活躍したのは、日本企業が集中して進出した中国南端の珠江デルタ一帯であった。東北地方から来た朝鮮族が、中学で学んだ日本語の運用力をもって、単なる工場労働者よりも優位に立つ職位を得ていることは、まもなく中国南部に住む人々にも知られるようになった。そして朝鮮族を見習って、中等教育レベルの、またキャリア形成を目的とする日本学習者が、それまであまり日本語教育が盛んではなかった中国南部にも増えていった。こうして東北地方に集中していた日本語学習人口が、他の地域にも広がっていったのである。本書では、その実例として黒龍江省の一地方都市の日本語教育ブームを例に、朝鮮族が間接的に中国の日本語教育の普及に果たした役割についても考察する。

　一方、朝鮮族が日本語を学び、日本語を使う仕事についたことによって朝鮮族コミュニティ自身が大きな影響を受けることとなった。それは、中国の沿海地区への若者の流出にはじまり、やがてはコミュニティの縮小・解体につながっていったのであった。本書では、このような日本語教育によって朝

中国東北三省

鮮族が受けた影響についてもふれる。

1.2 本書の構成

　本書は 4 章からなる。
　1 章は研究の目的と意義、先行研究と研究の方法について述べる。

2章は研究の前提となる事柄について整理し、考察のポイントとなる重要な点を説明する。2.1においては「中国朝鮮族」について言及する。とくに朝鮮族が「少数民族」集団として成立するまでの経緯、その生活環境と言語環境について概説する。朝鮮族は主に20世紀に入って中国内に移動してきた「移住者」である。現在、彼らは「中国人」というナショナル・アイデンティティを確立しているものの、ときおりそのトランスナショナルな性格が人々の生活に出現することに注意が必要である。2.2においては、中国の少数民族のための教育制度、すなわち「少数民族教育」とそれにもとづいて設置される「民族学校」というシステムについて述べる。民族教育は、国家の正規教育をその民族固有の言語で受けることを認めるというきわめて進歩的な制度である。しかし、それが現実に機能するためには、さまざまな障害がある。その中で朝鮮族は諸条件に恵まれた民族であるが、それでも圧倒的な人口圧を持つ漢族社会の中で民族教育を維持してゆくことには多くの困難がある。ここでは、それらの問題点を明らかにする。続く2.3においては、朝鮮族の教育の特徴を明らかにする。「満州国」時代から、朝鮮族は、就学率も上級学校への進学率も非常に高く、「教育熱心な民族」であるという定評があった。現在の朝鮮族の民族教育は、朝鮮族が次代に朝鮮語の継承をしてゆくためにきわめて重要な役割を担っており、人々もそれを強く意識している。それと同時に、朝鮮族高級中学は教育を重視する朝鮮族コミュニティから大学進学について強い期待を受けており、中国における進学競争にも勝たなければならないのである。民族教育の中で日本語教育が選択されたのもそのためであった。そして、実際に朝鮮族高級中学は、大学入試において各省でトップレベルの成績をあげる学生を輩出してきた。しかし、2000年以降続く、中国の高度経済成長の中、朝鮮族の民族教育は「漢語化」という圧力と「トランスナショナル化」という圧力にさらされて大きく変質しようとしている。2.4では、その「漢語化」と「トランスナショナル化」の結果として、現在の朝鮮族が直面しているコミュニティの縮小と解体、さらに消滅の危機について述べる。

　3章では、本書の主題である朝鮮族の民族中学における日本語教育について、インタビューによる証言と周辺資料をつかい、さまざまな角度から考察

する。3.1 では、朝鮮族と日本語教育の関係を、「満州国」時代の朝鮮人教育から「文化大革命」にいたるまで時代を追って検討する。「満州国」においても、朝鮮人学校は朝鮮半島で朝鮮総督府が実施していたのと同じ「皇民化」教育をおこない、すべての授業を日本語(国語)で実施していた。そのため、朝鮮人学校で学んだ子どもたちは、日本語に関して母語話者に近い運用力を身につけることがめずらしくなかった。それとひきかえに朝鮮語教育はおこなわれていなかった。中華人民共和国成立後、朝鮮人は「少数民族」という地位を与えられ、その民族語による教育も保障された。しかし、1966年にはじまった文化大革命はふたたび民族教育と朝鮮語継承の危機を招く。そこで 3.1.2 では、文革が朝鮮族の日本語教育の「再開」にどのような影響を与えたかを考察する。3.2.1 と 3.2.2 では中国における朝鮮族以外の人々を対象とした日本語教育、すなわち漢族の日本語教育の沿革を清末から文化大革命までの日本語教育事情を歴史的資料より概観し、その特徴をさぐる。3.3.1 および 3.3.2 では、朝鮮族中学における日本語教育が、どのような経緯で「再開」されたのか、また「再開」後、中国全土で標準となった英語教育ではなく、日本語教育があえて朝鮮族中学で選択された事情、さらに日本語を学ぶことに関して朝鮮族の人々の意識がどのように変わっていったのかを明らかにする。さらに、3.3.3 では、それと対比的に中国の日本語教育の中心である大学の専攻課程の日本語教育について述べる。大学の日本語教育は、朝鮮族中学の日本語教育と同じく、文化大革命の終結とほぼ同時にはじまり、「日本語でコミュニケーションができる人材」の開発を目的として運用されてきた。再開初期の中国の教育環境は厳しく、教材も教具も不足していたが、その中でどのような教員と学生によって、どのような授業がおこなわれ、どのように学習されてきたのか、その効果はどのようなものであったかということは、ほとんど記録に残されていない。そこで当時、学生であった人々へのインタビューによって再現することとした。以上を受け 3.3.4 では、朝鮮族の民族中学における日本語教育と大学における日本語教育の目的や方法にどのような差異と類似点があったかを明確にしたい。3.4.1 では再開から 2000 年ごろにいたる各時期の授業を分析することによって、同じく 3.4.2～5 では現職の教員へのインタビューによって朝鮮族の日本語教育の

変遷を探ってゆく。当初、朝鮮族の日本語教育は「満州国」の朝鮮人学校でおこなわれた「国語」教育の流れを汲んではじめられた。そこには、外国語教育としての意識がほとんどなかったといえる。しかし、1980年代に入ると、英語教育の進展に影響を受け、英語教育をモデルとして日本語教育も外国語教育として形を整えていった。3.5.1〜3.5.3では、1980年代から現在にかけて朝鮮族中学で使用されてきた教科書と問題集についてその内容を分析し、中国の日本語教育において教科書が持っている意味、授業進行と教科書の関係を明らかにする。さらに3.6において、3章に述べてきた朝鮮族の日本語教育の進展と内容の変化についてまとめる。

　第4章では、朝鮮族の日本語教育が、中国の日本語教育のなかでどのような役割を果たしてきたのかを総括し、同時に日本語教育が朝鮮族という集団にどのような影響を及ぼしたのかを考察することによって「中国朝鮮族の日本語教育とは何だったのか」を明らかにする。まず、4.1と4.2においては、朝鮮族が中国の日本語教育においてどのような役割を果たすことになったのかを検証する。中国において日本語教育が本格的にはじまったころ、すなわち1980年代〜1990年代にかけて、中国の日本語教育は、大学の日本語教育と、朝鮮族の民族教育における日本語教育が大きな二重構造をなしており、結果的にそれぞれが「公」と「私」、あるいは「官」と「民」の人材供給を分担してきた。すなわち、朝鮮族の日本語教育は、現在の中国の経済発展がはじまろうとしたときに、経済界が必要とした大量の人材を供給するという役割を担った。4.3、4.4では、その朝鮮族の人材の活躍が一種の触媒となって、それまで中国東北地方に偏在していた日本語教育が、中国の他の地域に広く普及したこと、つまり、朝鮮族の日本語教育が中国の日本語教育を地域的にも、社会階級的にも大きく広げたことを述べる。以上の2点によって、朝鮮族の日本語教育は、中国の日本語教育に重要な役割を果たしてきたのである。4.5と4.6では、反対に日本語教育に朝鮮族がどのような影響を受けたかを考察する。日本語教育によって活躍の場を広げた朝鮮族が、その結果としてコミュニティの縮小と解体を招き、民族コミュニティの存続を危うくしている現状について述べる。

1.3　先行研究

　本研究は、中国の教育制度のもとにある朝鮮族の民族学校での日本語教育をあつかう。はじめに基礎的な資料をいくつか掲げる。

　『中国朝鮮民族教育史料集』(許ほか 2001–2005) は、全 4 巻 5 冊におよぶ史料集であり、第 1 巻は清朝から中華民国、第 2 巻は「満州国」時代、第 3 巻は中華人民共和国建国から文化大革命まで、そして、第 4 巻文化大革命終結から 2000 年にいたる朝鮮民族教育にかかわる国家と各省の法令・指示・規定、および統計数値、レポートなどを網羅的に収録した史料集である。

　中国の教育政策については、『中国教育年鑑』が、基礎的な資料となる。この年鑑は中国の教育政策を具体化する機関である人民教育出版社[5]が各時期の教育に関する法令・指示と、各教育分野の概況を収録しており、その中には当然、民族教育がふくまれる。

　中国では、各省が年鑑を刊行しており、また延辺朝鮮族自治州も年鑑を発行している。これらも各地域の基礎資料となるものであるが、残念ながら『延辺自治州年鑑』以外は、民族教育に関する記事の掲載が少なく、有用なデータに乏しい。

　少数民族の人口や居住地および教育レベルに関する統計資料としては、5 年に一度実施される中国の国勢調査「人口普査」の公式報告がある。本研究の人口統計数値は、特記しないかぎり第 5 次全国人口普査 (2000 年 11 月 1 日) による。人口普査の集計数値はいくつかの出版社から上梓されているが、本研究は、主に国家統計局人口和社会科技統計司・国家民族事務委員会経済発展司 (2003) および国務院人口普査弁公室・国家統計局人口社会科技統計司 (2003) によった。

　以上が、本研究のもっとも基礎となるべき文献であるが、これらの文献には大きな問題がある。というのも、文化大革命の混乱期 (1966–1976) とその後の数年間については、データが欠けていたり、または年鑑も刊行されていなかったりする年が多いのである。たとえば、基礎資料の一つにあげた『中国教育年鑑』(人民教育出版社) であるが、毎年、定期的に刊行されはじめた

のは、1991年からであり、それ以前は、1989年に『1988年版』が刊行され、1990年に『1949–1981年版』という中華人民共和国建国以来の教育政策をまとめた変則的な「年鑑」が発行されているのみである。朝鮮族の民族中学が日本語教育を再開するのは1978年ごろであるが、このころは年鑑が刊行されていなかったのである。しかし、このデータが欠けている時期こそが、朝鮮族が民族教育に英語教育ではなく日本語教育を選択した時期、すなわち、朝鮮族の民族教育と日本語教育の関係を明らかにするために、もっとも重要な時期にあたるのである。このもっとも重要な時期の資料が欠落している[6]。

つぎに「民族教育」に関しては、民族別の識字率や進学率といった資料はある[7]のだが、民族学校の教育内容についてまとめられた統計資料がほとんどない。在校学生数や設置クラス数といった基礎的な統計数値さえ断片的にしか得られない。全国的な統計数値がないだけではなく、各地方政府[8]や各省の教育学院[9]でも数値を把握していないことがある。つまり、中国の民族教育を研究するにあたっては、その基礎となる資料が欠落していることが非常に多い。資料がないことについては、つぎのような理由があるという[10]。

第一に「民族学校」であっても校名に「民族学校」という名称を使っているとはかぎらないことがある。少数民族が少ない地区では、ほとんどの場合、校名が「○○市○○族中学」となっているため識別ができるが、少数民族自治地域では、「○○族中学」とはせず、単に「○○中学」としていることが多い。たとえば延辺朝鮮族自治州の州会（州都）である延吉市の「延辺第一中学」は朝鮮族中学であるが、校名には「朝鮮族」の文字はない。「朝鮮族自治州」なのであるからこれは当然ともいえる[11]。しかし、朝鮮族自治州であっても漢族をはじめとして別の民族が居住している[12]から、延吉には民族学校ではない学校も存在する。実際に「延辺第二中学」は民族中学ではなくふつうの中学である。このように校名だけでは民族学校であるか否かは判別できない。さらに、過疎地では同じ学校内にクラス単位で民族学級と普通学級がある場合がある。たとえば延辺朝鮮族自治州の安図県の安図中学は朝鮮族クラスと漢族クラスが同じ学校のなかに設置されている[13]のである。

第二の理由として、民族学校は統廃合がはげしく、また短期間に変遷する

ということがあげられる。中国の少数民族政策は政治的状況の影響をうけやすく、近くは文化大革命の時期に民族学校が大規模に廃されたことがあった[14]。さらに（民族の）人口密度の低い地域の民族学校（あるいは民族クラス）は、全校児童・生徒が数十名以下という小規模校が多い。そのため、なんらかの原因（保護者の都会への転出など）で学生数が減ると、それがただちに学校の統廃合につながるのである。

　第三に、統計は「民族」を単位として調査されるのではなく、学校の「設置者」ごとに調査されるので「民族中学校」であっても、設置者により入手できる情報はまちまちである。たとえば「延辺第一中学」は自治州立、「延辺市第一中学」は市立の民族中学である。したがって、両校を統一して調査をする機関はない。仮に州政府が延辺第一中学について調査をおこなっても、延辺市第一中学では調査がおこなわれず、結局「民族教育」全体のデータは得られない。以上が民族学校についての統計的データが限られる原因である。したがって、中国の民族教育に関しては、公表された統計値だけでは、明らかにできることがきわめて限られてしまう。

　さらに、中国の統計数値の信頼性には、先進国ほどの信頼性がないということはさまざまな分野で指摘されていることであるが、それは民族教育に関する数値にもあてはまる。一例として、東北地区の民族学校数、児童生徒数などの統計値をあげる。表1-1と1-2は、いままで公刊された二つの独立した資料の数字をもとに、筆者が作成したものである。

　表1-1と1-2の統計値はいずれも中国で公刊された資料の数値によるものである。この二つの数値は11年間をへだてているが、両者を比較すると、黒龍江省では1986年に409校あった小学校が1997年には288校に減少し、吉林省では、1343校が439校（民族連合校をふくむ）へと減少したことになる。次章以降でくりかえし述べるとおり、朝鮮族の人口はこの20年間、出生数の減少と域外への人口流出により減り続けており、それにともなって民族学校数が急減していることは事実である。したがって、二つの表を比較して数値が減少していることは事実と一致するが、問題は三つの省の減少率に差がありすぎることである。すなわち、黒龍江省がマイナス30％の減少であるのに対し、吉林省はマイナス70％の減少となっている。2省が隣接し

表 1-1　中国東北地域における少数民族学校数

	小学校	初級中学	高級中学
遼寧省(1986年)	2116校(民族学校)	225校(民族学校)	31校(民族学校)
吉林省(1986年?)	536校(朝鮮族) 807校(朝漢連合) 33校(蒙古族)	180校(朝鮮族中学) 319校(朝漢連合中学) 6校(蒙古族中学)	
黒龍江省(1986年)	409校(朝鮮族) 54校(蒙古族) 39校(ダグール族)	60校(朝鮮初中)	27校(朝鮮高中)
		上記のうち25校が完全中学	
		7校(蒙古族中学) 7校(ダグール族中学)	
内蒙古自治区 (1985年)		275校(蒙古族学校) 84校(蒙漢連合学校)	

『中国少数民族語言使用情況』(1994)をもとに筆者作成

ており、しかもこの11年間、両省の経済・社会の発展状況にそれほど大きな差異がみられなかったにしては、減少率が違いすぎる。さらに遼寧省にいたっては、11年間で小学校、中学校数が十分の一以下に減少しているのに対し、高校は三分の一しか減少していない。これは、明らかに減少率に差がありすぎる。わずか1年の間に出生率が激減したか、進学率が激増しないかぎりこのような差は説明できないが、どちらも現実的にあり得ないことである。したがって、この二つの資料が報告する統計値のどちらか、あるいは双方の信頼性が疑われるのだが、現在のところそれを確認する手立てがない。

中国人研究者によって公刊された少数民族教育に関する先行研究は、陳(1998)、王(2000)のような法制的な研究、あるいは滕・王(2002)にみられるような政策研究がほとんどである。また、中国内での定期刊行物として、『民族教育研究』および『中国民族教育』(いずれも隔月刊)があるが、掲載論文に、教育現場を実証的に調査したものはあまりみられない。もっぱら教育理念を述べたものか、民族学校の現況を概略的に紹介した記事でしめられている。

表 1-2　1997 年末の東北地区の朝鮮族学校の校数・児童生徒数・教職員数

	小学校	初級中学	高級中学
遼寧省 小学校 27 市県 初級中学 18 市県 高級中学 9 市県	158 校 30 民族班（漢族の学校内に併設） 児童数 2,0232 教職員数 2,310	21 校 生徒数 7,832	11 校 生徒数 3,009
		上記のうち 7 校が完全中学 教職員数 1,066	
吉林省（延辺以外） 小学校 25 市県 初級中学 20 市県 高級中学 12 市県	207 校 児童数 22,880 教職員数 2,715	20 校 生徒数 9,758	12 校 生徒数 3,590
		上記のうち 12 校が完全中学 教職員数 1,348	
延辺朝鮮族自治州	単独校 129 校 民族連合小学校 103 校（漢族班と朝鮮族班を併設） 児童数 73,844 教職員数 6,328	単独校 37 校 民族連合初級中学 43 校 生徒数 36,655 教職員数 2,993	単独校 15 校 民族連合高級中学 2 校 生徒数 10,032 教職員数 882
		上記のうち単独完全中学は 7 校 民族連合完全中学は 2 校	
	8 校は小学校と中学校を併設		
黒龍江省 小学校 51 市県 初級中学 33 市県 高級中学 19 市県	288 校 児童数 29,491 教職員数 6,328	49 校 生徒数 15,266	21 校 生徒数 3,913
		上記のうち 18 校は完全中学 教職員数 1,865	
内蒙古自治区 小学校 11 市旗	18 校 児童数 1,050 教職員数 146	4 校 民族班をふくむ	1 校（完全中学）
		生徒数 610 教職員数 88	

太（2005）「中国朝鮮族民族教育現状」をもとに筆者作成

　中国の少数民族教育の現状に視点をおいた研究は、むしろ日本で発表されたものにすぐれたものがある。岡本（1999）は、中国全土の少数民族教育について、史的あるいは資料的研究とともに現状を精査したものであるが、とくに朝鮮族の教育に多くのページをあてている。また、小川（2001）は、延辺朝鮮族自治州と四川省涼山イ族自治州の民族教育を比較検討して論じ、イ族の民族教育との対比によって、中国の民族教育で「もっとも進んだ」立場

にある朝鮮族の「教育戦略」を、明確に示したものである。この二つの研究は、ちょうど筆者が、本格的に朝鮮族の日本語教育について考えはじめた時期に、あいついで出版されたこともあり、本研究の指針となった。しかし、この二つの研究は、その目的が筆者とまったく異なることはいうまでもなく、その方法論においても、本研究とは異なっている。すなわち、両者は、中国の大学に滞在し、短期間の現地訪問調査をおこなったのであるが、筆者は、民族教育の現場に長期にわたり直接アクセスすることを原則とした点である。

「朝鮮族の民族教育」について公刊されたものは、ほとんどが「教育史」に関するものであり、授業の実践研究などは、ほとんど見ることができない。なかでも、2000年に刊行された『中国少数民族教育史』第2巻「朝鮮族民族教育史」は、中国の国家プロジェクトとして、中国のほとんどの少数民族について、その民族教育史を集大成したシリーズの一環である。しかし、これは「公式の記録」という意味あいが強く、客観的ではあるが内容にオリジナリティは感じられない。その一方、朴奎燦ら(1989)による『延辺朝鮮族教育史稿』は、おそらく著者(たち)自身の体験がもとになっていると思われる。筆頭執筆者の朴奎燦は、文革開始時の延辺大学(副)校長で、文革中は、はげしい批判にさらされた経歴を持つ人物である。通史として書かれているが、「満州国」時代から文革終了時にかけての記述はリアルで、本研究のような、データ対話型の研究には資料的価値がより高い。なお、前出「朝鮮族民族教育史」も、多くの記事を同書によっている。

また、教育に限定せず朝鮮族コミュニティを対象とした広範な社会学的調査報告として中国社会科学院民族研究所(1999)、および崔・瞿(2004)がある。また韓景旭(2001)は、日本語で刊行されたものであるが、自身が中国朝鮮族である研究者によって描かれた朝鮮族の生活誌である。いずれも吉林省での調査報告であるが、そこで指摘された朝鮮族コミュニティの現状は、筆者のフィールドワークでえられた認識とも一致する部分が多い。また、筆者が調査中に何度か聞かされた、朝鮮族自身による朝鮮族と漢族の民族性の比較なども同書には明瞭に描写されている。

日本における朝鮮族研究として、高崎(1996)は、日本でもっとも早い時

期に出版された中国朝鮮族についての総合的な調査・研究報告である。中韓国交締結以降、朝鮮族をとりまく社会環境は激変といってもよいほどの変化をとげたため、同書はそれ以前の朝鮮族のすがたを知るよい資料となる。そしてそれは、まさに本研究のテーマとなる朝鮮族の日本語教育の再開とかさなる時期である。反対に激変をとげた後の朝鮮族とそのコミュニティについては権(2011)に詳しい。

朝鮮族の言語生活についての調査報告として具体的な数値をあげているものに、中国社会科学院民族研究所・国家民族事務委員会文化宣伝司(1993)および(1994)がある。また、日本で刊行されたものだが、任(2005)は在日・在米・在中コリアンの言語生活を比較調査した報告として興味深い。

先に述べた、岡本(1999)および小川(2001)は、中国の少数民族教育全般を論じたものだが、どちらも朝鮮族の民族教育に多くのページをさいており、朝鮮族の民族教育研究としてもきわめて示唆に富む研究である。現在、朝鮮族が直面するもっとも重大な問題である人口の流出と民族コミュニティの衰退に関する調査報告と対策を論じた論文集が、金(2007)である。同書には、この他に朝鮮族の民族教育の現況に関する報告もいくつか収録されている。

最後に、朝鮮族の日本語教育と比較対照する大学の日本語教育だが、こちらも文革とその直後の大学での教育について調べようとすると、具体的な状況を語る資料がきわめて少ない。李・許(2006)はタイトルのとおり、文革期をふくめた外国語教育全般について通時的に述べているが、日本語教育について述べた部分は少ない。文化大革命は、教育機関に大きな混乱をひきおこしたが、その混乱の中心となったのは、まさに大学と民族教育であり、この間の公的な刊行物はほとんどない。中国において現在のように盛んに日本語教育の研究がおこなわれるようになり、また日本語教育の実情が記録されるようになったのは、文革後に教育をうけた世代が、1992年に開所した北京日本語研修センターなどを修了し、各大学の責任者を勤めるようになって以降のことである。したがって、本書が扱う日本語教育復興期にあたる時期については、ほとんどまとまった資料が残されていないのだと考えられる。その中で、蘇(1980)、王(1991, 1994, 1995)などを当時の状況を伝える貴重

な資料として使用した。

なお、中国語で書かれた文献の引用は、すべて筆者の日本語訳による。

1.4　調査方法

　調査をはじめるにあたり、まず中国東北地方の朝鮮族学校の図書室や倉庫などで、資料の発掘を試みたが、わずかな教科書類をのぞいて、当時の文書はほとんど残されていないことがわかった。日本語教育の再開が、文革の終結期と重なっていたためであろう。文革では、周知のとおり、とくに教育制度と学校が攻撃目標となり、現場の混乱が激しかったため、文書による記録がほとんど残されていないことはすでに前節に述べたとおりである。また、4.1.2に述べるとおり朝鮮族学校は、文革中、閉鎖・解散を命じられたり、教員・学生が農村へ「下放」[15]されたりしたため、仮に文書が交付されていたとしても散逸してしまったとも考えられる。

　したがって、調査は日本語教育関係者へのインタビューを中心とした。調査のフィールドとして選定したのは、黒龍江省と遼寧省の朝鮮族中学である。従来の朝鮮族研究は、民族人口がもっとも集中する吉林省延辺朝鮮族自治州をフィールドとするケースが多かった。しかし、本研究は少数言語集団の日本語教育をテーマとしているため、延辺自治州以外にフィールドを設定することとした。その詳細は2.1.2に述べるとおりである。

　なお、本研究であつかう時代のうち「文化大革命」は、まだ現在の中国社会で、その評価がはっきりと定まっているとはいえない時代であることを考慮し、オーラルヒストリーを語っていただいた方々の氏名、地名等については、匿名とすることとした。

　インタビューに協力していただいた方は、朝鮮族中学の日本語担当教員、およびその退職者である。その中には、校長や教研員（指導主事）など地方教育行政の指導的な立場にいる人もふくまれている。とくに黒龍江省については、同省内の12校の民族中学（高級中学）のうち7校の日本語教員から話を聞いた。なお、調査にあたっては、まず「満州国」時代に日本語教育をうけ、日本語教育の「再開」期に日本語教師として活躍した世代に話を聞いた

のだが、みな教職を離れて時間がたっていることにくわえ、高齢であることも手伝って、文化大革命以降の日本語教育については、明晰な証言が得られず、また明らかに年代的に矛盾する証言が少なくなかったので、本研究ではその世代の証言をそのまま取りあげることはしなかった。

　まず以上のような「広く浅い」聞き取りをおこなった結果、中国でプロレタリア文化大革命（以下、「文革」と表記）が終結し、1978年に外国語教育が中等教育で再開された直後に「漢族は英語、朝鮮族は日本語」という選択がおこなわれたことが明らかになった。そこで、つぎの段階として、日本語教育開始時の状況を知る人々へ、それぞれインタビューをお願いした。その際、記録をとるためのインタビューであることを了解していただいている。インタビューにあたっては、日本語を用い、補助的に中国語、朝鮮語を使った。インタビューに協力していただいた方とは、数年におよぶつきあいがあり、民族教育についても、日本語教育についても、何度も話を聞いている。何人かには記録（録音）をとるためのインタビューも複数回おこなった。

　本書では、その中から、1978年、すなわち日本語教育の再開当時、もっとも若い世代の日本語教員の一人であった遼寧省のA氏、そして、高校在学中に日本語の学習がはじまった黒龍江省のB氏、そして、ちょうど中学入学と日本語（外国語）教育の開始が重なった黒龍江省のC氏、さらにB氏と民族師範大学の同期生で、現在は遼寧省の中学に勤めるD氏、そしてA氏の学生として日本語を学び、大学を卒業後、母校へもどって日本語教員を勤めているE氏へのインタビューをとりあげる。5氏のプロフィールは、以下のとおりである。

　遼寧省のA氏は、1976年、外国語教育が本格的に再開される直前に、中等教育の教員を養成する師範学校の日本語課程に進み、その後、朝鮮族中学（高級中学）で現在まで日本語教育にあたっている。いわば文革末期、最初期に日本語を学んだ人物である。

　二人目は、黒龍江省のB氏である。1978年に日本語教育が再開されたのは、B氏が高級中学（高校）2年生のときであった。民族師範学校に進学し、日本語を専攻したB氏は、その後、教員・指導主事として日本語教育にかかわってきた。つまり朝鮮族中学の生徒としてもっとも早く日本語教育を受

けた世代であり、教員としても、A氏に続く世代として日本語教育を担当した人物である。数年前に指導主事の職を辞し、現在は、民間の日本語学校で日本語を教えている。

三人目は、黒龍江省のC氏である。C氏は、ちょうど1978年に中学校に入学した。すなわち「文革終了後、中等教育機関で、はじめて正常に6年間の外国語教育を受けた世代」である。C氏も、高校卒業後、朝鮮族民族師範学校に進学し、日本語を専攻して教員になった。現在、朝鮮族中学につとめている。

四人目のD氏は、黒龍江省出身である。高校卒業後、しばらく社会人として仕事をした後、C氏と同じ民族師範学校に進学して日本語を学んだ。師範学校はC氏と同期である。卒業後、故郷を離れ遼寧省の民族中学(高級中学)に赴任して現在にいたる。

五人目のE氏は、遼寧省出身で、かつてA氏の教え子であった。日本語が好きで成績がよかったためA氏のすすめで延辺大学の日本語学科に進み、卒業後、母校にもどり日本語教員となった。

以上のように5氏は、日本語教育の「再開」を、それぞれ「教員生活の開始」(A氏)「高校時代(大学受験準備)」(B氏・D氏)「中学校入学」(C氏・E氏)と4～5歳の差をもってむかえた。そして5氏ともその後、20数年間にわたって日本語教員を職業としてきたため、現在でも日本語(教育)との出会いについての記憶が鮮明である。

5氏と筆者は、数年におよぶ交誼があり、すでに筆者が聞き知っていることも多かったのであるが、煩瑣をいとわずていねいに答えてくださった5氏にあらためて感謝したい。なお、引用したインタビュー中に「H」とあるのは、筆者による発言(質問)である。

文化大革命前後の資料がないことは、大学における日本語教育も民族教育とまったく同様であった。そこで、朝鮮族中学の教員諸氏に対するインタビューと同様に、中国各地でもっとも早い時期から日本語教育を再開したいくつかの外国語学院(大学)で、1970年代の再開当初に日本語を学んだ方々からもお話を聞いた。これら、日本語教育一期生の人々の中で、特に優秀な人々は、そのまま大学に残り、現在は大学の中核を担う役職者となってい

る。そのため、こちらの方々は日本の研究者とも頻繁に交流があり、容易に個人が特定できてしまう恐れがあるのでプロフィールの紹介はさしひかえたい。本書でインタビューを収録した教員は5名である。1970年から1980年に大学に入学し、日本語を専門に専攻する課程で4年間学び、その後、大学の教員となって活躍している。いずれも大学の学生時代には留学経験がなかったが、教員となってから、1979年に北京に開設された北京日本語研究センター(大平学校)などで学び、また来日して勉強している。なお、ほかに同時期、大学で日本語や英語を学んだ後、来日し、現在は日本で中国語教師をつとめている方々からも話をきいた。この大学の先生方のインタビューについては、「H」が筆者の発言(質問)、「U」が大学関係のインタビュー協力者の回答である。

　収録に際しては、インタビューを逐語的に書き起こした原稿から、フィラーやいい間違い、誤用、文節の倒置を訂正し、確認のために質問をくりかえしたところなどを削除した。さらにインタビュー協力者と筆者の共通の理解事項であったために発言が省略された部分を(　)内におぎなうなど、一読して意味が把握できるよう、最小限の修正をくわえた。また、中国語で発言された部分については、筆者が日本語に翻訳し、また「下放」「分配」「単位」などのように日本語への翻訳がむずかしい語は括弧にくくって表記した。なお、中国語を括弧にくくってそのまま表記した場合、それぞれの語の意味は初出の章末に注として示してある。

　本研究は教育学分野における「質的研究」の手法の一つである「ライフヒストリー・アプローチ」を念頭においたものである。さらに、ライフヒストリーによる歴史的研究は、「満州国」とその直後の時代、すなわち文化大革命時期と同様に社会が大きく混乱し、当時の資料が得られない時期の教育状況を探るために、中国朝鮮族青年会(1998)[16]や竹中(2004)、そして斉(2004)などがすでに採用した手法でもある。これらの先行研究を参照した結果、中国社会の混乱期の教育の様相を知るためには、この手法がもっとも有効であるとの認識を得たので、それを採用することとした。本書でとりあげたような形式のインタビューにいたるまでの資料収集と整理は、グラウンデッド・セオリー法(GTM)の方法論を参考にしたが、本書でとりあつかうことがら

については、データをあまり細かく切片化すると、時代の経過や背景がわかりづらくなるということが明らかになったために、インタビュー・データを比較的大きな単位でまとめる方法をとることにした。なお、インタビューの方法論や技法は、この分野のスタンダードといわれるグッドソン(2001)、グッドソン・サイクス(2006)、社会学分野の谷(1996)などを参考にした。また、フィールドワーク全体について、佐藤(2006a, 2006b, 2008)によるところが多い。ただし、本研究の目的は、研究方法論の検証ではないため、特定の手法によりかかることなく、筆者がもっとも研究にふさわしいと考える「やりかた」で記述されている。

　本書においては、原則として、現地でその時代に使われていた民族呼称・地名等を使用する。たとえば、朝鮮半島から移住した人々は、1948年まで「朝鮮人」、それ以降は「朝鮮族」あるいは「中国朝鮮族」とする。「朝鮮語」「韓国語」の使いわけは、現在、朝鮮族の人々が日常的に、かつ意識的に使っている表現を踏襲し、朝鮮族が使用する言語を「朝鮮語」、韓国人が使用する言語を「韓国語」とした。両者は言語学的にまったく同一の言語であるが、現在では「方言」としての差異がかなり顕著にあり、「特に言語のアクセントでは大きな差がある。」(金 2004, 82) しかし、会話をすることは、それほど困難ではない。なお、朝鮮族の中でも「韓国語」と「朝鮮語」の双方に通じている人は、場面と相手によって「朝鮮語」と「韓国語」を意識的に使いわけている(高・村岡 2009, 54)。

　本書では、中国での用法にしたがって、いわゆる「中国語」を「漢語」と表記する(2.1.1を参照)。朝鮮族の集住地である東北三省には漢族のほかに少数民族として満族、回族、蒙古族などが居住しているが、満族と回族は漢語を使用しており、蒙古族は朝鮮族と居住地があまり重ならないので、朝鮮族が朝鮮語について語るときには、つねに「漢語」との対比において語られる。

　地名については「奉天」「間島」などは、当時の呼称をそのまま使用し、必要に応じて( )内に現在の地名を注記した。ただし、「満州」については、「満洲(帝)国」が正式な書体とした「満洲」ではなく、これまで一般に使われてきた「満州」という漢字を用い、さらに独立国家とは認めがたい諸

事実があることから「　」付で表記することとした。その他の呼称については慣用にしたがった。

注

1　王(1993)の報告より、筆者の推計による(詳細は3章)。
2　現在、日本語学習者が最も多いのは韓国で約91万人を擁し、全人口の日本語学習率は約1.8%であるが、中国朝鮮族の学習率は、その2倍を超える。
3　中国では、長くロシアの制度をまねて、「大学」では主として研究をおこない、教育部(日本の文部科学省)が設置していた。これに対し、実務教育をおこなう単科大学は「学院」という名称で、関係機関および地方政府が設置していた。「総合(性)大学」とは、教育部が設置した研究(と教育)をおこなう大学をさす。「北京大学」「清華大学」(北京)、「南開大学」(天津)、「復旦大学」(上海)、「中山大学」(広州)および「黒龍江大学」「吉林大学」などの省名がつけられた大学の多くがそれである。なお、2000年代に入ってから教育行政の方針が変わり、すべての国立大学を教育部所管の大学に統一するため大学の統合・合併が進行中である。校名もそれにともなって変更があいついでいる。
4　現在、中国では、大学学部は第一外国語のみが必修で、第二外国語は任意(選択)科目である。大学院で学位を取得する場合は、二つの外国語について教育部が実施する国内試験に合格することが認定要件になっている。もっとも多いのが第一外国語に英語、第二外国語に日本語を選択するパターンである。
5　人民教育出版社は、「出版社」という名称がついており、実際に(国定)教科書の編集出版などをおこなっているが、新華社などと同様、共産党中央および国家教育部に直属した一種の行政機関としての役割もはたしている。したがって、この「中国教育年鑑」も、日本の各省庁が刊行する「白書」と同様に、国家の公式記録としての意味を持つ。
6　正確にいうと、資料が「欠落」しているのか、あるいははじめから「存在しない」のかも不明である。
7　たとえば、『少数民族人口』中国人口出版社(1995)中国の国勢調査にあたる「人口普査」は、民族、識字率、教育歴などが調査項目に入っている。
8　たとえば、『延辺朝鮮族自治州概況』編写組(1984, 178–180)など、生徒数のなかに朝

鮮族がしめる割合を掲載したものはあるが、その生徒が、どのような教育機関で学習しているかにはふれていない。また、教育機関数の集計はあるが、「ふつうの学校」と「民族学校」の内訳などは掲載されていない。

9 「教育学院」は各省、大都市、民族自治州に設置されている。教育委員会の下部機関である。各教科目と部門を指導する教研員(指導主事)が在籍し、担当地域の教育内容についての決定・監督、教師の再教育(研修)などをおこなう。

10 吉林省教育学院教研員のY先生ほかの話による。

11 しかし、内蒙古自治区のフフホト市には「フフホト蒙古族中学」がある。したがって、民族自治地域にある民族学校には民族名がつかない、という原則があるわけでもない。

12 延辺朝鮮族自治州の民族別人口比は漢族約57%、朝鮮族約40%である。

13 2000年冬現在。安図県教師進修学校の教研員L先生の話による。

14 文化大革命期の民族教育についてはいくつかの文献に記述がある。たとえば朴奎燦等編『延辺朝鮮族教育史稿』吉林教育出版社(1989)第5章173–193。

15 文革中、都市に住む数多くの(旧)地主・資本家階級、知識人、そして学生などが、農村に自発的に、あるいは強制されて移転・移住した。これを「下放」と呼ぶ。学校など「単位」(職場・機関)全体が農村に「下放」した場合も多い。

16 同書については、原著『中国朝鮮族移民紀実』(朝鮮語版)を入手することができなかったため、1998年に日本で刊行された日本語訳版を参照した。

第 2 章
中国朝鮮族と少数民族教育

　本章 2.1 節においては、研究の対象である中国朝鮮族について、その全体像を概説する。朝鮮族の日本語教育は「民族学校」において展開した。そこで、続く 2.2 節において一般の学校と異なる民族学校が中国の教育制度のなかでどのように規定され、運営されているかを述べる。

2.1　中国朝鮮族

　「中国朝鮮族」は、いうまでもなく現在、大韓民国と朝鮮民主主義人民共和国をつくっている人々と言語・文化の基幹を同じくし、かつ、おたがいに同じ民族に属するという認識を持っている集団である。この集団は、清末から「満州国」時代にかけて朝鮮半島から移住した人々であるが、その中で、中華人民共和国建国後もひきつづいて中国に居住し、中国籍を取得し、中国国務院により「少数民族」として認定された人々が「中国朝鮮族」、あるいは「朝鮮族」と自称・他称されている。

　本章では、論考の前提となる情報として、「朝鮮族」という人々とそのコミュニティが、どのような経緯によって形成されたのか、また、その居住地が、現在、どのように分布しているのかを概観する。

2.1.1　「朝鮮族」の成立過程

　建国当初から「多民族国家」として成立した中華人民共和国では、現在 56 のエスニック集団が「民族」として国家に「認定」されている。その 56 民族の中でもっとも人口が多いのは「漢族」であり、その比率は、全人口の 92%をしめている。すなわち、中国は 1 つの「多数民族」と 55 の「少数民

族」からなる国家である。これら 55 の少数民族は、1956 年から中国国務院が実施した「民族識別工作」によって、言語・宗教・生活習慣・エスニックアイデンティティの有無など、さまざまな要素から総合的に漢族とは異なる「民族」であることを「認定」されたものである。この識別工作の際、ある集団が「民族」とよべるか否かという判断にあたってもっとも大きな識別の根拠とされたのは言語である。それもあって、この 55 の少数民族は、漢族と同じ言語をもちいていると認定された「回族」だけを例外として、それぞれ独自の「民族語」を持っているとされる。それぞれの民族語は、中国国務院が定めた民族呼称に「語」をつけてよばれる。つまり、「漢族」が話す言語は「漢語」、「朝鮮族」が話す言語は「朝鮮語」である。中国国外では、一般に漢語をさして「中国語(Chinese)」とよぶが、中国では 56 民族が使う 55 言語の総体を「中国語」というのであって、そのなかの特定の民族言語を「中国語」とよぶことはない。すなわち、1 民族の言語にすぎない漢族の言語は、あくまでも「漢語」なのである。たとえば、学校教育において「国語」「中国語」という名称の教科はなく、それにかわって「語文」という教科がおかれている。その「語文」教科にも、各民族言語の呼称がつけられ、「漢語」を学ぶ場合は「漢語文」、「朝鮮語」を学ぶ場合は「朝鮮語文」という科目名称が用いられる[1]。本研究においても、以上のような中国における定義にしたがい、言語としては「漢語」「朝鮮語」、科目名としては「漢語文」「朝鮮語文」を用いることとする。なお、多数民族である漢族が話すことばのなかでいわゆる北京官話(mandarin)、すなわち中国で「普通話」とよばれている「漢語」の北方方言は中国全土の「通用語」とされ、民族あるいは漢語の方言集団を問わずすべての「中国公民」が学校教育において学ぶことを義務づけられている。

　「少数民族」が集住する地域は、それぞれの民族ごとにだいたいまとまっており、その多くが、現在の中国領土の外縁部に所在する。そのため、55 の少数民族のうち、約 30 民族は、国境をまたいで隣国にも同じ民族が住んでいる。そのなかには、モンゴル族、カザフ族やキルギス族など、国境を接して同じ民族が形成した独立国家が存在する民族もある。このような中国に隣接した民族国家を持つ少数民族は、モンゴル族をのぞいて、すべて中国国

外に居住する人口のほうが中国国内に居住する人口より多く、中国籍をもち中国に居住する人々は、その民族の総人口の中では少数派である。

　本研究が対象とする東北地方の朝鮮族も、そのような中国国外に同一民族の国家を持つ少数民族である。しかし、他の民族と異なり、中国の「少数民族」となったプロセスが特殊である。というのも、他のほとんどの民族が、「少数民族」であるのと同時に「先住民族」でもあるのに対し、朝鮮族と新疆のオロス族という二つの民族は、近代に入って中国国外から移住してきた人々から構成される「移民」だからである。

　オロス族は、「ロシア人」に他ならない。そのはじまりは、ロシアにソビエト政権ができた際に、そこから逃れて中国国境をこえた人々であった。のちに新疆省(しんきょう)(現在は「新疆ウイグル自治区」)が、独立運動をおこし、中国共産党政権と合流するにあたって、中国の「少数民族」であると認定された。しかし、その多くはソ連(ロシア)との二重国籍を持っていたので、中ソ対立が激しくなるとともにほとんどがソ連に帰還した。しかしながら中国に残留した少数の人々が、現在も「オロス族」として中国籍を維持している。ただし、その人口は現在 2,000 人を下回っている。

　朝鮮族の歴史は清末の 19 世紀後半にはじまる[2]。朝鮮半島と隣接する中国東北地方奉天省(現在の遼寧省)と吉林省は、清を建国した満州族(現在は「満族」)の発祥の地として、長く封禁の地であった。しかし、清末にこの地をねらってロシアが南下政策をとったため、清朝政府は、それまで封禁の地としていた地域に開拓農民を移住させることとした。そのとき、朝鮮国境の図們(ともん)(豆満(とまん))江沿いには、朝鮮人の入植地を設けた。それが「間島(かんとう)」[3]、すなわち現在の「延辺朝鮮族自治州」である。ちょうどそのころ、朝鮮北部がくりかえし自然災害に襲われたこともあって、間島には多くの朝鮮人農民が移住した。さらに、その後、朝鮮半島が日本の植民地支配をうけるようになると、それをきらってさらに多くの人々が間島に移住した。抗日運動の中心地も半島から、この地域に移ったのである。こうして間島は、1930 年までに、主に朝鮮族が居住する土地となっていた。それにともない間島の中心であった龍井(りゅうせい)(現在は「龍井市」)に日本領事館が設置された。なお、初期の移住は隣接する咸鏡道(ハムギョンド)・平安道(ピョンアンド)から徒歩で移動しており、その移住範囲もほぼ間

島地区に限られていた。

　日本が「満州国」を建国すると、食糧増産と辺境防衛の目的で、大量の移民がおこなわれた。1936年に「満州国」への100万人（20年間）移民計画が、策定された。こうして、よく知られた「満蒙義勇開拓団」などが、日本本土から送りだされたのであるが、そのとき同時に、朝鮮半島でも多くの移民が募集され、満州にむかった。移民事業のために京城（ソウル）に移民の募集と送りだしを業務とする「鮮満拓殖株式会社」が設立され、また、奉天（現在の瀋陽）に受けいれを担当する子会社である「満朝拓殖株式会社」がつくられた[4]。「1938年から少なくとも1943年度まで続いた各種の朝鮮人計画移民の総数はおよそ10万人ほど」（鄭 2006, 90）であった。このとき、「朝鮮総督府や関東軍は、朝鮮南部の余剰労働力を意図的に中国へ投入した」（鄭 2006, 92）、つまり、朝鮮半島から「満州国」へ移民したのは、耕地が狭く、また不足していた朝鮮半島南部の慶尚北道（キョンサンプクド）・慶尚南道（キョンサンナムド）・全羅道（チョルラド）の山間部の農家の次男・三男が多かった。そして、これらの朝鮮半島からの移住者は、水稲耕作について日本人移住者よりもむしろ技術が高いと認められていたため、「満州国」のなかでも、水利が得られる現在の黒龍江省や遼寧省の川のそばに入植地がつくられた[5]。これは、農業に関していえば、ソ連の侵攻にそなえて国境地帯に配置され、畑作をおこなった日本人入植者よりも、やや有利な条件であったといえる。そのため、現在でも、朝鮮族の集落を訪ねると、例外なく周囲に水田が広がる光景がみられる。また、現在では、実際に農業に従事する人口は減少の一途をたどっているが、いまでも朝鮮族の人々はみずからの生業を「水稲耕作」であると考えている。そして、これが漢族とはっきり異なる朝鮮族の民族的特徴の一つであるという意識を明確に持っている。中国の黄河以北は伝統的に小麦を中心とする畑作地域であり、朝鮮人の入植地の周辺でも漢族の農民は、水稲耕作にはそれほど関心をしめさず、もっぱらトウモロコシ、コーリャン、ダイズ、タバコなどを中心とする畑作をおこなっていたからである。

　農村地域への移民の具体例として、本研究のフィールドの一つである黒龍江省東部に位置する鶏西市（けいせい）への例を康（2007, 278-279）から引いてみよう。康によれば、鶏西地区の移住には3回の波があった。移住の第一波は、

1910年の日韓併合からはじまる。日本の侵略政策によって圧迫をうけた比較的少数の朝鮮人が半島から間島に入り、この地域を南から北に流れる穆稜（ぼくりょう）川にそって入り込み、水田をつくった。第二波は1931年から1945年までの『満州国』時代である。一気に朝鮮人の人口が増加し、「新進」「同楽」「豊楽」「日進」「三興」という五つの朝鮮人の村がつくられた。康はふれていないが、集落につけられた名称からみて、この時期の人口増加は前にのべた鮮満拓殖計画によるものであったと推定される。鶏西地区南部は河川の水量が豊富で水稲耕作の好適地であり、五つの朝鮮人の村は、いずれも河川にそって位置している。ここまでが、「満州国」時代の朝鮮族の人口移動である。康によると、さらに「満州国」後の1945年以降から1970年代中期かけて朝鮮族の第三波の移住があったという。それは、朝鮮族の人口が比較的密集していた吉林省東南部地区から、可耕地になお余裕があった鶏西とさらにその東の密山（みつざん）への移住であった。しかし、その後1990年代からは、逆に鶏西・密山地区から中国「南方」の沿海地区、そして韓国などへの人口流出がはじまり、現在、鶏西地区の朝鮮族人口は急速に減少しつつある。

　このような農業に従事する移民とは別に、日本が中国東北地方に進出した当初から重工業地域として建設された遼寧省の瀋陽（しんよう）・鞍山（あんざん）・撫順（ぶじゅん）・本渓（ほんけい）などには、満鉄関連の企業の事務職・専門職そして管理職として転勤、あるいは移住した朝鮮人も多かった。それらホワイトカラー移民は、ほぼ例外なく高度の日本語話者であり、日本語を使って仕事をしており、一種のエリートと認められていた。彼らの子どもは、満鉄沿線の日本人が大多数をしめる学校に通い、日本語による教育を受けた。その中にも、文革後、日本語教育に関わった者が少なくない。

　このように「満州国」時代、朝鮮人の計画的移住がおこなわれた結果、1945年当時、「満州国」内に110万人の朝鮮人が居住していたと推定されている。1945年に「満州国」が崩壊すると、同地に居住する日本人は、ただちに日本本土に引き揚げを開始し、自らの意志で現地に残留した日本人は少なかったが、反対に朝鮮の人々は、多くがその地にとどまることを選択した。正確な数は不明であるが、およそ三分の二が残留したというのが定説である。これは、中国政府が、中国在住の朝鮮人に二重国籍の取得を認めたた

め、1945年以降も、彼らは、間島を経由して国境を自由に通行できたことが大きな理由であった。その一方、すでに日中戦争中の1939年に毛沢東は「朝鮮族を中国の少数民族の一つである」としており、1945年9月には、あらためて朝鮮族を「中国国民」であると認めて、そのなかの「少数民族」であるという立場を明確にする。そして1948年、朝鮮民主主義人民共和国（北朝鮮）が建国されると、中国政府は、それまで二重国籍を認めていた方針を変え、朝鮮半島出身の人々に国籍の選択をせまった。このとき、朝鮮籍を選択した多くの人々は「帰国」したが、中国籍を選択し残った人も少なくなかった。そしてここに、中国人としての「朝鮮族」が成立したのである（王2005, 134–135）。

　ただ、この国籍の選択にはやや複雑な事情がふくまれていたようである。というのも、朝鮮族の故郷である半島が、1948年ころには、「大韓民国」と「朝鮮民主主義人民共和国」という二つの国家に分断されることが既成事実として明らかになっていたからである。1950年6月に朝鮮戦争がはじまると、中国は金日成の要請により「義勇軍」を組織し、北朝鮮側にたって国連軍と交戦したのであるが、この義勇軍には、数多くの朝鮮族の人々が参加していた。これをもって、休戦協定後、中国と北朝鮮の関係は「血の友誼」「血の盟約」とされ、反対に、韓国と中国の関係が完全に断絶した。したがって、故郷が「北」にある移住者は、帰国を選択することも容易であり、また、その後も、文化大革命の一時期をのぞき、ほぼ自由にふるさとの親戚と通信・往来ができた。それに対し、「南」から来た人々は、ふるさととの関係を絶たれてしまったのであった。このとき「南」との連絡が絶たれたために故郷への帰還をあきらめ、中国籍を選択した人々は少なくない。すでに述べたとおり、間島地区（延辺自治州）外の移住者は、朝鮮半島南部の出身者が多かった。そのために中国に残留することを選んだ者も多かった。そこで40年をへだてて1993年に中韓国交が締結されると、あらためて「祖国」への帰国をはたした1世は少なくなかった。また、その帰国にともなって未婚の子が一緒に韓国に「帰国」することも認められた。これをきっかけとして、朝鮮族の人々のあいだに、韓国への「出稼ぎ」が流行することとなる（2.3.2、2.4および4.5参照）。

なお、移住にいたる歴史的経緯から、現在でも「北」の出身者は、かつての北間島である延辺朝鮮族自治州に多く居住し、鮮満拓殖会社などの移民計画によって入植した「南」の出身者は、その多くが、延辺地区からはなれた「内地」(漢族の土地)に住んでいる。この傾向は、「満州国」建国時にはすでにみられたが、「1934 年には図們－牡丹江間の鉄道が竣工し、36 年にはさらに佳木斯まで伸進しているので、新しいルートを用いて北部への移動がより容易になった」(鄭 2006, 91)ことにより、さらに強くなった。この状況を、黒龍江省の朝鮮族は「黒龍江省の朝鮮族は、北にいけばいくほど南から来た人が多くなる」と表現している。この事情は、延辺から南下しても同様である。遼寧省の省会(省都)である瀋陽市には、市内の西塔地区に大規模なコリアンタウンが形成されている[6]が、この地区に住む朝鮮族の人々は、多くが「南」に親戚をもち、ソウルとの関係が延辺自治区よりも強い。瀋陽第一朝鮮族中学の教員は、筆者に「瀋陽の朝鮮語は、延辺や北朝鮮のことば(方言)ではなく、『韓国語』と同じだ」と語っている。実際にこの西塔地区の朝鮮族の企業経営者のほとんどが韓国に出稼ぎにいって開業資金を得たという。さらに、間島(延辺自治州)へのもっとも早い移住は、半島が日本に併合される以前の 19 世紀にはじまるので、延辺の朝鮮族は、半島の「本貫」の地(氏族の発祥地)とは別に、個人としての「故郷」は延辺であると考える人々が少なくないのに対し、それ以外の地区に住む人々は、「満州国」時代の移民が多く、「移民 1 世」が身近にいること、また、半島の南部に故郷を持つ人々が多く、1980 年代後半以降、韓国の親戚縁者との連絡が容易におこなえるようになったことから、「自分自身は中国人である」と明言する人でも、韓国を純粋に「外国」であるとは感じていない人が多い。このような「越境民」であること、祖国としての中国と外国としての韓国の存在、そして、自分たちの話す言語が母語であるとともに「外国語」であることなどは朝鮮族の人々の言語感覚に微妙な影響を与えているように思われる。

2.1.2 朝鮮族の居住地と言語生活

　本研究では、従来、朝鮮族研究のほとんどが調査研究の対象としてきた延辺朝鮮族自治州に居住する朝鮮族のコミュニティではなく、黒龍江省の地方

都市および農村部の朝鮮族コミュニティと遼寧省の中都市の民族学校を主たる調査対象とした。

　現在、延辺自治州には、朝鮮族の総人口の 42%がすむとされる。また、自治州内の朝鮮族の人口比率は 35%に達する。とくに朝鮮族の居住が少ない敦化市(とんか)をのぞくと人口比はほぼ 50%に達する。そこで、調査の便宜を考えた場合、延辺朝鮮族自治州をフィールドとするのがもっとも効率的であることは確かである。しかし、全朝鮮族コミュニティを俯瞰した場合、延辺自治州の言語環境は、やや特殊であって、本研究のような少数言語集団の言語生活をテーマとする研究については問題があると筆者は考える。

　なぜなら、延辺自治州では朝鮮族の人口比が 50%に達し、その大多数が朝鮮語を母語としている。したがって、延辺自治州の朝鮮族は、社会生活の中で日常的に朝鮮語を話す機会がきわめて多い。それに対し、黒龍江省や遼寧省は、延辺地区と異なり、人口にしめる朝鮮族の比率が数パーセント以下であるため、朝鮮語を母語とする彼らの言語生活は、つねに漢語の強い圧力にさらされている。彼らが日常生活において朝鮮語を話す機会は非常に少ない。そのため、自治州外の朝鮮族には、若い世代を中心に、漢語を母語とするものが少なくない。若い世代の多くは、家庭と民族学校以外の場で朝鮮語を話すことがほとんどないといってよい状態にある。そのなかで、朝鮮族の人々は、民族語を継承し、維持していくための「装置」として民族学校と、そこでの言語教育、すなわち外国語教育としての日本語教育を強く意識している。じつは、朝鮮族人口の半数以上 (58%) は、このような言語環境のもとで生活しているのであって、延辺自治州の言語環境は、朝鮮族の言語環境としては、やや特殊なのである。以上が研究の主たるフィールドを黒龍江省と遼寧省に選定したもっとも大きな理由である。

　第二の理由は、延辺朝鮮族自治州では 2002 年～ 2003 年をもって朝鮮族中学での「日本語」科目の履修を打ち切り、民族中学かふつうの中学であるかを問わず、すべての初級中学、高級中学の外国語科目は「英語」のみとなったことである。それにともない日本語担当の教員も転職するか、他の科目、あるいは職種への配置換えがおこなわれ、朝鮮族独自の日本語教育が終了した[7]。

第三の理由は、黒龍江省と遼寧省の人々の移住とコミュニティ形成のほうが「満州国」と強く関連しており、「満州国」時代の日本語教育が、1945年以降、どのように自律し、変容していったかという姿をより明瞭な形であきらかにすることができると考えるからにほかならない。すでに 2.1.1 で述べてきたとおり、延辺自治州の朝鮮族コミュニティは清末にさかのぼる長い移住の歴史を持つ。したがって、そこに居住する人々は日本の朝鮮半島支配と「満州国」建国の影響をうけてきたとはいえ、それ以前にコミュニティは形成されていた。朝鮮人による抗日運動の本拠が間島地区につくられたのもそのためである。それに対し、朝鮮総督府と鮮満拓殖株式会社によって黒龍江省や遼寧省に移住してきた人々は当初から朝鮮人学校で日本語による教育を受けており「朝鮮族の日本語教育」の歴史的変遷が明瞭にあらわれる。

　以上、三つの理由から、本研究では主たるフィールドを黒龍江省と遼寧省においたが、延辺自治州を調査研究の対象から除外したというわけではなく、短期間の、主として資料収集のための調査は3回ほどおこなっており、また、そこで得られた資料も論考中に引用している。

　朝鮮族の人々の言語意識に大きな差異を与えているのは、それぞれが生活する地域での漢族および漢語との関係である。延辺地区は、朝鮮族の自治州であることから、市中の標識・看板には必ずハングルが漢語とともに併記されている。また、敦化市をのぞいて、自治州内では、朝鮮族の人口比が50%近くに達することから、日常生活においても、朝鮮語を使う場面がごく一般的に存在する。つまり、延辺自治州では、日常生活が二言語並立環境にある。延辺自治州以外では、前述したとおり瀋陽市の西塔地区で朝鮮族が大規模かつ密度の濃い朝鮮族コミュニティを形成しており、そこでは、日常生活のほとんどを朝鮮語でおくることが可能である。しかし、それ以外の地域に住む朝鮮族は、地域の人口比が10%をこえることがまれであり、家庭と学校（民族学校）以外の場所での言語生活は、ほとんど漢語のみでおこなわれている。

　本研究でとりあげる二つの省のうち、黒龍江省に居住する朝鮮族は、中国朝鮮族の総人口の25%弱をしめる。これは実数にすると約45万人を数え、一つの言語集団として必ずしも「少数」とはいえない。しかし、黒龍江省の

総人口は約3,800万人に達するため、人口比率としては非常に低くなる。省内で朝鮮族人口が多いのは、ハルビン市と牡丹江市でそれぞれ14万人前後が居住する。それにつぐのが鶏西市の約6万人である。また、黒龍江省で朝鮮族の人口比率がもっとも高いのは、牡丹江市(地級市)[8]に属する海林市（かいりん）と寧安市（ねいあん）(ともに県級市)であり、総人口の13%前後を朝鮮族がしめている。しかし、それ以外の地区で人口比5%をこえる地区はまれである。そのため、延辺とは異なり、黒龍江省では市中での朝鮮語の使用機会はごく限られてしまうのである。しかし、黒龍江省の朝鮮族は、つぎに述べる遼寧省の朝鮮族よりも、民族コミュニティ(民族郷・民族村)への集中度が高いため、母語としての朝鮮語が比較的よく維持・継承されているといえる。

　遼寧省には約24万人の朝鮮族が居住し、中国朝鮮族人口の13%をしめている。遼寧省の総人口は4,200万人と黒龍江省より多く、結果として朝鮮族の人口比率はさらに低い。居住人口が多いのは、省の北部に位置する瀋陽・撫順（てつれい）・鉄嶺（えいこう）・営口・丹東（たんとう）の各市であるが、近年、瀋陽のコリアンタウンである西塔地区へ朝鮮族人口が移動・集中する傾向が強まっている。また、経済発展から取り残されている東北三省で、唯一ちじるしい経済成長をみせる大連市も朝鮮族人口を若干ながら増やしつつある。しかし、反対に瀋陽と大連以外の居住地では、人口の流出がはげしく、もはや朝鮮族コミュニティの内部で日常生活を完結させることはほとんどできなくなっており、朝鮮語を使う場面が非常に限られている。したがって、遼寧省においては、授業を朝鮮語で進めるはずの「朝鮮族学校」にも、朝鮮語の運用力が低く、事実上、漢語母語話者といったほうがよい朝鮮族の子どもが入学してくる。そのため「朝鮮語文」以外、ほとんどの授業を漢語でおこなう朝鮮族学校の「漢語化」がもっとも進んでいる。

　以上のように、黒龍江省と遼寧省の朝鮮族は、圧倒的多数をしめる漢族のなかで生活している。その中で、彼らは「満州国」以来、民族のコミュニティをつくって生活してきた。民族コミュニティが遼寧省よりもよく維持されている黒龍江省には、2002年の調査で、23の朝鮮族民族郷、392の民族村があり[9](表2-1)、朝鮮族人口の68%が、これらの郷や村に集住している(都 2007, 268-270)。母語である朝鮮語は、この郷や村などの比較的狭いコ

表 2-1　黒龍江省民族郷・民族村数

地　区	民族郷数	民族村数	主な集住地（県級）
哈尔浜市	5	95	依蘭県・阿城市・五常市・尚志市
牡丹江市	5	115	海林市・寧安市・東寧県
佳木斯市	2	35	樺川県・湯原県
鶏西市	4	75	密山市・鶏東県・城子河区
七台河市	2	11	勃利県
双鴨山市	1	8	友誼県
鶴岡市	1	1	蘿北県
綏化市	1	17	北林区
鉄力市	1	0	年豊
黒河市	1	5	北安市
伊春市	0	9	

都（2007）「黒龍江省朝鮮族人口変遷及其発展趨勢」をもとに筆者作成

ミュニティ内では通用語となっているが、それを越えると、もっぱら漢語の世界となる。これらコミュニティは、先にのべた瀋陽市の西塔地区が例外的な大きさを持つ以外は、数千人をこえることはない。なお、（民族）郷や（民族）村という行政的に明確な民族コミュニティがつくられていないハルビンなどの市街地でも、民族学校を中心として、境界のあいまいなコミュニティがつくられていることが多い。教育熱心な朝鮮族は、子どもが通学しやすいよう学校の近くに移り住むことが多いからである[10]。そのような民族学校を中心とするコミュニティの規模も、郷や村などと同様に千人～数千人程度であるとおもわれる。

　最後に、延辺朝鮮族自治州とそれ以外の地域の朝鮮族の差についてふれておきたい。一般に延辺の人々は、全東北地域の「朝鮮族」を単一のアイデンティティを持つ「民族」としてとらえているが、延辺以外の朝鮮族は、延辺に住む朝鮮族とそれ以外の地域に住む朝鮮族を区別してとらえる傾向が強い。延辺以外の地域の朝鮮族は、延辺に住む朝鮮族をさして「延辺朝鮮族」、そしてそれ以外の地に住む朝鮮族を「内地朝鮮族」と称する。そして、その

理由は不明であるが、現在「内地朝鮮族」の人々は、「延辺朝鮮族」に対し、あまりいい印象を持っていないことが多い。そのためか、長い間、朝鮮族の生徒にとって、もっとも一般的な進学先は延辺大学であったが、最近は、それぞれの省会（省都）や北京・天津など大都市の大学への進学を希望する学生が多い。しかし、延辺大学以外の大学では、学内で朝鮮語を使う授業がまったくなく、よい成績をあげるためには、漢族と同レベルの漢語力が要求される。また、入試にあたって外国語科目を日本語で受験すると出願を受けつけず、英語選択を必修とする大学が多い。この状況が、継承語（朝鮮語）教育や、外国語教育に強い影響をおよぼしていることは否定できない。

すでに述べたとおり、従来、朝鮮族の人々についての調査・研究は、「延辺朝鮮族」を対象とすることが多く、中国内外を問わず、いままでに刊行された朝鮮族についての社会学的、あるいは社会人類学的調査・研究も「延辺朝鮮族」に関するものが比較的多い。しかし、本研究は、主に黒龍江省と遼寧省に住む「内地朝鮮族」の人々について語る。そのため、先行研究との間に認識のずれを感じる部分があるのだが、それについては、そのつど指摘していくこととしたい。

2.2 　少数民族教育

本節では、2.1 に続き、論考のもう一つの背景となる中国の学校教育政策と学制、そのなかでもとくに「民族教育」の制度についてみておきたい。朝鮮族の日本語教育について考察する際、中国の教育制度とその現状、その中でもとりわけ「少数民族教育」と、それをとりまく環境についての知識と理解が不可欠である。

はじめに中国の全般的な学校教育制度と現在の問題点について述べる。つづいてその教育制度の一部を構成する民族教育制度と、その実際の運用について整理する。現在の中国の教育制度がかかえる問題点と朝鮮族の日本語教育とは、かかわりが薄いように感じられるかもしれないが、じつは深い関係を持っている。そして、朝鮮族の日本語教育の本質を考察するために欠かせない背景であるため、やや詳細に検討する。

2.2.1 中国の教育制度

　中国の教育制度は、基本的に日本と同様の6・3・3・4制を基本とする（p.38 図 2-1 参照）。就学前教育として1年ないし2年制の幼稚園がある。小学校への就学年齢は7歳である。ただ、就学年齢は満年齢ではなく「数え年」であるため、ほとんどの子どもが、日本と同じ満6歳で就学していることになる[11]。義務教育は、小学校6年間と中学校の3年間、計9年間である。ただし、2002年までは、「義務教育は9年間とするが、中学校の教育については、条件がととのった地域から義務教育を実施する」とされていた。そこで、それまでは、教師の確保が困難な地域、主に僻地や「貧困地域」において、小学校5年・中学校4年制で教育がおこなわれることがあった。東北3省においても、筆者がフィールドワークを行っていた2002年まで、民族学校のみは、小学校5年・中学校4年制で教育を行っていた。しかし、2002年に「9年生義務教育の完全実施」が宣言されたことにより、現在、東北3省ではふつうの学校と同じ6・3制に変更されている[12]。なお、全国的な義務教育制度の実施が宣言された現在でも、山間部・僻村には教師不足などの理由により規定の義務教育を実施できない地区が残っており、そのなかに少数民族地区がしめる比率はかなりの高さになるが、本研究が対象とする朝鮮族の民族教育については義務教育が完全に実施されている。

　中学校卒業後は、高等学校に進学するほか、中等専科学校（中専）や職業中学へ進学するコースがある。いずれも職業教育を目的とする学校であり、一般的に中等専科学校は4年制、職業中学は3年制である。中等専科学校は日本の高等専門学校（高専）に、職業中学は、日本のかつての職業高校（商業科や工業科が設置された高校）に相当すると説明されることが多いが、これらの学校のカリキュラム構成は、日本の高専・職業高校とはまったく異なり、政治教育や体育などいくつかの科目以外は、ほとんど職業教育科目のみを学習する。つまり、実態としては日本の高校というより専門学校にあたると考えたほうがよい。したがって、職業中学に進学した生徒は、後述する大学入学統一試験の試験科目を履修しないため、大学の受験資格がない。すなわち、中国国内では高級中学に進学した者しか大学へ進学することはできない[13]。しかし、中国では初級中学から高級中学への進学にあたっても競争率

が高い。地域によって異なるが、高校は中学の1/3程度の定員しか持たないため進学できるのは希望者の30～40％程度である。しかし、いち早く少子化が進んだ朝鮮族の民族学校は、ふつうの高級中学と異なり定員にかなり余裕があるので、希望者はほぼ全員進学できる。朝鮮族中学の教員が「(朝鮮族中学では)ほとんどの生徒は勉強をなまけていて、わたしもこまっています。漢族の学校だと、もっと一生懸命勉強しています。」[14]と語るのはこのような背景がある。

　大学は日本と同じ名称の「大学」と、かつて教育部以外の機関が所管していた単科大学をさす「学院」がある。近年、学院を大学と改称する動きが進んでいるが、教育内容・レベルが名称によって異なるわけではない。また、名称では区別がつかないが、国の機関が所管する大学・学院のほかに省・市が所管する大学がある。つまり、国立大学・省立大学・市立大学があるわけである。

　大学・学院には4年制の「本科」と原則として3年制の「専科」がある。日本とはちがい、同一の校名のもとに「本科」の学部と「専科」の学部が混在していて、どの学部が本科なのか専科なのかは修学年限をたしかめなければわからない。一般に専科は、日本の短期大学に相当するものとして扱われる。長い間、本科と専科は学生定員数に大きな開きがあり、本科の定員は、専科の10％程度しかなかった。そのため、入試に際しては、本科のほうがはるかに狭き門となり、本科合格者と専科合格者の学力レベル差は大きいとされる。それにともなって、卒業後の学歴格差もかなり大きなものとなる。なお、専科課程のみを持つ高等教育機関もある。そのような学校は「高等専科学校」と称することが多く、大学よりは評価が低い。

　中国では、建国からしばらくの間、高等教育機関の学生定員をあまり多くしない方針をとっていた。それに加え、「プロレタリア文化大革命」の時期に入試(学力試験)が中止されたこと、さらに、思想を重視し、学力を軽視した社会事情などが手伝って、現在、専門分野の資格をもった人材が不足している。そこで、各大学が成人教育・再教育のために「業余学校」や「函授」学部を数多く設置している。業余学校は社会人のために夜間開講する学校であり、「函授」は、通信教育課程である。これらの成人教育課程は、カル

チャースクールレベルのものから、「碩士（修士）課程」の認定をうけたものまで、その内容が千差万別であり、一律に論ずることはできない。

　なお、1995年以降、大規模な高等教育改革が実施され、大学本科の大増設がおこなわれたため大学の定員が大幅にふえた。したがって進学率も急上昇し、これまでの中等・高等教育に関する状況は一変しつつある。さらに有名大学が民間企業と提携してキャンパス内に独立した「民弁（私立）大学」を新設したり、民間の専門学校・各種学校が、専科課程の認証を受けたりする例もふえており、中国の高等教育はかなり混乱している。

　学年暦は、9月からはじまり8月におわる。ほぼ7月〜8月が夏期休暇であり、そのほかに春節（旧正月）前後の約1カ月間が休暇となる。週5日制で土曜日・日曜日は休みである。小学校から大学まで、履修科目は固定されており、班（クラス）全員が同じ科目を履修するのが原則である。科目を学生が選択して履修するという制度はほとんどない。各学校の最終年次は6月に終了し、卒業も6月である。

　最近は、後で述べるとおり、大学の増設により、急に大卒の学歴を持つものが増えたため、先進国と同じく大学卒業生の就職難が問題となりはじめた。そこで、日本と同様、高等教育機関（大学など）の最終年次あるいは最終学期には、教室での授業がほとんどなくなり、学生は「実習」などの名目で就職活動に専念するのが通例となりつつある。

　初等教育機関は、「幼稚園」・「小学校」とも日本と呼称が同じだが、中等教育機関の名称にはやや注意が必要である。中学と高校は、それぞれ「初級中学（初中）」、「高級中学（高中）」というが、職業中学もふくめてすべて「中学」の名がついているため、「〇〇中学」と略称されるのがふつうである。そのなかで、初級中学と高級中学あるいは職業中学が併設された中学を「完全中学」とよぶ。しかし、6年一貫制教育を行っているわけではなく、中学と高校が同一校名で併設されているだけなので、初級中学から高級中学に進学する際には、入学試験をうける必要がある[15]。つい最近まで、高級中学への進学指導実績が高いことで有名な初級中学と高級中学に進学できなかった生徒がいく職業中学が同じ校名で、同じ校地に併設されている、というケースさえあった。このような学校では、初級中学と職業中学で在籍学生がほと

んど入れかわることになる。それならば、二つの学校を同一の名称で併設している意味がないように思われるが、そのような学校でも「完全中学」とよばれるのである。これは文化大革命のときに、ふつうの高級中学より、職業中学のほうが高く評価されたことの名残らしい。なお、完全中学では、原則として初級中学を担当する教員と高級中学を担当する教員はそれぞれ決まっている。つまり、初級中学の教員は、初級中学の3年間のみを担当し、一人の教員が初級中学の1年生から高級中学の3年生まで教えるようなことはない。ただ、校長をはじめとする学校管理者や事務職員は全校共通であり、教員の教研室（教員室）も科目ごとに、初級中学と高級中学の教員が同じ教研室にいるケースが多い。

大学・学院の学部・学科は、以前は「系・専業」とよばれていたが、現在は、日本の大学の「学部」にあたる組織をさして「学院」とよぶことに変更されている[16]。このように「学院」の名称は、学校名を示す場合と、学部名を示す場合があるので注意が必要である。また、日本語を専攻する課程は、

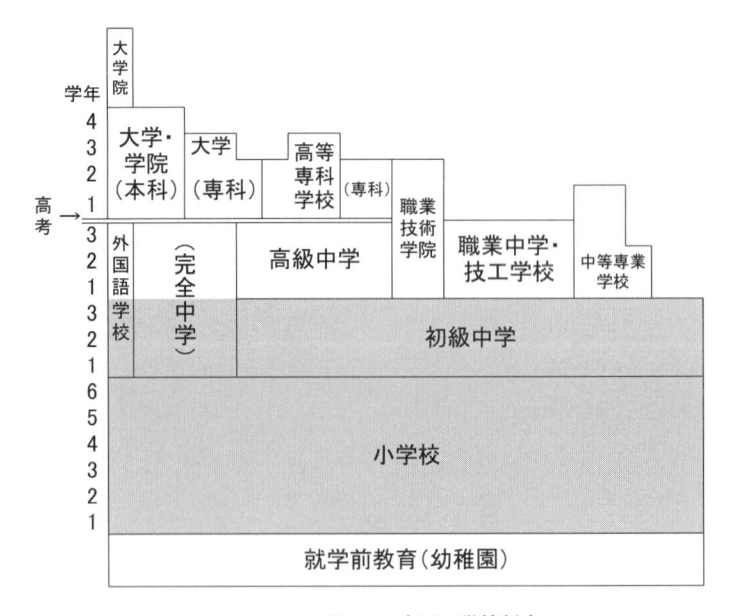

図 2-1　中国の学校制度
近年、制度の改変がかなり進んでいるが、上記は基本的な学校系統である。
義務教育は小学校と初級中学の6年間。「高考」の受験を二重線で示す。

学校によって「日語系」「日語専業」などいくつかの呼称がある。本書では、すべてを統一して「日本語専攻」と表記する。

以上のように教育機関の呼称が、日本語と中国語では微妙に異なるため、中国の教育制度を論ずるときには、誤解を生じやすい。本書では、民族中学における日本語教育を中心に論じるため、現地では単に「中学」と呼称されている場合でも「初級中学」「高級中学」「完全中学」あるいは「中学」・「高校」と表記する。また、それ以外の教育機関についても、中国語と日本語の相違により誤解を生じる恐れがある場合は（　）内に注記することとする。

2.2.2　進学競争と入試制度

文革期をのぞき、中国における最大の教育問題は、進学競争のはげしさにある。これは、唐・宋から連綿と続く「科挙」の伝統を引きつぐものといってよい。中国においては、長い間、その人口に比して高等教育、ことに大学の入学定員数が低めにおさえられてきた。1990年代初頭には、大学本科への進学率は3％程度であると推定されていた[17]。ところが、90年代半ば以降、経済改革が急速に進むと、進学希望者が急増した。一方、同時期に進められた「一人っ子政策」が、子ども（孫）にかける両親と祖父母の期待を過剰なものとし、それが教育費の増加をまねき、そのために進学競争はいっそう激化した。

中国の学校は、経済改革が本格化する1990年代後半まで、原則としてすべての学校が「公立学校」[18]であった。しかし、日本の公立学校とは、いささかシステムがことなり、すべての学校で均質な教育がうけられるわけではなく、地域・学校間格差は、むかしから非常に大きかった。実質的には、小学校から高校まで、少数の「進学校」とそうではない学校にはっきりわかれているのである。すなわち、政府から「重点校」[19]に指定されていた学校が、「進学校」なのであって、予算の配分や教員の配置に優遇措置がとられる。「幹部」と称される共産党や政府機関の高級職員が多く住む地域の学校や、「実験中学（小学）」などと名付けられた師範大学の付属校がそのような学校に指定されている。中国では小学校からこのような重点校に入学しなければ、進学競争に勝つことができない。そのために、親は、さまざまな方法

でつてをたどり、重点校の教員を食事に招待したり、「付け届け」をしたりして、子どもをよりよい小学校に入れようとする。中国でも小学校・中学校は学区制をとっているのだが、各校の教員は、公然と、あるいは暗黙のうちに、自分に利害関係のある子どもを一定数入学させる権利を有しており、また、それを知っている親も、教員に対してさまざまな「対策」を試みるので、実際には学区外に居住していても入学が許可されることはめずらしくない。そのために、エリート高校への進学実績がある中学校、さらに、そのような中学校への進学実績がある小学校は、適正な入学定員をはるかに超えて児童・生徒を抱えることになる。中国では、一クラス50〜60名、全校生徒が数千人という大規模な小学校・中学校があるが、これらの大規模校は、例外なく、その地域有数の進学校でもある。つまり、他の多くの国・地域とことなり、中国には「少人数制クラスのエリート校」というものがない。エリート校は、つねに大規模校であり、クラスの在籍人数も多い。

　エリート校とそうではない学校の格差が広がるもっとも大きな原因は、日本のように公立学校間の教員異動が制度化されていないためでもある。中国には、地方行政単位ごとの教員採用制度がなく、教員は学校の管理を担当する地方政府[20]（地方行政機関）の教育部の許認可を得たうえで、各学校が直接採用する。そのため、エリート校ではない学校に採用された教員が、教育に関する業績を評価されてエリート校に引き抜かれることはあっても、その反対の異動はおこらない。したがって、エリート校には、学歴も高く、仕事に熱心で優秀な教員が集中することになる。こうして学校間格差が拡大することはあっても、縮小することがないのである。なお、この格差は、教員の待遇にも直結している。中国は、各学校を管理運営する地方政府が、教員の給与を全額負担するので、日本の教員とは反対に、僻地校あるいは「貧困地域」の学校は給与が安く、大都市の進学校ほど給与が高い。そればかりか、現実には、経済的に発展から取り残された僻地の学校では、教員の給与の遅配・欠配がめずらしくない。筆者が調査にいった辺地の民族学校でも、給与が3ヶ月以上遅配しているので教員がやめてしまった、などという話を聞くことがめずらしくなかった。その一方、入学希望者が殺到する大都市の進学校の教員は、正規の給与のほかに、自宅で塾を開くなどしてかなりの副収

入がえられる。そのため、僻地の学校は教員のなり手がなく、大都市の学校は、より優秀な教員を集めることになる。このような事情で、教育の地域差、学校間格差は拡大する一方である。

　高校進学にあたっては、統一試験を受けなければならない。この試験は、各省・自治区・直轄市単位で問題が作成され、実施される。この高校進学試験は非常にきびしいものである。まず、前述したとおり高校の入学定員が、受験者の60％〜30％程度しかない。その定員枠に入らなかった学生は、職業中学に進学しなければならない[21]。さらに、各高校は、小学校や中学校と同様に明確にランクづけされていて、よい大学に進学するためには、ごくわずかの上位校に入学しなければならない。

　このようにして入学した高校の学校生活もまた日本人の想像を超えるものである。日本のように予備校が発達していないので、進学校は夏期・春節（旧正月）休暇中や土曜日・日曜日にも補習・自習をおこなう。文字どおりの自習時間もあるが、教員がついて授業をおこなう時間のほうが多い。ことに受験をひかえた高校3年生は年間数日しか休まない。毎日の授業は、7時半ごろはじまり16時ごろ終了する。しかし、その正規の授業時間の前後に朝自習と晩自習の時間が設けられている。朝自習は6時ごろからはじまり、晩自習は夕食をとった後22時ごろまで続く。生徒を長時間にわたり学校に滞在させなければならないため、進学校は全寮制をとるのがふつうである。というよりも全寮制にしなければ進学校にはなれないといってよい。学内には食堂が完備し、3食すべてを学校でとるなど学校が生活の場となる。生徒は、近くに家があっても寮生活をおくり、3年間、勉強にはげむのである。

　中国の教育において、もっとも大きな影響力を持つものは、高校そして大学への入学試験である。中国では試験（科挙）のために教育がおこなわれてきたという長い伝統がある。そして、現代の教育といえども、その伝統から逃れることはできない。それどころか、かつて男性にのみ、さらに士大夫層にのみ開かれていた「受験する権利」が、多くの人に開かれることになり、競争は激しさをましている。

　現代の科挙というべきものが「普通高等学校招生全国統一考試」（一般的に「高考」と略されるので以下本書もこの略称を使用する）という大学入学

統一試験である。各高校の授業は、まさにこの高考でよりよい点をとることだけを目標におこなわれる。また、各高校は、この高考の成績順にランク付けがおこなわれる。先に述べたとおり、中国では、いまのところ（進学）塾、予備校などが発達していないので、高校の教員に受験競争のすべてがかかってくることになる。高校の教員は担当教科で学生に何点をとらせたかで勤務評定がおこなわれる。そのため、高校の教員、とくに3年生の担任は早朝から夜10時ごろまで勤務して学生の「自習」を指導しなければならない。この大学入試に関し、学校と教師にとってもっとも大きな圧力となるのは、子どもたちの保護者の意見である。中国では、保護者が積極的に学校教育に注文をつける。そして、その保護者の世代が持つ学校教育に期待する価値観が、「子どもを大学に進学させ、よりよい学歴をつけさせることによって、生涯を安楽におくる」というきわめて封建時代的なものに偏っているため、学校と教員も受験教育に力をいれざるをえない。

　高考の受験科目は「理科」と「文科」にわかれている。科目は表2-2のとおりであるが、中国ではかなり短い周期で入試改革がおこなわれており、入試科目とその内容には、毎年のように細かな変化がある。

　この科目と満点（各科目150点満点）は固定されており、日本のセンター入試のように各大学や学部によって採用科目をかえたり、得点を傾斜配分したりすることはできない。また合否は総得点のみによっており、特定の科目をいわゆる「足きり」に使うこともおこなわれない。さらに大学が独自に2次試験をおこなったり、高校の「内申点」を加味したりすることもない。すなわち高考が合否決定の唯一の材料となる[22]。

表2-2　高考の受験科目一覧表　（1994年より）

科目名	語文	外国語	数学	政治	歴史	物理	化学
文科	○	○	○	○	○		
理科	○	○	○			○	○

　注意しなくてはならないのは、高考による合否の決定は「省別」におこなわれるということである。各大学は新入生の「招生（募集）」を省・自治区・

直轄市別におこなう。つまり、学生の出身地(省・自治区・直轄市)別に募集する人数、そして合格最低点数を指定する。すなわち、あらかじめ省ごとの入学許可定員が公表される。それに加えて、経済的に恵まれた沿海地域の出身者は合格最低点を高く設定し、内陸の貧しい省の出身者は最低点を10点程度低く定める、といった「調整」がおこなわれるわけである。したがって、高考そのものは全国統一試験であるが、競争相手は同じ省内の受験生にかぎられるわけである[23]。そこで、このとき、各省(ときには市)ごとにトップの成績をだした生徒を「状元」と称する。すなわち、科挙の時代とおなじ呼称が現代においても使われているわけであり、ここに「現代の科挙」としての高考の持つ意味が象徴的に示されている。実際に、中国の高校教員と話していると、教育にしめる高考の地位がいかに高いかが実感できる。それは、日本のセンター入試などとは比較できないものである。

　このような入試教育偏重が、中国の教育に数々のひずみをもたらしていることはいうまでもない。2000年ごろから、大都市を中心に受験を苦にした中学生・高校生の自殺が連続して発生しニュースになるなど、さまざまな弊害が社会問題となり、中国政府は、それまでの「応試教育」(入試を目的とした教育)をあらため「素質教育」(子どもの個性と適性をのばす教育)を推進することとした。それ以来、「素質教育」に関しては、全国でさまざまな試みがおこなわれている。とくに外国語教育では、それまでの「暗記中心の教育」から「コミュニケーション能力の養成」がその主題となり、教科書が全面的に改訂された。それにともない、教員の意識はかなり変化していると感じられるが、その一方、保護者の考えかたは保守的で、あまりかわらないために、実際の授業は、まだ試験のための暗記が中心にならざるをえない

　これと並行し、積極的かつ即効性のある受験競争緩和策として、中国政府が打ち出したのが、大学の定員数の増加策である。これには、既存大学の学部の大幅な定員増と学部の新設、そして高等専科学校の大学への統合あるいは昇格がある。この政策により、大学生の数は1998年の108万人から、2003年末には約1,700万人へと急拡大している[24]。わずか5年間で、規模が15倍以上になったわけである。これにともない進学率も急上昇し、全国平均では2％前後から25％程度になった。地域格差が激しい中国では、進学

率の地域差も大きく、すでに大都市圏の進学率は70％以上に達するのではないかと多くの高校教員が語っている。また、この政策が功を奏し、2007年6月の高考では、受験生1,010万人に対し、大学の総定員は567万人と、競争率が2倍以下にまで低下している[25]。しかし、あまりにも急激な定員増が教育の質の低下をまねいていることは否定できない。すでに、地方中小都市の新設大学のなかには「高考の点数がどんなに低くても合格する」と揶揄されるような大学が出現している。さらに、受験側の事情のみを考えて定員を増やしたので、学歴のインフレーションがおこり、先進国と同様、大学を卒業しても就職できない学生が急増した。2009年の大学新卒者の就職率は60％程度であったといわれ、深刻な社会問題となりつつある。

2.2.3 民族教育制度

　中国は56の民族からなる多民族国家であるが、「漢族」が全体の92％をしめる。したがって、その教育は、一般的にすべて漢語（中国語）でおこなわれる。しかし、中国においては、憲法に「少数民族は、民族語を使い、民族語で教育を受ける権利をもつ」（憲法4条）と明記されており、それを保障するために、少数民族の子どものための教育システムが一般的な教育システムとは別に、それに並行するかたちで開設されている。それが「民族学校」と総称される学校群である。民族学校は、ふつうの学校と同じく、各地方行政機関の教育委員会の管理・指導のもとにあるが、管内に民族学校を持つ地域の教育委員会には「民族教育部」が設置され、ふつうの学校とは別扱いで指導がおこなわれる。

　民族学校には、就学前の児童のための「民族幼稚園」から「民族小学校」「民族中学」そして「民族大学」（旧民族学院）、「民族師範専科学校」などがある。つまり幼稚園から大学院までふつう（漢族）の学校と同じ卒業資格をえられる民族学校が併置されているのである。民族学校は各民族別に設置され、「朝鮮族中学」「蒙古族小学校」という民族名を明示した校名がつけられるのが一般的である。設置は、少数民族の居住人口が多い地域に設置される（金1998, 4-13）と定められているだけで、単位人口あたりの設置基準などがあるわけではない。また、民族学校は、ふつうの学校とことなり、校区が定

められていない[26]ので、かなり広い地域から学生が入学してくる。そこで、民族学校には、そのような学生のために寄宿舎・食堂などが付属していることが多い。

　民族学校では、それぞれの民族が持つ固有の民族言語で授業をすることが原則である。公用語である漢語(中国語)は必修科目であるが、その開始時期はそれぞれの民族の言語環境によって決められる[27]。また、上級学校への進学に際しては、後述するとおり、入試などで漢語母語話者にくらべて不利にならないような制度が定められている。

　民族学校は、独立した学校として設置されるのが原則であるが、少数民族の少ない地域や過疎地では、一つの学校のなかに「漢族クラス」と「民族クラス」をわけて設置することがある。とくに朝鮮族は児童生徒数が減少しており、単独の学校を維持することがむずかしい地区がふえている。そのため、併設校がふえている。たとえば、延辺朝鮮族自治州の安図、和龍、汪清の各県では、いままで朝鮮族学校と漢族学校をわけて開設していたが、児童生徒数の減少にともない学校を統合し民族別にクラスを編成している。

　しかし、かつて文化大革命の時期に、「朝鮮語無用論」が主張され、「民族学校」の多くが閉鎖され、あるいは「民族連合学校」に統合—現実には、漢族の学校に吸収—された。その結果、朝鮮語の継承にいちじるしく支障をきたしたという[28]経験から、定員が少なくても、なるべく民族学校を単独で存続させようと努力しているように思われる。たとえば筆者が滞在していた黒龍江省J県には、五つの朝鮮族小学校があったが、比較的大きな小学校は、339人(2002年4月)の児童がいる1校のみであり、他の4校はいずれも児童数30人以下の小規模校であった。そのため、現在、小学校を統合して全寮制とすることを構想している地区が少なくない。

　民族学校への入学資格は、とくに定められているわけではない。すなわち、中国の戸籍には「民族」の記載があり、「一人っ子政策」の適用に代表される法令の運用が民族別におこなわれることがあるのだが、民族学校への入学が、生徒の所属する民族種別によって左右されるということはない。したがって、本人と保護者の希望により、少数民族がふつうの(漢族の)学校に

入学することも、漢族が少数民族の学校に入学することも自由である[29]。実際には、漢族が民族学校に通うケースはかなりめずらしいが、少数民族がふつうの学校を選択するケースは少なくない。表2-3は、中国東北地域のいくつかの地域で朝鮮族の子供がふつう(漢族)の学校に通っている比率をしめしたものである。この表でわかるとおり都市部ほどふつうの学校に通う生徒の比率が高い。中国東北地域に関していうと、民族学校とふつうの学校の差異は、授業および学校生活で使われる言語のちがいのみといってよいので、もともと民族語を話さない(話せない)環境で育った子供なら、漢族学校に通学したほうが、勉強がしやすいともいえるのである。したがって、この表にあらわれた数値は、ある程度、民族語の保持率を反映しているといってもよい。ただし表中、黒龍江省1977年および延辺朝鮮族自治州1976年の数値は文化大革命の影響を強く受けている(文革の終結とされる「四人組の逮捕」は1976年10月であった)。文革中は、民族教育も批判対象となったため、民族学校の一部が閉鎖され、民族学校に通う生徒が減少した(朴など1989, 181)。

表2-3 朝鮮族小中学生のうち、漢族学校に通う者の比率

	年	小学校	中学校
黒龍江省	1965	0.8%	0.68%
	1977	19.9%	47.9%
	1980	22.0%	31.9%
	1982	23.9%	33.4%
ハルビン市阿城区[30]	1981	29.2%	39.2%
	1982	40.3%	38.3%
	1983	46.3%	42.3%
	1984	33.3%	38.3%
吉林省延辺朝鮮族自治州	1976	12.5%	25.0%
	1982	4.7%	16.2%

岡本(1999)『中国の少数民族教育と言語政策』115ページ

前節で述べたとおり、現在、中国の教育制度がかかえる最大の問題は、進学競争である。この進学競争において、民族学校は不利な立場におかれてい

る。それは、一つは民族居住区が中国国土の辺境に多く、経済発展においても社会の情報化においても「遅れた」地域が多いからである。もう一つは、母語が漢語ではないことである。

そのため、民族学校で学ぶ学生には、学習や進学に関していくつかの優遇策が設けられている。そのなかで、もっとも直接的かつ大きな意味を持つ優遇策は、高考における少数民族の特別な扱いである。

第1に、高考では、僻地や貧困地域など、困難な環境で勉強しなければならない学生に得点のアドバンテージを与える制度がある。そして、少数民族の学生にもその制度が適用される。たとえば、黒龍江省ではつぎのように規定されている。「省立の高等学院（大学・高等専科学校）にオロチョン、ホジュン、エベンキ、キルギス、ダグール、モンゴル族の学生が応募したときは、省の決める合格最低点より20点低い点数を合格最低点とし、その他の少数民族の学生には5点低い点数を合格最低点とする」[31] つまり、少数民族学生については、一定の点数を総得点に加点するという制度である。この加点は、大学・専科学校を管轄する国・省・州などが個別に決定する[32]。なお、この制度は民族学校の学生であると否とを問わず、すべての少数民族学生に適用される。したがって、厳密にいうと「民族学校」の学生を優遇する制度ではない。ただし、現在、この優遇制度は、各省とも朝鮮族に関しては適用されていないようである。したがって、朝鮮族は漢族と同じ得点を得なければ合格しない。2.3で触れるとおり、朝鮮族の進学率が漢族を上回っていることからすれば当然であろう。

第2に使用言語に関する規定がある。少数民族の学生は、民族語に翻訳した高考の問題を請求できる。また、民族語で解答することが認められている[33]。つまり朝鮮族の学生は朝鮮語の問題を請求し、また、朝鮮語で解答してもよい。その翻訳は関係する省・自治区の招生委員会が一括しておこなう。朝鮮族の場合は、延辺自治州にある朝鮮族の民族教育委員会が三省と内蒙古自治区の問題翻訳を担当している。

そして、第3に「語文」（日本では「国語」にあたる）科目に関して、少数民族の学生は「漢語文」と「民族語文」の2科目で受験することができる。得点は両科目を合計して、2で割ったものとなる。科目がふえるので不利な

ように感じられるが、語文2科目で受験する場合、「漢語文」の問題は、少数民族用の問題に解答すればよい。少数民族用の「漢語文」は、古典文が省かれ、かなりやさしくなる[34]。一説によれば、少数民族用の高校3年の「漢語文」は、漢族の初級中学3年の「語文」と同じレベルであるといわれている。

　以上の第2点と第3点、すなわち「民族語で書かれた問題用紙を請求し、民族語で回答する権利」と「試験科目に民族語がある」という両方の優遇策は、すべての少数民族の学生が持っている権利ではなく、民族語で授業をしている民族学校に通っている学生のみに認められた権利である。第2点の「民族語による出題と解答」がどの程度、得点につながるかは、判断がむずかしいが、第3点の「漢語と民族語の2科目で受験できる」ことは、朝鮮族にとって、はっきりと有利であるといえる。「漢語文の中の古典文」がなくなり、かわりに「朝鮮語文」が課せられるということは、むずかしい問題がなくなり、やさしい問題がふえるということと同じことだからである。単純な比較はできないが、小川(2001, 209)が提示した資料によれば、150点満点の試験で20点ほど平均点があがると推定される。したがって、民族中学はここで一つ、ふつうの中学より優位にたてるのである。

　このような優遇策を受けながら少数民族学校の学生は大学などの高等教育機関へ入学するのだが、民族教育のなかでも、大学レベルの教育はやや異なった展開をしている。中国全土で13校を数える「民族大学(旧民族学院)」は特定の少数民族を対象としているのではなく、すべての「民族」(漢族をふくむ)を対象として教育をおこなう。したがって、授業は語文学院(学部)の専業(学科)、たとえば「イ語文」「ウイグル語文」など、民族言語と文化を専攻する学科以外は、すべて漢語でおこなわれる。本来、民族学院は民族自治地域の「民族幹部」を養成する目的で設置されたために、政治学・行政学系の学部を中心としていたが、近年は名称を「民族大学」と改称するとともに、学部を新設してふつうの総合大学に近づきつつあり、同時に、学生にしめる少数民族の比率も低下傾向にある。

　民族学校の教員を養成するため各地に設置されているのが、「民族師範専科学校」である。この学校は、小中高校と同じく民族別に設置されている。

修業年限は、多くの場合3年であり、専科課程に区分される。

その他、民族自治地域では、一般の大学でも少数民族学生に一定の配慮をしている学校がある。東北地域の大学でいえば、延辺大学は、すべての学科を朝鮮語で履修することができることになっている。また内蒙古師範大学は「モンゴル語と漢語による双語教育(バイリンガル教育)」を標榜している。

なお、民族学校から大学(本科)に合格した学生は、原則として、入学前に1年間の預科教育を受けなければならない。民族預科は、中央民族大学をはじめ、中国全土で100校ほどの高等教育機関に設置されている。漢語(中国語)と外国語(英語)の補習をおこなうのが、この預科教育の主な目的である。

2.2.4　民族教育制度が直面する問題点

このような民族学校は、すべての少数民族に「権利」として設置が認められているのだが、実際に学校をつくり、運営をしていくとなると、いくつかの問題があり、なかなか理想どおりの学校運営をおこなうことがむずかしい。学校を維持していくためには、さまざまな要因がそろわなくてはならないからである。

もっとも重要なのは、経済的な問題であるが、経済問題、あるいは経済発展の不均衡にともなう貧困地域の教育問題は、「民族教育」に固有の問題ではないため、ここではふれない。

もう一つ民族教育の成否をきめる要因は、少数民族の「母語」に内在する諸問題と地理的な言語環境の問題である。少数民族教育の成否を決める要因として、少数民族の母語(以下、「民族語」とする)が一定の条件をそなえている必要がある。中国において「民族教育」が「民族教育」として存在する条件というのは、「民族語」で授業のすべて、あるいはその一部ができるかどうかということとイコールであるといってよい[35]。しかし、民族語で授業を成立させるためには、民族語が以下の条件をすべてクリアしなければならない。

［民族語で授業をするための必要条件］
① 民族語に文字があるか

　教育に使われる民族語が文字によって記述できなければならない。中国では解放後におこなわれた「民族識別工作」の際に、文字をもたない民族言語を表記・記述できるようにするため文字と正書法の設定作業がおこなわれた。その多くは、アルファベットを使用した表音表記を採用した。これにより、現在、中国で少数民族と認定されたすべての民族の民族語が標準表記法を持つにいたったのであるが、すべての標準表記法が普及しているとはいえないところに問題がある。

② 民族語が統一されているか

　標準表記法が普及していない最大の理由が、民族語内の「方言」の差にある。たとえば岩佐（1983, 37）によれば、中国西南地域に居住するイ族は、民族言語であるイ語を持つが、そのイ語は大きく六つの方言をもち、方言間でたがいに通話ができないばかりではなく、「北部方言を除く他の5方言では、それぞれの方言圏内でも語彙と音声の違いが大きく、各土語間の通話でさえ困難がともなうほどである」（岩佐1983, 37）という。このように通話不可能な方言群の中から、どれか一つを選んで統一表記法を定めたケースでは、文字の普及はきわめて困難である。

③ 民族語で教えられる教員がいるか

　民族語の表記法が確立し、それが普及しているとしても、民族語で授業をするためには、民族語を使って教えることができる（さらには、民族語そのものを教えることができる）教員が必要である。そのためには民族語の母語話者から教員を養成する必要があるが、僻地に多い少数民族居住地域出身者が、都会にでて中等師範教育あるいは、高等教育を受けても、あえてふるさとにもどり教員になるケースはまれである。この人材の確保に関する問題は、どの民族学校でも深刻である。

④　民族語の教科書・教材があるか

　民族語の教科書をどのように翻訳・出版するかという問題もある。中国では、ほぼ全国で「人民教育出版社」が発行した教科書を使用している。民族学校では、原則としてその教科書を民族語に翻訳した教科書を使用するのだが、各教科で使われる語彙がうまく翻訳できるかという問題がある。うまく翻訳ができないときは、漢語音のみを「外来語」としてローマ字表記で導入したりするのであるが、あまりにも「外来語」が多ければ、翻訳せずに漢語（漢字表記）で、おしえたほうが能率がよい、ということになりかねない。現実に、理科系の科目の翻訳がむずかしいようである。

　さらに、うまく翻訳ができたとしても、各民族居住地域の「民族教育出版社」などで翻訳・発行した教科書を、それを必要とする僻地・山間部の小規模校の生徒のもとに、必要な部数とどけることがむずかしい。中国では、日本と違い書籍の流通・配給ルートがいまだ確立していない。新しい民族語の教科書ができたとしても、その情報を各学校の少数民族教員・学生に伝えるシステムがなければ、教科書は、使われずに終わってしまう。

　このように教員確保と教科書出版に問題があるため、多くの民族学校では、基礎的な科目に限って―ほとんどの場合は「民族語文」のみ―民族語での教育をおこなっているか、または就学前教育や小学校低学年で「民族語を（漢語による教育の）杖として」使用するのにとどまっているのが現状である[36]。

⑤　民族語で進学(受験)できるか

　最後に民族語で学習したとしても、民族語で上級学校に進学できるか、という問題がある。中国の民族教育制度は、進学試験を民族語で受験することを認めているが、教科書の翻訳と同様の条件があるため、現実に民族語に翻訳した試験問題が用意できる言語はかなり限定されている。そして、試験に合格し、上級学校に進学できたとしても、その進学先の学校で民族語を使用して学習できることまでは保障していない。したがって、上級学校で勉強するときには、漢語（中国語）が、漢語母語話者と同等にできなければならない。そのために、大学本科進学者には、先に述べた「預科教育」のクラスが

用意されているとはいえ、そのために1年間を費やすならば、「使えない」民族語を学ぶ必要はなく、小学校から漢語で教育をうけたほうがよい、と考えるのは当然である。こうなると、民族学校に入学を希望する少数民族学生が減少してゆき、民族学校の存続はむずかしくなる。

　どんなに民族語の内在条件がととのっていても、この矛盾を克服することはむずかしい。結局、人々が子どもを学校に通わせる目的が大学進学にある限り、教育の「漢語化」の流れには抗しえないのである。目下のところ、これが、少数民族教育がかかえる最大の問題といってよい。

　民族言語が内包する問題とは別に、民族学校の運営がうまくいかないもう一つの原因に、地理的環境に関する問題がある。中国のように、民族別に学校を設置することによって民族教育をおこなう方式をとる場合、民族学校が成立し、それを維持できるか否かは、民族の人口密度と人口比率に大きな影響をうける。これがここで述べる「地理的条件」である。以下に理論的な考察をおこなう。

[民族学校の設立・運営が可能になる地理的条件]
① 　人口密度が高く、しかも人口比率も高い場合
　都市の一定の地区に同じ民族がまとまって居住しているような場合、あるいは農村地域であっても通学可能な範囲にいくつかの少数民族の集落があるような場合は、その地区に民族学校を設置し、そこに生徒を集めることができる。少数民族の集住地域である民族自治区・自治州にその例を多くみることができるが、これは多数民族の学校と条件が同じであるからなんら問題はおこらない。朝鮮族の場合は、延辺朝鮮族自治州の状況がこのケースにあてはまる。

② 　人口密度は低いが、人口比率が高い場合
　人口密度が低く、ひろい範囲から学生・生徒をあつめなければ学校が成りたたないような地域でも、少数民族の人口比率が高ければ、学生寮を完備することにより民族学校を成立させることができる。
　たとえば、内蒙古自治区のスニト右旗[37]は、遊牧がおこなわれている地

域で、面積 3.3 万平方キロメートル、人口約 3.7 万人、そのうち 56％がモンゴル族である。そして、ほとんどのモンゴル族は、草原で遊牧生活をおくっている。この旗の人口密度は 1 平方キロメートルあたり一人程度にしかならず、きわめて人口密度の低い地域である。旗の中心となる唯一の集落に蒙古族小学校・中学校があるが、生徒は自宅から通学することが不可能なため、ほぼ全員が学生寮に入るか、学校周辺に間借りをしている。この地域は、純遊牧地域であり、中心の集落以外に学校がないので、自宅近く[38]のふつう（漢族）の学校に通うという選択の余地がない。さらに人口の半数がモンゴル族であるため、寄宿制の民族学校を成りたたせるだけの児童・生徒をあつめることができるのである。

　以上、①・②のような居住条件にある少数民族の場合は、民族学校を設立し、運営してゆくことが比較的容易である。しかし、以下の③のような場合は、民族学校を運営・存続させていくことが難しくなる。

③　人口密度は高いが、少数民族の人口比率が低い場合

　大都市に少数民族が散居しており、しかもその都市の少数民族人口比率が低い場合、あるいは農村地域の小集落に少数民族が分散して居住している場合、たとえその地区の少数民族児童生徒の人口が学校を設立するに足る数に達していても、民族学校を設立し、維持してゆくことはむずかしい。なぜなら、民族学校に通学するには長い通学時間、あるいは宿舎への入寮が必要であるが、自宅の近くには「ふつうの学校」があるからである。しかも、公共交通機関の整備が遅れている中国の地方都市近郊、あるいは農村地域では、毎日、通学が可能な範囲（距離）が、それほど広くない。この条件を克服するためには、ケース 2 と同様に寄宿舎を整備して生徒を集めることが考えられるが、ほかに選択肢がないケース 2 とは異なり、この場合は家の近くの「ふつうの学校」に通うという選択が可能であるため、遠い民族学校に生徒を集めるためには、民族学校に長い通学時間をかけてでも通いたくなるような、あるいは親が、子どもを寄宿舎に入れてでも進学させたがるような「特別な魅力」がなくてはならない。

　以上のように民族教育を成立させる前提としての民族学校の設置、運営と

維持には、言語環境と地理的条件によるさまざまな制約があることがわかる。すべてのマイノリティの子どもたちに母語による教育を保障することは、中国に限らず、教育の理想であるが、現実にそのための教育機関を運営していくことは、非常に困難である。

　少数民族教育のもう一つの考え方として、多数をしめる言語の母語話者と少数言語話者の子どもを一つの学校に通わせ、多言語多文化環境をつくって、生徒全員に少数言語教育をおこなうというアイディアがある。それは、子どもたち全員に、ある種の象徴的なメッセージを送る役割をはたすかもしれないが、マイノリティの子どもたちの民族語の継承という点は、「母語を忘れない」程度の消極的な役割しかはたさず、つぎの世代に民族語が母語として継承されるかどうかは疑わしい。しかも、中国のように多数民族が人口の92％をしめ、残りの8％が55民族にわけられる環境では、現実的にも実施はきわめて困難である。それに対し、中国のように専用の学校を設置する方式は、少数言語話者のコミュニティをつくり、言語が現実に使われる環境を維持するという点で、より現実的な多言語政策であるということがいえるのではないかと考えられる。しかし、それを実現させても、遠い学校に子どもを寄宿させて、母語と自らの文化を継承させるという選択をする親は、決して多くないのである。すなわち、少数民族教育は、一般に想起される種類の困難さ、すなわち、多数民族側の無関心や偏見、差別、あるいは同化への圧力が、まったくなかったとしても、それ自体が、内在的あるいは構造的にむずかしさを抱えているのである。

　現実に中国では、憲法により少数民族教育をおこなう権利がみとめられ、それにもとづく基本的な民族教育制度の枠組みがつくられている。しかし、それを実情にあわせて実施し、実効あるものにするのには多大な困難がともなっており、表2-4に見るように、多くの少数民族でその進学率が漢族の平均に達していない。

　しかし、同じ表2-4に明らかなとおり、そのような状況のなかで、中国東北地方の朝鮮族の民族教育は、例外的な数値を示している。朝鮮族は、中国でもっとも進学率が高い民族の一つである。しかも、朝鮮族は、民族学校で朝鮮語により各教科を勉強した学生がすぐれた成績をおさめる、という他の

民族にない特徴を持つ。次節では、その朝鮮族の民族教育について述べてゆきたい。

表 2-4 各民族の最終学歴 （1 万人あたりの人数をしめす）

民族名	大学	高中	初中	小学校
朝鮮族	432.2	2095.8	3376.9	2332.3
漢族	143.1	811.2	2385.4	3706.6
モンゴル族	184.7	1029.5	2180.8	3515.7
ウイグル族	89.4	514.7	1191.9	4329.8
壮族	57.0	568.5	1746.7	4572.6
イ族	26.1	207.9	848.7	3420.2
全国平均	139.0	792.9	2323.3	3706.6

楊（1995）『中国少数民族人口』をもとに筆者が作成

2.3 朝鮮族の民族教育

朝鮮族は中国内において「教育熱心な民族」として知られており、その民族教育も確たる「成果」をあげてきたとされる。それは対外的には大学進学率の高さ、民族コミュニティ内部ではそれにくわえて朝鮮語の継承に果たす役割も高く評価されているのである。しかし、朝鮮族の活躍の範囲が中国全土に広がるにつれて、民族教育の行きづまりがみえてきた。

2.3.1 朝鮮族中学における教育とその特徴

はじめに、朝鮮族の民族教育を、同じ中国東北地域に多いモンゴル族の民族教育と比較しながら概観する。

前節に掲げた表 2-4 は、朝鮮族、モンゴル族と漢族、その他の民族の教育水準を一覧表にしたものである。中国では年度ごとの民族別「進学率」については調査がおこなわれていないので、5 年おきに実施される「全国人口普査」の「学歴水準」の項目を使用して、各民族の人口 1 万人あたりの「学歴」をまとめたものである。また、表 2-5 は、各民族の非識字率をしめす。

表 2-5　各民族の非識字率　（%）

民族名	民族平均	男性平均	女性平均
漢族	21.2	12.4	31.2
モンゴル族	17.8	12.6	23.2
朝鮮族	7.0	2.7	11.1
イ族	49.7	35.0	64.8
壮族	21.2		
ウイグル族	26.6(15歳)		
全国平均	22.2	13.0	31.9

民族語および漢語のどちらも識字できない、または自分の名前程度の識字しかできない者の比率(原文は「文盲、半文盲」)をしめす。
楊(1995)『中国少数民族人口』をもとに筆者が作成

　この表 2-4 および表 2-5 にあらわれているとおり、漢族をふくめた中国の 56 の民族のなかでも、朝鮮族は「教育熱心な民族」であると自他共に認められている。また、モンゴル族は朝鮮族ほどではないにしても、教育レベルがかなり高いということができる。

　しかし、教育熱心な民族であっても、じつは朝鮮族学校とモンゴル族学校は教育システムの上で大きな違いがある。それは学習の媒介語(media)として使われる言語の違いである。朝鮮族学校では朝鮮語を使って授業をすることが一般的であるのに対し、モンゴル族学校では、多くの学校で漢語を使って授業をしているのである。媒介語にモンゴル語を使い、漢語を第二言語として学ぶ民族学校も純遊牧地域を中心に存在するが、市街地のモンゴル族学校では、民族学校であっても、漢語による教育を基調とする学校のほうが多く、モンゴル語を使って授業をする学校はめずらしい。また、教科書も朝鮮族学校では朝鮮語版の教科書を使うが、モンゴル族学校では、ふつうの学校と同じ漢語の教科書を使う[39]。ただし、漢語で授業をするモンゴル族学校でもモンゴル語の授業をまったくおこなわないわけではない。モンゴル族学校では、ふつうの学校のカリキュラムにプラスしてモンゴル語の授業をおこなう。このような授業のやりかたは、ふつうのカリキュラムにモンゴル語をくわえて授業するところから「加授蒙古語(班)」とよばれている。「加授」さ

れる時間数は学年によってかわり、小学校低学年ほど多い。初級中学・高級中学では週4時間が標準である[40]。また、中国のモンゴル語は、モンゴル国とは異なり伝統的な「モンゴル文字」を使用する。モンゴル文字による表記は、日本語の「歴史的かなづかい」と以上に、表音的ではない部分があり、習得に時間を要するため、若い人には、モンゴル語が話せても読み書きが不自由である場合が少なくない。

　このように、漢語を主とし、民族語を従とするカリキュラムは、最近まで朝鮮族学校にはみられなかった。岡本は、「朝鮮族学校の場合、漢語で授業を行う所は極めて少ない」、「これがモンゴル族と朝鮮族の二言語教育の大きな違いといえるだろう」(岡本 1999, 222)と述べている。しかし、近年、朝鮮族学校にも、朝鮮語があまり上手ではない生徒がふえており、しかも、その率はしだいに増加傾向にある。とはいえ、朝鮮語を「外国語」と同じように学習しなければならない生徒はいないというのが各校の教員に共通する認識である。もちろん朝鮮族であっても、周囲の環境や家庭の事情により、ほとんど朝鮮語を解さない人々が一定の割合で存在するが、そのような子どもは、ふつうの(漢族の)学校に進学するのが通例であるからである。

　それでは朝鮮族学校でどのような教育がおこなわれているのか具体的な例をあげてみてみよう。実例として筆者が2002年4月～7月にわたって現地調査をおこなった黒龍江省東部J県のJ朝鮮族中学をとりあげる。黒龍江省には、2002年現在、21校の朝鮮族中学(高級中学がある完全中学)があるが、そのなかでこの学校は平均的な規模と教育実績を持つ学校であるといえる。

　なお、筆者は、このJ県の民族中学(完全中学)の日本語教研室(職員室)に机をもらい、1学期間にわたって、授業を担当しながら参与観察と調査をおこなった。また、この期間中は、教職員宅にホームステイをしていた。なお、その後も毎年、J県を訪問し状況の変化をみている。

　J県は人口28.5万人、うち朝鮮族の人口は1.7万人(総人口の6.0%)である。中国では日本と異なり「市」の下位に「区」「県」という行政単位がおかれるが、「区」が市街地に、「県」は農村地域を意味する。したがってJ県も農業を主要産業としており、漢族が主にトウモロコシ、タバコなどの畑作

に、そして朝鮮族は民族の伝統的生業である水田での稲作に従事している。ほかに地域の産業としては鉱業（石炭）がある。

　J県には、二つの朝鮮民族郷がある。このうちJ郷は、県鎮（県政府所在地）から数キロのところにある。この区間は、乗り合いタクシーなどで容易に移動できるため、J郷から県鎮に通勤する者もいる。この民族郷の住民は9,454人（1992年）[41]で、ほぼ全員が朝鮮族であり、「中国でただ一つ、全村が朝鮮族の郷」であるという[42]。もう一つのM郷は、やや遠く県鎮から約30キロの距離にあり、県鎮への通勤・通学はできない。M郷は、漢族の住民が約70％をしめており、総人口10,139人中朝鮮族は3,195人である。J県ではこの二つの集落に朝鮮族人口の75％が住んでいる。このほかに、民族郷を形成するほどではないが、朝鮮族が多く住む郷としてX郷とH郷などがある。県鎮の市街地は鉄道駅の北側に広がっているが、朝鮮族は鉄道駅の南側に居住するものが多い。これは南側にM川という比較的大きな河川があり、水稲耕作がこのM川の水利を得ておこなわれてきたからである。M川はJ県内を東西に流れるが、J郷・M郷はともにこの川に面しており、またそのほかの朝鮮族が居住する集落も、この川ぞいにある。

　この地区の朝鮮族は、すべて「満州国」時代に、朝鮮（韓）半島から移住してきた人々である。当時の「鮮満拓殖会社」が策定した移民計画により、食糧増産（水田開発）のために半島南部から移住してきた人々が多い。現在の中学・高校生は移民3世となるが、彼らのアイデンティティは「中国人」であり、「韓国人」あるいは「（北）朝鮮人」という意識はないといってよい。ただ、中韓国交締結以降、帰郷する1世も多く、そのつてをたどって多くの2世・3世が韓国に「出稼ぎ」にでている。現在も相当数の人々が韓国で働いており、後述するように父母のどちらか、あるいは両方が韓国に渡っている子どもはきわめて多い。したがって、韓国が単純に「外国」であるとは言い切れず、やや屈折した親近感を持っている。

　このJ県には、民族学校が、2002年7月には10校あった。いずれも朝鮮族の学校で、二つの朝鮮族中学と7校の朝鮮族小学校、そして一つの朝鮮族幼稚園である。中学のうちJ県朝鮮族中学は完全中学（初級中学と高級中学の併設校）もう1校のJ朝鮮族中学は初級中学である。それぞれの学校の

表 2-6　J県の民族学校とクラス数（生徒数は一部概数）2002年4月現在

学年	J県 朝鮮族中学 （高級中学）		J県 朝鮮族中学 （初級中学）		J郷朝鮮族中学 （初級中学）		J郷中心小学校	
1年生	2クラス	（80名）	3クラス	（120名）	3クラス	（120名）	1クラス	全校児童 336名
2年生	2クラス	（70名）	3クラス	（120名）	4クラス	（160名）	2クラス	
3年生	2クラス	（52名）	2クラス	（100名）	3クラス	（125名）	2クラス	
4年生			2クラス	（100名）	2クラス	（90名）	2クラス	
5年生							3クラス	
6年生							3クラス	

表 2-7　J中学の日課表　夏時間（左）と冬時間（右）

早餐	6:10–6:40	6:10–6:40
晨読	7:00–7:20	7:00–7:20
教師早会	7:20	7:20
第1節	7:40–8:25	7:40–8:25
第2節	8:35–9:20	8:35–9:20
眼保操	9:20–9:25	9:20–9:25
課間操	9:30–9:45	9:30–9:45
第3節	9:45–10:30	9:45–10:30
第4節	10:40–11:25	10:40–11:25
午餐	11:30–12:00	11:30–12:00
午休	12:00–12:40	12:00–13:10
第5節	13:00–13:45	13:30–14:15
第6節	13:55–14:40	14:25–15:10
第7節	14:50–15:35	15:20–16:05
第8節	15:45–16:30	16:15–17:00
教師点名	17:00	17:00
晩餐	17:30–18:15	17:30–18:15
晩自習（初中）	17:30–19:00	17:30–19:00
晩自習（高中）	17:30–21:00	17:30–21:00
就寝	21:00	21:00

規模は表 2–7 のとおりである。なお、この黒龍江省では、フィールドワークをおこなった年（2002 年）まで、民族小学校は 5 年制、初級中学は 4 年制であった（現在は 6–3 制）。表 2–7 には、高校の日課表を掲げる。このように、中国の中学では、学校の正式の日課表のなかに、補講・自習時間が明記されており、「自習」とはいっても、正規の授業時間と同様に出席することが求められる。

表 2–8 には同じく高校の科目配置表を掲げる。これは、表 2–6 とはことなり、補講・自習などをふくまない正規の授業時間配当である。中国の高校では、語文科目（中国語）の比率が高いのだが、朝鮮族中学は朝鮮語文と漢語文の 2 科目、そして外国語としての日本語を同じぐらいの比重で学んでいることがわかる。

表 2-8　J 中学の正規の語文および外国語時間配当（1 週間あたり）

	朝鮮語	漢語	日本語
高級中学 1 年	3	4	4
高級中学 2 年	3	4	4
高級中学 3 年	3	4	4

表 2-6 にも明らかなように、中国の進学校では、夜間および土曜日・日曜日に正規の授業と同様に、教員が授業をする補習時間がある。そこで、表 2-9 に、J 朝鮮族高級中学 1 年次の補習授業をふくんだ授業時間数を示す。表 2-8 は、黒龍江省教育委員会が指導する授業時間であるのに対し、表 2-9 は実質的な授業時間だということができる。なお、中国の学校は「校長責任制」を導入しており（篠原 2001, 231–262）、各科目の授業時間も校長の方針により学校によって多少の差異がある。そのため、この表は一例を示したものであるが、朝鮮族中学が日本語教育を重視していることはあきらかであろう。

J 中学には、日本語の教師が 6 名いる。それぞれ中学・高校の各 1 学年を担当している。中学校担当の教員は、原則として中学のみ、高校担当の教員は高校のみを担当する。1 年生から 3 年生まで持ちあがりで担当するのが原

表 2-9　J朝鮮族中学1年の1週間あたりの実質授業時間数
（土曜日・日曜日の補習授業もふくむ・2002年）

	科目名	時間数 （理系／文系）	科目名	時間数 （理系／文系）	科目名	時間数 （理系／文系）
語学科目	朝鮮語文	6	漢語文	5	日本語	8
理系科目	数学	6	物理	6/4	化学	6/4
文系科目	歴史	4/6	地理	5/7	政治	4
その他科目	信息(情報)	2	体育	3		

則である。5人のうち大学本科卒は1名のみで、他は師範大学の専科卒であるが、日本語を専門に勉強したのは3名で、他の3名は歴史、朝鮮語など他科目を専攻していた。J中学のZ校長によると「日本語は受験にあたり重要な科目なので、できればもっと日本語専攻の教員がほしいところだが、最近は、大学で日本語を学んだ人材は、『南方』(大連以南の沿海都市をさす)にいってしまい、ふるさとにはもどってこないので、採用できなくてこまっている」とのことであった。この学校の日本語教員は、20代が1名、30代が1名、のこりは40代であるが、他の朝鮮族中学と比べると年代のバランスはとれているほうである。なお、親の要望が強いためJ朝鮮族中学でも、2000年より初級中学の3年間は、第二外国語として英語を週2時間履修することになった。そのために英語の教員が1名いる。しかし、Z校長は、第一外国語、つまり受験科目としては今後も日本語を採用していくと断言している。また、生徒たちも日本語が受験に成功するための重要な要素と考えている。

　J県朝鮮族中学では、2002年に北京大学への合格者をだしたほか、毎年、各地の重点大学に合格者をだしている。中国では都市と農村の地域格差が著しく、学校教育にも大きな差がある。したがって、北京大をはじめとする重点大学に継続して合格者をだすということは、農村地域に所在する中学校としては非常にめずらしいことであるといえる。

　2.2.4で民族学校が成立し、維持できる条件を整理したが、ここで、この条件を朝鮮族学校についてみてみよう。

民族言語に内在する条件として、前節では次の５点をあげた。

① 民族語に文字があるか
② 民族語が統一されているか
③ 民族語で教えられる教員がいるか
④ 民族語の教科書・教材があるか
⑤ 民族語で進学(受験)できるか

　朝鮮語が、①②の条件を完全にみたしていることはいうまでもない。また、③と④についてもほとんど問題はない。というのは、周知のとおり朝鮮族の人々は、儒教的あるいは「両班」的な価値観を民族の伝統的文化的基準として持っている。たとえば、中国社会科学院民族研究所(1999)がとくに取りあげているとおり、朝鮮族には「職業の貴賤観」が非常に根強く、そのため、朝鮮族が就業する職種にはいちじるしい偏りがみられる。一言でいえばホワイトカラー志向が非常に強く、それが進学率を高める要因となっている[43]。この伝統により、朝鮮族には教職を志望するものが少なくない。また、朝鮮語の教科書や教材も、数多く出版されてきた。また、辞書などの参考図書・資料には、韓国の出版物が使用できることも忘れてはならない。このように朝鮮語に条件がととのっていたことにくわえ、「満州国」時代から朝鮮族が居住する地区にはほとんど学校があった[44]こと、さらに 3.1.1 に述べるとおり、朝鮮族コミュニティは、自分たちが住む地域に、学校を持つことに強い意欲を持っていたため、朝鮮族は中華人民共和国成立後、もっともはやくから民族学校をつくりあげ、また民族教育をおこなうことができた。
　しかし、民族教育を維持するためには、前節でのべたとおり「言語に内在する条件」がととのっているだけではなく、「地理的・社会的条件」がなければならない。つぎに、その条件を検討してみる。
　地理的・社会的条件については、すべての朝鮮族学校をまとめて論じることができない。というのは、朝鮮族の居住地は地域による人口比率に大きな偏りがあるからである。現在、中国には、約 190 万人の朝鮮族が居住する。そのうち 80 万人(42％)がすむ延辺朝鮮族自治州では、人口数が多いばかり

ではなく、人口比率も高く[45]、朝鮮族と漢族の二つの民族の併居状態にある。そのため、学校も地区内に「ふつうの学校(漢族のための学校)」と民族(朝鮮族)学校が併置されている。また、人口が少なく、学校を2校設置することがむずかしい集落では、一つの学校内に「漢族学級」と「朝鮮族学級」がつくられる。つまり延辺朝鮮族自治州内の民族教育は、前節で分析した①、すなわち少数民族人口もその密度も高いケースにあてはまるのである。それに対し、延辺自治州外に居住する朝鮮族は地域社会における人口比率が低く、自治州内とは状況がことなる。延辺自治州外でもっとも朝鮮族の人口比率が高いと思われる黒龍江省海林市・寧安市(牡丹江市に属する県級市)でも、その比率は総人口の13％程度である。したがって、こちらは③、すなわち地域の総人口は多いが、少数民族の比率が低い地域にあたり、民族学校の存続がむずかしい環境にある。このような地域で、民族学校に生徒を集めるためには、広い範囲から少しずつ子どもを集めてこなければならない。したがって、各民族学校は学生寮と食堂などを完備し、遠方からの進学が可能になるような条件を整えている。以前は、学生寮を整備するのは高級中学(高等学校)に限られていたが、最近は、朝鮮族の出生率が著しく低下し、さらに分散居住の傾向が高まる一方であるため、初級中学(中学校)はもちろん、小学校や幼稚園も一カ所に統合し、宿舎を設けるケースが増加している。このように施設をつくることにより、近隣に民族学校がなくとも進学することは可能になるのだが、近くにふつうの学校があるのに、あえて子どもを寮に入れてまで民族学校に進学させることは、心理的にも経済的にも保護者の負担が大きい。したがって、民族学校へ進学することに「ふつうの学校」に進学したのでは得られない明らかな、そして特別なメリットがなければならないのである。現在、朝鮮族が民族学校に子どもを通わせることにより得られるメリットと考えていることは、次の2点である。一つは、民族学校に通わせることにより朝鮮語が子どもに継承されること、そして、もう一つは、ふつうの学校に比べて有利な条件で上級学校に進学できることである。

任(2005, 58-60)には、在日コリアンと在中コリアンの言語使用意識調査の結果が掲げられている。それによると、「日本(米国・中国)に住んでいる同胞は、韓国語を話す能力を持つべきだと思いますか」という質問に対し、

「はい」と答えた人の比率は、在日コリアンが50.7％だったのに対し、在中コリアンは93.9％であった。また、「あなたは、自分の子供や孫などの若い世代に韓国語を習わせることについてどのように考えていますか」という質問に対して、「ぜひ習わせたい」と答えたのは、在日コリアンが16.9％であったのに対し、在中コリアンは75.8％であったという[46]。この調査によれば、朝鮮族の人々が、朝鮮語の維持と継承をかなり重要なことだと考えていることがわかる。そして、その朝鮮語の継承にもっとも大きな役割をはたしているのが、民族学校なのである。

朝鮮族に関していうと、民族学校と「ふつうの学校」の差異は、授業および学校生活で使われる言語のちがいのみといってよい。そのため、朝鮮族の人々が民族学校の役割として強く意識しているのは「朝鮮族学校は、朝鮮語を次代に継承するための教育機関である」ということである。というのは、現在、中国朝鮮族の言語生活において、ある人物が、朝鮮語の継承・維持者になるか否は、学校教育によって決定されるという状況があるからである。ことに、延辺朝鮮族自治州以外の、朝鮮族の人口比率が低い地域では、子どもが朝鮮語を継承するか否かと、学校の選択がほぼイコールの関係にあるといってよい。2.3.2でふれるように朝鮮族学校の「漢語化」が進みつつあるとはいえ、民族学校で学んだ子どもたちは、まがりなりにも朝鮮語を維持し、母語として継承してゆくのに対し、ふつうの学校に進学した子供たちは、たとえ家庭内の通用語が朝鮮語であったとしても、ほぼ全員が漢語を第一言語とするようになってしまうのである。そして、この場合、朝鮮語を「読み」「書く」ことはもちろん、多くの場合は「話す」能力もきわめて低く、「聞く」能力にも支障をきたすことがある。とくに親が漢語に堪能で、子どもと親のコミュニケーションが漢語でおこなわれることが多いと、両親の朝鮮語の会話がよく理解できないというケースもめずらしくなくなる。こうなると、そのつぎの世代に朝鮮語が継承されることはありえない。黒龍江省のC氏は、このように具体例を語ってくれた。

　　いま、わたしの姉の子ども…姪は、高校3年生になりました。わたしの家にすんで中国人の学校にいっています。いなかのほうに家があり

ますから、朝鮮族の小学校がなかったんです。それでずっと漢族の学校にいっています。でも中学に入ってから、むこうの中学はおしえかたがあまりよくないので、今年の夏に、こちらの中学に転校してきたんです。姉の家でも、わたしの家でもぜんぶ朝鮮語をつかっていますから、姪も韓国のテレビドラマをみて聞きとることはできます。でも、話すことはあまり上手じゃないです。

(2006.08.11)

　筆者がフィールドワークをおこなった黒龍江省F県の民族中学にも、子どもをふつうの学校に進学させた教員G氏（朝鮮語を母語とする朝鮮族の教員）がいたが、初級中学2年生のこの子どもは、ほとんど朝鮮語を「話さなく」なっていた。この家では、父親が仕事の関係で海外におり、教員である母（G氏）とその両親、そして子どもの4人家族がくらしている。家庭内ではもっぱら朝鮮語を使用しているため、両親をはじめとして家族は、子どもを「漢族の学校」にいれても朝鮮語の継承には問題がない、と考えていたのであるが、子どもは「あっという間に、漢語が母語となり、朝鮮語はいっしょうけんめい考えないと話せない」状態になってしまったという。これに抗しようと「家庭内では、朝鮮語で話さないと返事をしないなどのルールをきめて、なんとか、朝鮮語を話させようとしているのだが、なかなかうまくいかない」という。
　また、同じ民族中学の事務職員S氏の家庭では、就学前の娘（4歳）に「訛りのない漢語を習得させる」という目的で、漢族の幼稚園にかよわせ、また、漢族のピアノ教師をつけていたが、この子どもも、家庭内の言語が朝鮮語であるにもかかわらず、自らの発話はすべて漢語となっていた。S氏は「小学校からは民族学校にいかせて、ちゃんと朝鮮語ができるようにする」という。
　以上の例が示すように、朝鮮語の継承に関して、かなり強い意識をもち、家庭内の朝鮮語環境を維持するように努力している民族学校の教職員の子どもでも、家庭の努力だけで朝鮮語を継承していくことが、いかにむずかしいかわかる。また、これに関して、多くの朝鮮族の人々が指摘するのが、テ

ビの影響である。この地域で家庭にテレビが普及してから、まだ30〜40年ほどしかたっていないのであるが、テレビが普及して以降、子どもたちの漢語力が飛躍的にのびた反面、朝鮮語運用力に問題がある子どもが顕著にふえたという。なお、現在、延辺朝鮮族自治区以外の地域では、朝鮮語による放送は、ラジオ、テレビともおこなわれていない[47]。

学校教育が、なぜこれほど強く個人の言語運用力を規定してしまうのかはよくわからないが[48]、朝鮮語の運用力が、学校教育の選択によって決定されることは、朝鮮族の共通認識となっており、そのため子供を民族学校に入れるか否かを決めることは、「次世代に朝鮮語を継承するか否か」ということと同等の意味を持つ。このような事情により、朝鮮族の人々は、「民族言語の維持と継承」が民族教育のもっとも大きな意義の一つである、と考えているのである。そして、朝鮮族としてのアイデンティティを保持していくために朝鮮語はもっとも重要であり、それをになう教育機関としての民族学校にも大きな期待があるといってよい。

ところで、中国において朝鮮族は「教育熱心な民族」として自他共に認められる存在である。この朝鮮族の民族的伝統ともされる「教育熱心さ」は、すでに「満州国」時代から知られていた。現在も朝鮮族学校の運営には、「教育」にかける民族コミュニティの熱意と支援が欠かせない。

1945年に日本による朝鮮人学校が消滅すると、ただちに朝鮮族は自らの子どもの教育のため、民族主義にもとづいた学校建設をはじめたようである。竹中(2004)の取材に、金在律氏が以下のように語っている。なお、勃利県は、黒龍江省ハルビン市からバスで3時間ほどの平原に位置し、現在も朝鮮族小学校・中学校(完全中学)が存続している。

(1945年から1947年ごろ)こうした中で、勃利県の朝鮮族は力を合わせて朝鮮族の小学校を建てたのです。皆は自分たちの世の中がやってきたのだから子供達に立派な教育をうけさせようと気持ちをもっていました。その時父が学校建設の後援会をつくって運動しました。父はみんなにお金があればお金を、力があれば力を、物があれば物をだしなさいといって運動したのです。父は大工の知識もありましたので、先頭にたっ

て皆で校舎をたてたのです。こうして勃利朝鮮族小学校ができたのです。生徒数は100人たらずでした。私はここの6年生に入りました。教育はすべて朝鮮族の先生により、朝鮮語によって、民族教育がおこなわれました。歴史、地理はすべて朝鮮の歴史、地理となりました。教科書は先生たちがつくった謄写版印刷のものでした。私たち6年生は勉強だけでなく、学校を建てるために樹を植えたり、運動場を整備したりといった仕事もしました。皆が心を一つにして頑張りました。皆生き生きしていました。

その後、さらに中学校建設に発展しました。その時は共産党の援助もありましたが、主に県の朝鮮族が建設資金を集めたものです。私はそこの中学校の第一期生となりました。ここでもすべて朝鮮語による民族教育がおこなわれました。

この証言により、当時、中国に居住していた朝鮮の人々がいかに教育に力をそそいだかがよくわかる。そして、その教育は当初から、子供たちに朝鮮人としてのアイデンティティを確立させることを目的とした民族主義的色彩の強いものであった。「満州国」時代の教育が「歴史も日本の歴史が多く、地理も日本の地理が多」かったのに対し、「歴史、地理はすべて朝鮮の歴史、地理」にかわった、ということがそれを表現している。なお、上記、金氏の証言によれば、勃利県の民族学校は、まったく新たに建設されたようであるが、筆者の聴きとり調査では、「満州国」時代の朝鮮人学校の校地と校舎をそのまま引きつぎ、自主的な運営のもとに新たな学校が開校されたケースのほうが多かったと思われる。

しかし、その後、朝鮮人が、中国籍を持った「朝鮮族」にかわると、朝鮮族は、「中国人としてのアイデンティティを持って、朝鮮族として生きていくこと」を選択しなければならなくなった。そして、歴史や地理は中国国家の教育政策にしたがって「中国の歴史と地理」を教えることになった。こうして、朝鮮族の民族教育の中で、民族学校にしかない特徴としては、「朝鮮語文」の授業と、朝鮮語を使用する教科教育だけが残ったのである[49]。

このように、その開始時の理念を振り返っても、現実の状況をみても、朝

鮮族の民族学校は、第一に民族語の維持・継承のために大きな働きをしているということがいえる。そして、朝鮮族コミュニティは、その重要性を強く認識している。鄭（2007, 175）は、中国朝鮮族が一つの「民族共同体」を形成してきたことには、さまざまな要因があるが、そのもっとも大きな要因は、朝鮮族が「教育共同体」として統一されていたからだという。鄭は、朝鮮族が教育共同体である証拠として、つぎの8点をあげている。

(1) （漢族の教育に対し）相対的に独立し、自主的な朝鮮族の教育がある。
(2) 小学校・初級中学・高級中学・大学・師範（学校）・芸術（学校）という体系をなす朝鮮族学校がある。
(3) 190万人の朝鮮族の絶対多数が朝鮮族学校で基礎教育（小学校から高級中学まで）をうけている。
(4) 東北朝鮮族民族教育科学研究所、東北朝鮮語研究会、東北朝鮮民族教育出版社、各地の教育学院の朝鮮族（教育）部など、朝鮮族学校の業務部門を統一して管理する指導機関がある。
(5) 朝鮮族学校の教員の絶対多数が、朝鮮族師範学校、大学、初級・高級中学を卒業している。
(6) 『東北教育科学』『中国朝鮮語文』『中国朝鮮族教育』『朝鮮族中学報』『中国朝鮮族少年報』など朝鮮族の教育を補助する数多くの出版物がある。
(7) この（教育）共同体で学んだ多くの人の生活・仕事が朝鮮族の共同体のなかでおこなわれている。
(8) 言語教育については、朝鮮語を主とし、漢語は補完的な位置にある。

上記8点のうち(1)～(6)は、朝鮮族学校が朝鮮族コミュニティのなかでいかに重要な役割をはたしているのかということを語っており、(7)はその民族学校での教育が、朝鮮族コミュニティの維持・継続の源泉であることを語っている。そして、(8)では朝鮮語教育が、その根本にあることを表明している。だからこそ、朝鮮族は、そのコミュニティを維持するために、民族学校の維持に大きな力を注いでいるのである。

民族学校は、入学資格がとくに定められているわけではない。前節で述べたとおり、少数民族がふつうの学校に入学することも、漢族が少数民族の学校に入学することも自由である。現実には、漢族が民族学校に通う例はかなりまれだが、少数民族がふつうの学校に通うことは少なくない。では、朝鮮族の子どものうちどの程度の子どもがふつうの学校に通っているのだろうか。先に述べたとおり、延辺朝鮮族自治州では、朝鮮族の人口比率が高く、学区内に朝鮮族学校とふつうの学校が併置されていることが多いので、朝鮮族の子どもは、朝鮮族学校に通うのが通例である。ここでは、それ以外の地域の数値をあげてみたい。

　岡本(1999, 155, 162)によれば、黒龍江省で、ふつうの学校にかよう朝鮮族の子どもは、小学校で23％、中学校で32％(1982年)、小学校23.6％、中学校36.1％(1985年)である。また高崎(1996, 173)は、同じく黒龍江省で、80年代末に小学校21％、初級中学(中学)34％、高級中学(高中)35％という数値をあげている。また、筆者の調査に、黒龍江省J県の朝鮮族中学の教員および教師進修学校[50]の民族教育担当教研員諸氏は、ふつうの学校に進学しているのは、毎年30％程度であると答えている。以上から考えて、黒龍江省では、約3割の学生がふつうの学校にかよっていると推測される。前節に引用した鄭(2007, 175)は「190万人の朝鮮族の絶対多数が朝鮮族学校で基礎教育(小学校から高級中学まで)をうけている」と書いているが、実際に「絶対多数」が朝鮮族学校にいっているとは必ずしもいえず、しかも、朝鮮族学校を選択しない子どもの数は「増えることはあっても減ることはない」(蔡・梁2007, 236)のが現状である。

　しかし、民族によって通学する学校が強制的に決められるのではなく、自主的に学校を決定することができるという制度は、少数民族の子どもに選択権を与えるという点で、のぞましい制度であるといえよう。なお、民族学校とふつうの学校は、卒業資格その他で、まったく同等のものとしてあつかわれるので、民族学校とふつうの学校にまたがって転学・進学することも制度的には可能である。つまり、民族小学校を卒業した者が、ふつうの(民族中学ではない)中学に進学することもできる。しかし、実際には、民族学校からふつうの学校への進学はむずかしく、学生にとって有利になる点はほとん

どないので、民族小学校に入学することは、そのまま高級中学まで民族学校にいくことを意味する。つまり、小学校入学時にどちらを選ぶかという決断をせまられることになる。

　朝鮮族は朝鮮半島から大陸に移動してきた越境民であるが、3世の時代となり、朝鮮族であるというアイデンティティとは別に、ほとんどの3世は「中国人」としてのアイデンティティを強く持っている。そのような世代は、自分たち自身が、あるいは自分たちの子どもが朝鮮族の伝統的居住地である延辺朝鮮族自治州や東北三省にこだわらず、経済成長が著しい中国の沿海地域や南部へいって活躍することを望む傾向が強い。そして、そのためには漢語の運用力がなにより重要である。したがって、民族学校を選ばず普通の学校に子どもを入れることを選択するのである。

　このような人々がいる一方、朝鮮族のアイデンティティとして朝鮮語の運用力を重視する人々も少なくはない。しかしながら、中国社会科学院民族研究所(1999)、崔・瞿(2004)などの現地調査報告においても言及されている[51]とおり、朝鮮族には事務職を好み、ブルーカラーを極端に嫌う顕著な傾向がある。自らも朝鮮族中学の出身者である張(2004)は、「学力、学位で人材を判断してきた中国の現体制で、大学進学は依然として個人の出世の近道である」と書いているが、筆者もこれに類似することばを調査中、幾度となくきいた。「進学し、高い学歴を身につけて『出世する』ことが、人生の価値をきめる」――このような考えかたは、張にかぎらず多くの朝鮮族の共通認識である。さらに、この高学歴志向は、多年にわたり他の民族、とくに多数民族である漢族とともに生活してきた中国朝鮮族には、『高学歴』をめざすこと、またそのために子どもの教育費を惜しまないことは、朝鮮族の「民族的な特徴」の一つであると意識されている(小川2001, 99)。すなわち朝鮮族にとって、少しでも多くの高学歴者を輩出することは、民族(朝鮮)語継承と同じぐらい重要な民族アイデンティティの発揮とうけとられているのである。したがって、民族学校が民族言語の維持と継承にいかに大きな成果をしめそうとも、高考でふつうの学校に見劣りする成績しかあげられないのであれば、それは「朝鮮族」の学校としては失格なのであり、周囲にそのような民族学校しかないのであれば、たとえ朝鮮族としてのアイデンティティをより

重視する立場にいる人々も、民族学校ではなく、ふつうの学校を選ぶであろう。

　つまり、朝鮮族学校の存続は、高考でいかに高い成績をあげられるかにかかっているわけである。いいかえれば、中国朝鮮族においては、民族学校から上級学校への進学率を上げることが民族教育の存亡に直結し、さらにそれが、朝鮮語の維持と継承に、すなわち、エスニシティと民族的アイデンティティの保持にまでつながっていると考えられているのである。

　民族教育にあたる民族学校は、ふつうの学校とは一線を画し、進学競争などとは関係がないように感じられる。しかし、現実には、前項で述べてきたように、多数民族の学校と同様、他の学校との競争はさけられない。

　少数民族の人口比率が低い地域の民族学校は、学生を集めるのに苦労しているのであるから、「ふつうの学校（漢族の学校）」とは異なり、入試の際の志願者数が少なく、入学は容易である。それにもかかわらず卒業時の進学率—より具体的には、高考の平均点—が高ければ、「入学が容易なのに、大学進学率は高い」ことを売り物にして、広範囲から生徒を集めることができる。こうして、人口比率の低さをカバーできるわけである。

　前節で述べたとおり、中国のエリート進学校は、全寮制をとることが不可欠であるが、もともと民族学校は広い範囲から生徒を募集することが前提となっているため、学生寮などが完備している。したがって、早朝から深夜まで、徹底的な受験勉強をする条件は準備されているのである。

　しかし、学習時間をふやしたり、自習時間に教員が教室内で直接指導をおこなったりすることは、民族中学にかぎらず、すべての進学校で同様におこなわれていることであり、それだけで民族中学が優位にたつことはむずかしい。そこで、朝鮮族学校は、「朝鮮族」であることを受験に積極的に生かすストラテジーを採用することとした。

　その一つが、前節でのべた「語文」科目に関して、少数民族の学生は「漢語文」と「民族語文」の2科目で受験することができる、という制度である。この制度を利用することにより、150点満点の「語文」科目の試験で20点ほど平均点があがると推定される（小川2001, 209）。450点満点の試験のうちの20点であるから、朝鮮族中学は、平均5ポイントほど、ふつうの

中学より優位にたてることになる。

　しかし、民族学校の生徒には、この20点の差がそれほど優位にならなくなるようなウィークポイントもある。それは「外国語」科目である。

　民族学校の生徒は、それぞれの民族語を母語とし、漢語を第二言語として学習する。しかし、そのほかに高考では「外国語」が必修科目となっている。すなわち民族学校の生徒は、高校までに三つの言語、すなわち、一つの母語と二つの第二言語を学習しなければならない[52]。「言語」に関する学習時間を考えると、すくなくとも二つの言語を学習すればよいふつうの学校の学生にくらべ、三つの言語の学習がもとめられる少数民族学生が、不利な立場にある[53]。じっさいに、民族学校の卒業生は、漢語運用力が、漢族の学生にくらべて劣っているほかに、英語の学力が低い。

　中国では、各地の民族大学をはじめとして、大学に進学する少数民族学生のために「預科」が設置されている。この預科教育は、本来、漢語と民族語の二科目で受験した少数民族学生の漢語運用力を引きあげるために設置されたものであるが、実際には漢語だけでなく英語の授業もおこなわれている。民族預科の授業時間数は、漢語に週8時間、英語に週6時間となっているのである[54]。つまり、少数民族学校の出身者は、たとえ「優秀な成績」で大学に合格したとしても、漢語とともに英語の能力が大学での勉学についていけないと判断されているのである。

　この英語力の低さは、高考においても「英語の点数の低さ」としてあらわれる。この英語の点数の差は、漢語と民族語の2言語選択により高考で優位にたった民族学校の成績を逆転しかねないほどのものなのである。したがって、民族学校の成功の鍵をにぎっているのは、外国語の得点を高めることにあるといってもよい。そこで、朝鮮族学校が採用したのは、外国語の受験科目に日本語を選択するということであった。次章でその経緯を分析するように、当初、朝鮮族が民族中学の外国語科目として英語ではなく日本語を選択したのは、英語教員の確保が難しかったのに対し、日本語の教員は容易に確保できたからという単純な理由であった。しかし、その日本語の入試時の平均得点がきわめてよかったことから朝鮮族中学は積極的に日本語教育に取り組み始めたのであった。そして、それが朝鮮族の高い進学率を支えてい

るのである。「朝鮮族の躍進は、『語文』(特に『朝鮮語文』)と外国語(『日本語』)で平均点に 20、30 点大差をつけることによって、その他の教科(平均点より 2, 3 点下回る)の劣勢を一気に挽回してトップに躍り出る(文系合格率トップ)という図式になっていることがわかる」(小川 2001, 212)すなわち、朝鮮中学における日本語教育は、朝鮮族中学を進学エリート校化し、学校の存続をはかるための手段となっており、その教育の目的は、大学進学のために他ならなかったのである。その点が、第 5 章でふれるとおり日本人とのコミュニケーションを目的として日本語教育がおこなわれていた高等教育機関における日本語教育との大きな違いであった。

2.3.2 民族教育の「漢語化」と「トランスナショナル化」

　前項で述べたことをくりかえすことになるが、朝鮮族中学の生徒は、大学入学統一試験「高考」の受験にあたって、ふつうの(漢族の)学校の生徒が受験科目とする「語文」すなわち中国語の試験のかわりに、朝鮮語の試験である「朝鮮語文」と少数民族を対象とした科目である「漢語文」を受験し、その得点の合計を 2 で割ったものを「語文」科目の得点とする。受験科目数が増えるので、一見、不利にみえるが「漢語文」は、古典文が出題範囲から除かれ、平易になるため、この 2 科目の得点平均は「語文」の平均点より高くなる。これが他の「あらゆる教科のマイナス点を帳消しにしていること」(小川 2001, 209)、さらに、外国語として英語の代わりに朝鮮語と統語構造がよく似た日本語を採用することによって平均点に大差をつけ「その他の科目(平均点より 2、3 点下回る)の劣勢を一気に挽回してトップに躍り出る(文系合格率トップ)という図式」(小川 2001, 212)を示すのである。しかし、それは同時に、高学歴者が漢族の社会で活躍するためには不可欠な「高度な漢語能力」を身につけることを難しくし、また「日本語はどうしても一カ国の言語であるという限界がある」(小川 2001, 215)ためにやはり卒業後の活躍の範囲をせばめてしまう。小川は、朝鮮族の民族教育は、延辺朝鮮族自治州を中心とする朝鮮族の伝統的居住地(東北三省)の範囲内においては漢族との「平等」な立場を獲得できているものの、広く中国社会で朝鮮族が活躍するためには漢語の能力と外国語の選択が大きな障害となっており、朝鮮族が自

治州外でも多数民族である漢族と「平等」に活躍するためには、民族という「差異」を巧みに利用した現行の民族教育を何らかの方法で転換する必要があるといっている (小川 2001, 216–217)。

　日本における先行研究のなかには、朝鮮族の民族教育を日本における在日コリアン教育との比較対象として調査・研究したものがしばしばみられる。むしろ、日本において朝鮮族の民族教育は、その観点から注目され、研究されてきたといってよい。これらの先行研究には、在日コリアンのおかれた教育・文化環境と朝鮮族のそれを比較して「朝鮮族社会を在日にとってきわめて肯定的なものとして受け止め」(鄭 2006, 96) ようとしたものが多い。しかし、在日朝鮮人の視点から鄭 (2006, 96) は、「『帰化、同化』につきまとわれる在日朝鮮人社会に、おそらくそういった事象とは全く縁のない延辺朝鮮族から、なにがしのヒントを得たい」との思いから延辺大学に滞在したが、そこで「民族教育の現場におられる方々の口から聞いたのは、朝鮮族の『同化』現象への憂慮であった」と述べている。

　国家の正規教育のなかに少数言語話者のための制度を組み込んでいる中国の教育制度は、マイノリティの権利を認め、それを保障しているという点で、日本の教育制度も見習うべき精神を持っている。つまり、朝鮮族の民族教育は、在日コリアンの人々にとっては理想的ともいえる民族言語を尊重する制度を持っている。それは、すなわち「民族語の」授業があるばかりではなく「民族語で」授業をおこない、さらに民族語で大学に受験する制度である。この民族教育制度を生かし、朝鮮族の民族教育は人々がもっとも重視する「進学」に関して「成功」をおさめてきた。しかし、それは朝鮮語という中国国内ではきわめて使用範囲が限られた母語と、日本語という世界のなかではきわめて使用範囲が限られた「外国語」を利用することによって勝ち得た地域的な制約の強い「成功」であった。一度、学生たちが卒業して学校という場をはなれると、そこにあるのは圧倒的な漢語の社会であり、朝鮮語の社会はごく限られた地域にしか存在しない。中国政府が「改革開放」をとなえ、それとともに朝鮮族の活躍の範囲が延辺自治州、あるいは中国東北三省という限られた地域から、中国全土に広がるにつれ、しだいにその言語的特殊性、すなわち小川がいう「差異」が問題になってきたのである。これを解

決するためには「差異」そのものを解消しなければならないのであるが、それはとりもなおさず朝鮮族の民族教育を漢族の教育と「同化」させねばならないことを意味する。なぜなら、朝鮮族の民族教育は教育の内容については漢族を主たる対象とした中国の「ふつうの教育」とまったく変わらないからであり、だからこそ統一入試である「高考」で、漢族の学生と競争することができるのである。したがって、朝鮮族の民族教育が有する「差異」は、もっぱら言語(母語と外国語)にしかなく、その「差異」を解消するということは、言語を「ふつうの学校」にそろえることに他ならない。しかしながら「民族教育」を称する以上、その核心ともいうべき朝鮮語教育を廃止することはできない。したがって、朝鮮族の民族教育を中国全土で通用するものにするための方法として、まっさきに主張されたのが、日本語教育を英語教育へと改めることであった。

　すでに1990年代の比較的早い時期から外国語教育を日本語から英語へ変更するという動きはおきていた。中国の教育部は「加強外語教育的幾点意見」(1979年)および「関于加強中学外語教育的意見」(1982年)という通達において「外国語教育は英語を基本とし、状況に応じてロシア語、日本語を行ってもよい」としている。これによって朝鮮族中学は日本語教育をおこない、大学入試も日本語で受験することができていたのだが、各地の大学が、ごく少数の日本語既習者に対応した第一外国語(日本語)クラスを設置することは負担が大きすぎるとして外国語試験を英語で受けることを入学の必要条件に定めはじめた。つまり、日本語で受験できる大学はきわめて少なくなったのである。そして1995年には吉林大学外国語学院(外国語学部)、1997年には大連外国語学院などに設置されている日本語専門課程への入学を希望する際も、日本語では受けつけてもらえず、英語で受験することが必須となった。そこで、1990年代初め延辺自治州に、日本語をやめて英語を導入する民族中学が出現し、他の地区の朝鮮族中学でも、それに追随する動きが広がった。

　　H：いま、この学校(A氏が勤務する遼寧省の民族中学)には、英語の
　　　　クラスがありますが、英語がはじまったのは何年からですか？

A：93 年です。

H：それはやはり(生徒たちの)親の意見ですか？

A：親の意見もありますが、子どもたちが、大学を志望するときに、日本語だと志望先が制限されるからです。それが重要な理由です。自分がえらびたい専門がえらべないとこまりますから。それから延辺一中(延辺第一中学：朝鮮族学校)、そこが英語をはじめたので、そこの影響をうけたんです。

H：延辺一中の影響力は大きいですか

A：はい。延辺一中はここよりはやく英語をはじめたんです。それで影響されて、ここもはじめました。

(2006.02.20)

　延辺第一中学は、延辺朝鮮族自治州でもっとも有力な民族中学である。中国朝鮮族のコミュニティでは同校が民族教育のリーダーであると認識されており、自治州外の民族中学も延辺一中の動向に大きな影響をうける。1978年に中等教育機関での外国語教育が再開されると、朝鮮族の民族中学では日本語、普通(漢族)の中学では英語を学ぶのが一般的になり、しばらくその状態が続いていた。しかし、延辺一中が英語教育をはじめたことをきっかけに、朝鮮族中学でも英語を導入する学校が増え、特に延辺朝鮮族自治州では、2003年ごろまでに民族学校をふくむ州内のすべての中学・高校で英語を必修とすることとなり、日本語のクラスはすべて廃止された。延辺自治州外の吉林省・遼寧省の朝鮮族中学では、いまでも英語クラスと日本語クラスを併設している朝鮮族中学が多いが、一般的な傾向として優秀な学生は大学進学をめざして英語を選択し、成績のふるわない学生が日本語を選択するという状況にある。黒龍江省の朝鮮族中学では英語教育を導入せず、今後も日本語教育を継続するとしている学校があるものの、朝鮮族の民族教育の趨勢が、日本語から英語へと転換する方向をめざしていることは明らかである。

　ところで、朝鮮族中学が外国語として英語ではなくあえて日本語を選択していた理由は、朝鮮語と日本語の統語構造が似ており、習得がしやすい(小川 2001, 214–215)、(岡本 1999, 163)からであった。そのような有利さがあ

るにもかかわらず日本語をやめ英語に転換したのは、先に述べたとおり「朝鮮族が最も重視する」(小川 2001, 217)大学入試にあたって「志望先」を広げるためであるとほとんどの教員が説明する。しかし、その裏にはもう一つの事情があると思われる。それは中国の経済成長とともに朝鮮語より漢語を日常的に使う子どもが増えたことである。

　文革終了時(1976年)ごろまで、朝鮮族の集落で育った人たちはあまり中国語が使えないのが普通であった。現在でも40歳代以上の朝鮮族に聞くと「わたしは漢語がへたです」「中国語は自信がありません」という答えがごく普通に返ってくる。また、地方政府(公共団体)で公職についているある人は「日常生活レベルでは漢語に不自由しないが、論争になると漢語がうまく話せないので漢族に勝てない」と語っていた。2.1.2で述べたとおり、黒龍江省や遼寧省においては各地域とも朝鮮族の人口比が10%を越えることはまれであるが、地域の中で朝鮮族は集住して集落をつくっており、その集落から外の世界、すなわち漢語の世界へ出ていく機会が1970年代終わりまでは、あまりなかったのである。しかし、現在はすっかり状況が変わり、朝鮮族であっても若い世代同士で会話をするときには漢語を使うことが一般的になっている。その原因は前節で述べたように1980年代に入り急速に各家庭にまで普及したテレビにあるというのが、朝鮮族学校の教員の一般的な認識である。テレビは文革終了とほぼ同時に受像機というハードウエアが普及したのみならず、チャンネルが増え文革中にはなかった娯楽のための番組が増えた。これにより、家庭内にも漢語が入り込んできたのだ。その一方では、中国社会の経済成長とともに、都市化が進行し、朝鮮族の生活の範囲そのものが、比較的閉ざされた農村から、漢族との接触機会が多い市街地に移動した。このようにして朝鮮族の子どもたちの「漢語化」がとくに2000年以降急速に進み、現在は民族学校に在籍していても朝鮮語ができない子どもたちがめずらしい存在ではなくなっている。すでに1990年ごろから「朝鮮語の喪失が若い世代で、また都市部でより顕著に生じている」(岡本 1999, 172)ことが報告されていた。しかし、そのころは、朝鮮語ができない子どもは、普通(漢族)の学校に進学し、漢語による教育を受けるのが一般的であった。朝鮮族の学校に進学する子どもたちは、朝鮮語を母語としており、授業を朝鮮

語で受け、クラスメイトとも朝鮮語で会話するのが常態であった。だからこそ朝鮮族中学において日本語を選択することの意義があったのである。ところが2000年以降、その状況が変化しているのである。

  H：このF中学で勉強している学生に、朝鮮語ができない学生がいますか
  D：朝鮮語は…多くはないですけれど、あの、少しいますよ。いま、わたしたちが授業のとき日本語がよくわからないですね。それで朝鮮語で話したら、その朝鮮語の意味もよくわからないんです。
  H：どのぐらいいます？
  D：うーん、とくに…いまのB組の1/3ぐらいとか…
  H：じゃあ、その1/3は、聞くのもだめですね
  D：いいや、聞くのはいいですけど、その意味わからないです。よくわかりません。…ふつうはあんまり朝鮮語つかわないですよ。あのー、先生と話すときも、クラスメイトと話すときも、ふつうは中国語で。

                 （2006.02.20）

　日常的に漢語を使う子どもたちが増えたことにより、変化したのは外国語科目だけではない。もっと大きな変化は、授業に使う言語の変化である。すでに2.3.1で引用したとおり、岡本は、「朝鮮族学校の場合、漢語で授業を行う所は極めて少ない」、「これがモンゴル族と朝鮮族の二言語教育の大きな違いといえるだろう」（岡本1999: 222）としている。1990年代終わりころ、吉林省の都市周辺部の民族学校で、あまり朝鮮語ができない学生のために、朝鮮語をのぞくすべての授業を漢語でおこなうクラスがつくられた。当時、そのクラスに配置されるのは主に市街地に育った子どもが多かったという。しかし、現在、その学校では、すでに使用言語別のクラス編成はなくなった。それは、すべてのクラスで授業を漢語でおこなうことになってしまったからである。このような「漢語化」傾向は地域によって差があるが、朝鮮語環境が最も強く残っている黒龍江省の農村部の学校や大規模なコリアンタウ

ンを背景に持つ瀋陽市の朝鮮族中学においても数学など理科系の科目を中心に漢語で授業がおこなわれており、もっとも「漢語化」が進んだ吉林省や遼寧省の中都市の学校では、朝鮮語以外の授業はすべて漢語でおこなわれ、学生同士の会話はもちろん、教員同士の会話もほとんどが漢語でおこなわれている[55]。小川が指摘した「朝鮮族からの漢語強化の要請」(小川 2001, 163) は確実に現実のものとなっているのである。しかし、そうなると民族学校と普通(漢族)の学校の違いは科目としての「朝鮮語」の授業の有無だけということになってしまい、「朝鮮族が最も重視する『大学の入試』に有利というプラグマティクな面」(小川 2001, 217) が失われてしまったということになる。それに変わってあらわれたのは民族教育の「トランスナショナル化」とも呼ぶべき傾向である。

　朝鮮語の授業があること以外、漢族の学校と変わらなくなってしまった朝鮮族学校に朝鮮族が期待することはどのようなことであろうか。任(2006, 58-59)によれば、「在外コリアンは韓国語を話す能力を持つべきだと思いますか」という質問に対し「はい」と答えた割合は、在日コリアンは50.7%であったのに対し、中国朝鮮族は93.9%であったという。任はこの大きな数値の差を、母語の伝承意識の差としている。しかし、実際にこの質問を朝鮮族の人々にしてみると、その回答は、朝鮮族らしいプラグマティクなものがほとんどである。

　　H：それで、親もあまり朝鮮語を使わないんですか、それとも親は朝鮮語、使いますか
　　D：あの、年とった人は、朝鮮語使いますけど、あの、若い親たちは中国語使う両親がいま多いです。
　　H：両親も中国語使って、家のなかでも中国語使っても、やっぱり朝鮮族だから朝鮮語をおぼえさせたいんですか
　　D：えー、これはそうですよ。いま、韓国からの企業が中国にたくさんありますね。では、あのじつは、外国語、とくに日本語、それからあの中国語、それから韓国語、はい、これをおぼえたら就職が、簡単です。それから、給料も高いです。みんな知っているですよ。

(2006.02.20)

H：漢族の学校に行ってる子どもは、もう朝鮮語はほとんどしゃべらないですか。

C：そうですね、もし、家庭で、朝鮮語は大切ですから、意識的にちょっと言わせようと思っていたらそれはできますけど、普通は子どもが中国語をしゃべっていたら、両親も一緒に中国語をしゃべっています。だからちょっと聞き取れますけど、話せないです。

H：じゃあ、書いたり、読んだりするのはもっと駄目ですね。

C：そう、もっと駄目です。でも今の子どもたち、朝鮮語も必要ですから、ちょっと習いたいと思って、うちの学校のS先生の息子さん（漢族の中学から）今年、いい大学に入りましたけど、（新学期が始まる前の）夏休み（に）朝鮮語習ったそうです。必要性、分かっています。子どもたちも。

H：今の中国では、朝鮮語というか、韓国語というのは、かなり役に立つ言葉になっていますか。

C：そうです。役に立つ言葉。

H：例えば、就職なんかは、朝鮮語が分かる人と分からない人で全然違いますか？

C：全然違います。南のほうだったら韓国の会社がたくさんありますよね。それで、いい大学を卒業してもいい仕事が見つからないんですけど、朝鮮族の場合、高校卒業してもすぐ、一番下ではなくて、ちょっと上の仕事を探すことができます。

H：あ、今でもそうですか。

C：今ではちょっと難しいかもしれませんけど、やっぱり漢族よりはちょっと探しやすいそうです。

(2009.09.02)

　もちろん、ほとんどすべての朝鮮族が、自分たちのアイデンティティを維持するために民族語を継承してゆくことにそれなりの意義を感じていると語

る。しかし、反対に「朝鮮語が話せなくなったら朝鮮族とはいえませんか？」という質問をすると、ほぼ100％の人が、「朝鮮語を話せなくなっても、朝鮮族には漢族と違った文化や習慣があるから、漢族にはならない」とも答えるのである[56]。そして、上の会話にもあるように、朝鮮族学校で朝鮮語を学ぶのは、民族としてのアイデンティティを維持するためというよりは、実際的、実利的な個人的動機によるのである。朝鮮語を学ぶことは高給での就職という現実的な利益に結びついている。だからこそ、朝鮮語の授業以外、ほとんどの授業が漢語でおこなわれていたとしても民族中学への進学は意味がある、と考えられているのである。その背景にはこの数年、中国では経済成長が続くにもかかわらず失業率の上昇が社会問題になっており、大学を卒業しても4割が就職できないという現実がある。

このように「朝鮮族が朝鮮語を学ぶ理由」は就業の機会と密接な関係がある。そして、「韓国語を学ぶ意味」として中国内の韓国企業への就職よりもずっと強く意識されているのは、韓国に「出稼ぎ」にいく機会が得られるということである。

中国朝鮮族が「出稼ぎ」にいくようになったのは、1988年ソウルオリンピック直後からであったという。韓国政府が「離散家族」訪問を受け入れたのがその発端であった。当初その目的は文字どおり家族・親戚訪問だったのだが、中国国内で安価な漢方薬が、韓国では高値で取引されることが知られるにつれ、漢方薬の行商を目的とする訪問が増え、それらの人々が多額の外貨を持ち帰った。これをきっかけに韓国と中国の間の物価・賃金の差が知られるようになると、それは、すぐに就労を目的とする合法・非合法の韓国行きへと発展していった。一方、1992年に中国と韓国が国交を締結すると、韓国企業が山東省を中心とする中国沿海地域に進出し、朝鮮族を大量に雇用しはじめた。すでに1980年代に入ると、中国に進出した日本企業が日本語のできる人材を求めて民族中学（高校）を卒業した人々を雇用し、すでに相当数の朝鮮族が広東省などに流出していたのであるが、韓国企業の人材募集は、日本語の学習歴・運用力を必要としないため、さらに多くの朝鮮族が故郷を離れて生活することとなった。その数は中国国内の移動が50万人以上（韓 2006, 160）（朝鮮族簡史修訂本編写組 2009, 221）、国外への移動は韓国だ

けでも 30 万人（朝鮮族簡史修訂本編写組 2009, 222）と推定されている[57]。すなわち、朝鮮族人口の四分の一とも三分の一ともいわれる人々が、仕事のために故郷を離れるまでになった[58]。そして、その就業機会を得るために朝鮮語の運用能力は不可欠なのである。

  D：90 年代までの生徒たちは、よく勉強していたんですよ。それから、親がお金儲けのために外国に行くのはあまり多くなかったんです。
  H：いつごろからですか、外国に行くようになったのは
  D：90 年代の…おわりごろからです。98…99…96…96 年、96 年、そのときまでも、（父母のうち）一人は残っていたんです。
  H：二人行く人はいなかった。
  D：二人行くことはなかったんです。でも、21 世紀に入って、両親が行く。
  H：両方ともいく
  D：両方ともいくことが多い。

（2006.02.20）

　このような朝鮮族の海外への移動の特徴は「永住定着ではなく、収入を得るための一時的な滞在である」「家族単位、夫婦単位の移動ではなく主に個人単位の移動であるため、家族とは別居するようになる」にもかかわらず「数年で帰国する人は少数に過ぎず、多くは長期にわたって滞在」することにある（朴 2004, 130–131）。つまり、子どもを故郷に残していくケースが多く、子どもの養育は祖父母が引き受けることが多い。
　親たちが「出稼ぎ」をし、外国にまで行くのは、高収入が得られるからである。D氏の話では「中国では、女の人は、もう（一か月で）500 元、1,000 元もうけるのはむずかしいですね。でも、韓国へいったら、食器洗いとかホテルの掃除などしたら、8,000 元ぐらいになって、8,000 元ぐらい、で、子どもの勉強の費用とか全部稼げる」という。つまり朝鮮族が「出稼ぎ」にいくのは、子どもの教育費を得るためである。韓国からの送金により子どもたちは金銭的には不自由のない生活ができるのであるが、生活や学習の面では

さまざまな問題が発生する。現在、朝鮮族学校ではこのような子どもの学力低下が最も大きな問題となっている。

> E：聞くと、だいたい小学校のときから親とあったことがないというのがほとんどです。でも、まあ、電話はたまにするみたいですけど。
> H：つまり5～6年は帰ってきていない
> E：そうですね。
> H：そのかわり、お金にはあまり不自由しないわけですね
> E：もう、携帯電話みたら、すぐわかりますよ。わたしよりいいの持ってますし、みんなMP3持ってますし、着ているものもいいし。やっぱり、日本の高校生と似てくるんですよね。髪も染めて、おしゃれして、ふつうにピアスもするし。だから、いま、うちの学校の問題は、いまの子どもは、親からお金もらうけど、しつけされていないから、ほんとにどうしようもないと…。
>
> （2006.02.21）

> A：問題は、おじいさんとおばあさんたちが、あんまり子どもを甘やかすんですからね。だから、子どもがあまやかされてなんにもしない。誰の話も聞かない。とくにいまの子ども、あの、中国の子どもは、ほとんどの子どもが一人っ子ですね。だから、ほんとにエゴイズム的です。利己的ですね。自分のこと以外はわからない。自分がよかったらいい、これがいちばん悪いところなんです。でも、もちろんがんばっている生徒もいますが、でも、こういう生徒はどんどんふえていますね。
>
> （2006.02.20）

親が「出稼ぎ」にいってしまったために子どもの「しつけ」や学習意欲にさまざまな問題が起こっていることは、すべての地区の教員がいま最も大きな教育上の問題として語ることである。しかも、親の不在期間はしだいに長くなる傾向がある。これは、韓国に就業目的でいった場合、その滞在が合法

的なものであっても、一度帰国してしまうと韓国への再入国がきわめて難しくなるという規則があるためである。したがって、親の「仕送り」に生活が支えられている子どもたちの多くが「小学校のとき以来、親に会ったことがない」という状況がおきているのである。

　2000年以降、中国では政府の政策により大学定員が大幅に増加したため、学習成績の低下にもかかわらず民族中学から大学への進学率が大きく下がったという話は聞かない。しかし、彼らが大学を卒業しても就職できない、あるいは希望するほどのポストは得られないという現実に直面したとき彼らはおそらく親たちと同じように越境しての就業を考えることであろう。こうして、中国朝鮮族の民族教育は「漢語化」による中国社会への進出と同時に、朝鮮語の授業を保持することによる「トランスナショナル化」に二分しつつあるのが現状である。

2.4　朝鮮族が直面するコミュニティの縮小と解体

　民族学校にあらわれた「漢語化」と「トランスナショナル化」という現象は、朝鮮族コミュニティに深刻な影を落としている。それは民族教育だけではなく、朝鮮族コミュニティそのものの動向を反映している。

　前節で述べたとおり、中国南部の沿海地域に仕事を求めて出ていくのは、大学（本科・専科）を卒業した若者が多い。そして、一度、故郷を離れた彼らは、移住先で結婚し、家庭を持つ。そのとき、仮に朝鮮族同士が出会って結婚したとしても、その地には朝鮮族学校がないために、子どもに朝鮮語で教育を受けさせることはできない。いままで述べてきたとおり、家庭内だけでの朝鮮語の継承はかなり困難であるから、朝鮮族が「南方」へ移住すると、次の世代で「漢語化」が完了してしまうのである。

　一方、海外へ仕事を求める「トランスナショナル化」は、子どもをもった中高年世代がその中心となっている。学歴でいうと、大学への進学ができなかった層が国外にいくケースが多い。朝鮮族の国外への出稼ぎ先は、かなり多くの国・地域にわたっているが、圧倒的に多いのは韓国への渡航であり、それ以外の地域へ出稼ぎにいく場合も、多くは、その地に進出した韓国企業

に雇用されての渡航である。韓国での仕事はD氏のことばにあった「食器洗いとかホテルの掃除」、すなわち建設現場での単純労働やビルの清掃、そして飲食店の従業員など、朝鮮族が（そして韓国人が）嫌う単純肉体労働が中心である。じつは東北地方の朝鮮族居住地では、このような仕事に従事する朝鮮族はめったにいない。しかし、同じ仕事でも、韓国では中国の年収にあたる金額を1〜2ヶ月で稼ぐことができるから耐えられるという。

H：若い人は（韓国に）行きますか？
C：お金をもうけるためには行きません。（中国の）南のほうが給料も高いですし、もっと（仕事も）楽ですし、社会で地位が高いですけどね、韓国だったら一番下の仕事、それしたくないんです、若い人たち。
H：じゃあ、若い人は韓国に行かないんですね。
C：行かないんです。あー、ここで大学も卒業していないし、ちょっと勉強できない人は、たまには、あの、両親が連れて行く場合もいますけどね、少ないんです。

(2009.09.03)

出稼ぎ者の数はきわめて多い。それは、都市部でも農村部でもほとんど変わらない。下の話にあるとおりF市の朝鮮族中学のE氏のクラスでは2/3の家庭で両親のどちらかが海外にいっているというが、筆者が、農村部に位置するJ県の朝鮮族初級中学2年のあるクラスで調査したところ、38名のうち23名の家庭がそのような家庭であった。また、鄭雅英（2001）によれば、1996年、黒龍江省寧安市における朝鮮族の海外からの送金額は、960万米ドルになり、これを市内在住の朝鮮族人口で割ると一人当たり4400元にもなり、この地域の農民一人あたりの平均年収をうわまわっていたという（鄭 2001, 79）。また2000年の黒龍江省の22の民族郷（表2-1）の総収入155,603万元のうち、12.1％にあたる18,900万元が海外送金によってしめられており、「海外での労務収入はすでに延辺およびその他の地区の朝鮮族の重要な収入源になっている」（朝鮮族簡史修訂本編写組 2009, 222）。その一

方、農地(水田)を耕作する人がいなくなり、漢族の農民に、農地を賃貸する人々が急増している。筆者の調査でも、黒龍江省J県では、すでに、ほとんどすべての水田が漢族によって耕作されているという[59]。こうして「出稼ぎ」による国外流出は、農村に点在していた朝鮮族コミュニティの消失をまねく。海外からの送金により生活が可能になった老夫婦が農業をやめ、あるいは仕事をリタイアして、あずけられた孫とともに、生活に便利な都市部に引っ越してしまうためである。引っ越しは、先に引っ越した朝鮮族を頼っていくことが多いのだが、そこには、農村にあるような、生活のほとんどを朝鮮語ですませられるほどのコミュニティは形成されていない。したがって、子どもは家庭内での祖父母との会話をのぞいて、漢語で生活することとなる。こうして「漢語化」と「トランスナショナル化」が重なりあって進んであくのである。

さらに、もう一つ「トランスナショナル化」が進む要因がある。それは「結婚」すなわち、若い女性が他所(中国沿海地域、外国)へ結婚相手を求めて流出してしまうのである。

  H：韓国に花嫁に行く人はそんなに多いですか
  E：多いです、多いですよ。それから、日本人と結婚する人もいるし。でも、ほとんどの人があの、言語障壁がないですから、韓国の人と結婚します。
  E：女性が多いんですね。結婚する人は
  H：そうですよ。
  E：男の人はどうするんですか
  H：だから、ここでは、男の人が才能もないし、また、お金もないし、こんな男の子には恋人がいない(できない)んですよ(笑)。
  E：それは、こまりますね
  E：はい、そうですよ。このようなことは、いなかにいくほど、多いです。
  H：いなかから韓国に、お嫁に行く人が多いんですか
  E：いなかも都市も同じです。あの、むかしだったら結婚する人がたく

さんいましたよ。でも、いまだったら、ほんとに少なくなりました。結婚する人も少なくなったし、またそれから、結婚しても、子ども生む人も少なくなりましたよ。だから学生の数がだんだん…そうです。
H：学生の、おとうさんやおかあさんで韓国にいっている人も多いですか
E：多いです。あのー、いまのわたしたちの学校でも、両親二人が韓国へ行っているか、おかあさんかおとうさん（のうち）一人が韓国へいっている人が多いんですよ。
H：どのくらいいますか。一クラスで
E：あー、わたしが担任の先生をやっているとき、しらべたんですよ。二人がいっている人と一人がいっている人と、だいたい2/3、あわせて2/3ぐらい。

（2006.02.20）

ここでE氏がいう「日本人との結婚」は、日本人との結婚のほかに、相当数の在日コリアンとの結婚がふくまれているようである。黒龍江省H市の教研員によると、H朝鮮族中学では、過去5年間に3人もの女性日本語教員が在日コリアン男性と結婚するために退職してしまい、その後任をみつけるのが大変だったという。韓国で中国朝鮮族との結婚を希望する人は、多くの場合、韓国の農村の青年であり、「おくれたここで生活したくない」と考えている女性にとって、かならずしも理想的な結婚相手とはいえない。その点、在日コリアンの人々は、ほとんどが日本の都会に住んでおり、より理想的な結婚相手と考えられているのである。そして、この結婚の際には、「中学校で日本語を勉強していた」という経歴が、双方に心理的な安心感を与えることはいうまでもない。なお、国際結婚については、専門の結婚仲介業者が間に入るケースが多い。

このような「南方への移住」、そして「韓国への出稼ぎ」や「国際結婚」の増加は民族コミュニティの縮小、解体そして消滅という問題を引き起こしつつある。朝鮮族のコミュニティが減少、あるいは消滅してゆくことは、ま

ず民族学校の児童生徒数の減少となってあらわれた。現在、民族学校の生徒数が大きく減少することにより、民族学校を維持できない地区が急速に増加している。黒龍江省においては民族小学校の統廃合が、すでに 2000 年ごろからはじまっており、この少子化の波が初級中学へ届こうとしている。2.3.1 で述べた黒龍江省 J 県は農村部に位置することもあり、この傾向がいちじるしい。具体的には、1991 年に 21 校あった民族小学校が、2001 年には 7 校になった。わずか 10 年間で学校数が三分の一になってしまったのである。その後も閉校は続いており、続く 2002 年 9 月（新学期）には、さらに 2 校が閉校した。しかも、残っている 5 校のうち大規模校といえるのは、339 人（2002 年 4 月）の児童がいる 1 校のみであり、他の 4 校はいずれも児童数 30 人以下の小規模校であった。そのため 2006 年には、再び小学校の統廃合がおこなわれ、とうとう県下の朝鮮族小学校は 2 校に集約されてしまった。しかし、民族コミュニティの縮小がこれで収まる気配はない。朝鮮族はコミュニティの存続にかかわる事態に直面しており、しかも、その事態は悪化するばかりである。それと同時に、朝鮮族の民族教育もかつてのような成果を誇ることが難しくなってきている。

　ところで、じつはこのような状況をつくるきっかけの一つとなったのは、朝鮮族が日本語教育を選択したことにもある。1980 年代、沿海の経済特区および経済開発区に進出した日系企業が日本語を話せる人材として朝鮮族を大量に採用したことは 2.3 でもふれたとおりであるが、これこそが朝鮮族の「市場経済」参加のさきがけであった。日本語というリソースを生かせば、中国南部の日本企業で高給を得られることを知った朝鮮族の若者は、生業であった水田を継ぐことなく「南方」へ職をもとめて出ていった。これに触発されたやや年齢の高い世代、すなわち文革中に中学・高校を卒業し、日本語教育を受けなかった世代が、中韓国交締結とともに、やはり水田を捨て、韓国への出稼ぎをはじめたのである。

注

1 2.2.3 で述べるとおり「漢語文」という科目は 2 種類ある。一般には「語文」と呼ばれる漢語話者用のものと、非漢語話者(すなわち少数民族教育)用の「漢語文」である。

2 ただし、かつて高句麗は、一時、現在の中国遼寧省東部に都をおき、吉林省の一部をも支配していた。さらに、中国中原の唐と並立し、東北地方に建国された渤海国は、高句麗の王朝の遺児が建国したという伝承をもち、いずれも韓国の歴史教育においては、「韓民族」が中国東北に建国した国家とされる。また、清の前期(18 世紀)に朝鮮半島から中国に移住した人々の末裔が河北省青龍県に確認されている(朴氏朝鮮族)。このようなことから、現在の朝鮮族の歴史を 19 世紀以前にもとめる説もあるが、ここでは通説にしたがう。

3 図們(豆満)江に面した地域を北間島、鴨緑江(おうりょっこう)に面した地域を南間島と称するが、一般に「間島」というときは、もっぱら北間島をさす。

4 日本人の「満州国」開拓移民については、さまざまな資料や研究があるが、朝鮮開拓民の移住については、ほとんど研究がない。この項の多くは孫(2003)によるものである。

5 管(2004, 284–298)および 孫(2003, 182–184, 262–270)。

6 瀋陽市内の西塔地区は、延辺自治州の州都である延吉とならび、近年、中国最大のコリアンタウンを形成しつつある。同地区には東北各地から就職を希望する若年層が集まるほか、韓国に出稼ぎにいって得た資本をもとに新たな事業をはじめようとする朝鮮族、さらに、チャンスをもとめて中国に渡った韓国人—その多くは個人事業主である—があつまり、主に飲食業に従事している。

7 2003 年以降も延辺朝鮮族自治州における日本語教育はなお盛んにおこなわれている。高等教育機関としては延辺大学に日本語学科があり、また、民間の日本語学校も数多く存在する。しかし、それらは民族教育機関ではなく、漢族をふくめた一般の人々を対象としたものである。場所柄、朝鮮族の学習者の比率が高いとはいえ、本研究の対象である「中国朝鮮族の日本語教育」とは微妙にずれがある。

8 中国の行政単位は、省級行政区(省・自治区・直轄市・特別行政区)の下に、地級行政区(市・地区・自治州・盟)—県級行政区(市・県・区・旗・林区)—郷級行政区(郷・街道・鎮・ソム)—村・社区など、という階層が設けられている。同じ名称の「市」が三つのレベルにわたって存在するので、地級「市」のなかに県級「市」がある。また日本とは反対に、市(地級市)の下に「県」がおかれている。

9 中国の「郷」は、ほぼ日本の「村」にあたると考えればよい。日本の「村」と同様、

「郷」は、いくつかの集落から構成される。中国の行政単位では、この「郷」を構成する集落を「村」とよぶ。

10 ただし、のちにふれるとおり民族学校には寮が完備していることが多く、かならずしも毎日通学する必要はない。

11 近年になって、大都市では日本と同様に「満年齢」を使用する例が増えてきた。

12 経済的発展が遅れている中国の西北・西南部には、なお教師がたりないため、現在も5年制の小学校や、さらに3年制や2部制（午前・午後で別のクラスが授業をする）の小学校が存在するようだが、中国東北地域は、すべて6年制の小学校となっている。

13 ただし、最近は専科学校や職業学校などを卒業した人にも「やりなおし」の機会を与えて大学進学の道を開こうとする傾向にある。近年、急増した私立大学が高考抜きで「推薦入学」を認めるケースや、「自学考査」などの資格試験などによって、既卒者・既婚者の大学入学（最近まで、既婚者は大学入学が許可されなかった）を認める通知がだされている。

14 C氏へのインタビュー（2006.08.16）。

15 数は多くないが6年一貫教育校がないわけではない。文革期から存在した「外国語中学」や、近年急増中の高額所得者（の子ども）を対象とした「貴族学校」と通称される学校などは6年一貫教育をおこなっている。また、最近はそれらの学校が小学校を開設し、12年間の一貫教育をはじめる例がふえている。ただし、これらの学校も、途中から新たな入学者を加えることが多い。

16 厳密にいうと、「専業（学科）」が三つ以上ある場合は「学院」、二つ以下の場合は、引き続き「系」と称することになっている。

17 中国では、学年ごとの進学率の統計が発表されていない。

18 じつは一律に「公立学校」といっても、各学校を管理する上位機関がさまざまに異なっている。つまり、日本でいえば市町村立から国立まで、その予算がどこからでているかによって、その学校の格とレベルが決まっているのである。

19 「重点校」の指定は、進学競争に与える弊害が多いとして数年前からおこなわれなくなった。しかし、かつての「重点校」に入学希望者が殺到する状況はかわらない。

20 中国は地方行政も、中央の管理下にあるため「地方自治体」ではなく「地方政府」と称する。

21 しかし、ここでも小中学校入学時と同様、さまざまな「対策」がおこなわれる。もっとも代表的なのは「私費生」などと称される一種の「聴講生」制度である。学校によっては入試のときに不足した点数を「金で買う」制度が公に決められていることもある。

22 　以上は現行 (2001 年実施) の制度による。「高考」は 1994 年に大きな改革 (入試科目の削減) をして以来、毎年のようにこまかな手なおしがおこなわれている。現在、高考の「科学化」が検討されており、近いうちに再度の大改革がおこなわれる可能性が高い。なお、高考のほかに中国でも一部の大学で「推薦入学制度」が実施されている。こちらは日本でいう「指定校推薦」であるが、その制度で入学する学生の数はごくわずかである。

23 　「高考」は採点が省別におこなわれ、省別に合格点が決まるので、出身省による格差が生じる。人口の都市集中により、この格差が無視できないほど大きくなってきたため、2005 年ごろから「高考」を地区別に独立させることが試みられている。近い将来「全国統一試験」ではなくなる可能性も高い。

24 　共同通信 2005 年 1 月 23 日の配信記事による。

25 　当日朝 (2007 年 6 月 6 日) の中国中央電視台のニュース報道による。なお、これらの数は本科と専科を合計した数字であろう。

26 　東北三省の場合は、各省が「校区」となっている。

27 　朝鮮族学校において、以前、「漢語」は小学校 2 〜 3 年生から開始されることが多かったが、現在は小学校 1 年生からおこなわれている。

28 　朴ほか (1989, 176–178) および「朝鮮族教育史」(金ほか 1998, 556)。

29 　中学では入学試験に合格することが条件となる。

30 　ハルビン市阿城区は存在しない。また過去に存在したこともない。ハルビン市阿城県 (1987 年まで)、現在の阿城市 (広域ハルビン行政区内の県級市) であろう。(『中国市県大辞典』(1991, 289–290) また崔乃夫 (2000, 1149)。

31 　『黒龍江省民族教育条例』(1997 年) 第 15 条による。陳 (1998, 197) ただし、2002 年に筆者が調査したときには、「すでに朝鮮族には加点が適用されていない」とのことであった。(黒龍江省教育学院民族教育部教研員 S 氏ほかの話による)。

32 　『関于加強民族教育工作若干問題意見』(国家教育委員会・国家民族事務委員会 1992 年頒布) 第 3 項による。金 (1998, 47–49)、呉 (1998, 205–207)。

33 　ただし「漢語文」をのぞく。

34 　『普通高等学校招生暫行条例』(国家教育委員会 1987 年頒布) などによる。呉 (1998, 207–208)。

35 　「民族教育」を構成する要件としては、言語のほかに宗教、歴史 (歴史観)、文化 (この場合の「文化」とは美術・音楽など「学校で教えることができる」顕在的な文化をさす) などの教育が考えられるが、現在の中国では宗教や歴史 (観) について民族学校独自の観点から教育をおこなうことがむずかしく、また美術や音楽については、そもそ

も学校の教育科目としてほとんど注視されていないので、中国の民族教育の最大の、そしてほとんど唯一の要件は民族言語の教育と使用ということができる。ただし、例外的に漢語(中国語)を使用している回族が「回民(回族)小・中学校」を持っているケースがある。おそらくここでは、食事を中心に回族の宗教生活に一定の配慮がはらわれた教育がおこなわれているものと思われる。

36 周・王(1995, 171–185)。
37 S旗の教育状況については、筆者の調査による(1998年)。
38 そもそも、遊牧地域であるため、「自宅」が季節によって移動する。
39 黒龍江省教育学院のモンゴル族の民族教育担当者によると、中国のモンゴル族は、伝統的なモンゴル文字を使用しているが、この文字は「縦書き専用」であり、横書きができない。そのため、横書きの漢語の教科書・教材・問題集などを、そのまま出版することがむずかしい。とくに数学をはじめとする理科系の科目では、数式を縦書きにすることができないので、漢語の教材をそのまま使わざるをえないという。なお、モンゴル(国)では、キリル文字でモンゴル語を表記している。そのために、モンゴルの教材を内蒙古に輸入して使用することもできないという。
40 筆者が訪問調査した遼寧省阜新蒙古族高級中学は週4時間、吉林省白城地区の蒙古族中学、黒龍江省トルボト蒙古族自治県の蒙古族中学とも週4時間であった。また内蒙古自治区でも4時間が標準であるという(岡本 1999, 221)。しかし、1950〜60年代は、モンゴル語が8〜5時間実施されていたらしい(金 1998, 81)。
41 このJ郷およびM郷の人口は、沈林(2001, 179)「附録」に記載された数値による。なお高崎(1996, 182)には、同じJ郷の人口として10,240人、うち朝鮮族が10,056人(98.2%)という数値があげられている(1994年ごろ?)。
42 2009年には状況が大きく変わり、数多くの漢族の農民が、朝鮮族の住民から水田を借用し、あるいは購入して居住している。多くの朝鮮族の住民が職をもとめて他地域に転居したためである。
43 中国社会科学院民族研究所(1999, 267–269)。また韓(2001)にも各所に朝鮮族の労働観が現れている。筆者のインタビューにも「朝鮮族は、肉体労働をして生きていくよりも、机の前で餓死するほうを選ぶ」と多くの人が答えた。このような「労働観」の源流が、朝鮮族に伝統的な儒教思想や両班へのあこがれにあることは確かであろう。
44 中国朝鮮族青年学会(舘野 哲他訳)(1998)や孫(2003)によれば、「満州国」時代から多くの朝鮮族の集落に学校があった。
45 延辺朝鮮族自治州全体では、漢族の人口が61%をしめているが、これは、自治州内で最大の人口を擁する敦化市の漢族人口比率が92.5%ときわだって高いためであり、

その他の市県では、朝鮮族と漢族の比率がほぼ拮抗している（国家統計局人口和社会科技統計司・国家民族事務委員会経済発展司編 2003）。

46　この調査は、任自身が延辺自治州に滞在し、423人におこなったものであるという。筆者の感覚では、延辺朝鮮族自治州の朝鮮族は、それ以外の地の朝鮮族より「朝鮮族は朝鮮語を話せなければならない」という意見を持つものが多いように思われる。

47　ただし、最近の「韓流ドラマ」ブームにより、韓国から輸入されたDVDやビデオ、さらに公式には認められていないのだが、韓国の衛星放送の個人宅での視聴が増え、いままでなかった「テレビで朝鮮（韓国）語」を聞く機会が新たにうまれている。

48　中国の学校は、子どもの在校時間が日本にくらべきわめて長い。あるいはそれが原因かも知れない。

49　朝鮮族学校では、運動会の種目に、ブランコなど朝鮮族の伝統的な遊びを実施したり、民族舞踊や音楽を課外活動として取りいれたりすることがあるが、これらは、いわば象徴的におこなわれるものにすぎない。

50　「教師進修学校」は、学校教員の再研修と教育現場の指導にあたる機関で、区県レベルの行政機関に、教育委員会の下部組織としておかれる。なお、市レベルにも同様の機関が設置されており、こちらは一般に「教育学院」と称することが多い（第1章注9）。

51　中国社会科学院民族研究所（1999, 267-269）。崔・瞿（2004, 314）。

52　民族学校の学生については、外国語が免除されていた時期もあったが、現在は必修となっている。

53　J朝鮮族中学では、各学年とも、朝鮮語5時間、漢語5時間、外国語5時間が配当されている（1週あたり）。

54　鄭（2003, 29）、なお、「民族預科」は中央民族大学以外に全国100ヵ所以上の大学に併設されている。（『民族教育研究』2004年第2期・総61巻95ページ）。

55　それと同調するように朝鮮族中学に漢族の教員が採用されるケースがふえている。

56　もっとも多いのは、食べ物が漢族と違うという答えである。つぎにあげられるのが「清潔感」や「教育に熱心なこと」といった価値観の相違である。

57　中国には日本のような「住民登録」制度がないため、地方政府も人口移動を把握していない。また、戸籍を変更することには、さまざまな制約が設けられている。したがって「南方」や沿海都市、あるいは海外にでて長期間就業している人も戸籍は故郷に残したままである。したがって、人口移動についてはすべて「推計値」である（4-2参照）。

58　朝鮮族簡史修訂本編写組（2009, 221-222）では、中国でも韓国、日本でも「統計が不完

全である」と明記した上で、朝鮮族の「山海関以南」への「流動」（一時的な転居）が50万人ないしは60万人、韓国への「外出打工」（出稼ぎ）が30万人ないし40万人、日本へは8万人と記している（4.5参照）。一方、韓国は2010年の時点で、国内に36万3,000人の「中国系韓国人」が滞在していると公表している。

59 J県水利局副局長（朝鮮族）の話による（2006.08ごろ）。

第3章
中国朝鮮族の日本語教育

　現在、海外における日本語学習者数で、中国は韓国についで2位をしめ、学習人口は68万人である。これは、日本国外の日本語学習者の23%をしめる。1位の韓国と3位のオーストラリアの日本語教育と、中国の日本語教育を比べると、韓国とオーストラリアは中等教育機関での学習者が多いが、中華人民共和国における日本語教育は高等教育機関(大学)での学習者が多いという特徴があり、高等教育機関で日本語を学習する者の数では世界一である。したがって中国の日本語教育の特徴は、大学を中心に展開してきたところにあるといえよう[1]。しかも、中国の大学の日本語専攻は、設置校数・学習者数とも年々、増加する傾向にある。一方、中等教育機関での日本語教育は、年々減少しており、しかも、その数少ない学習者のほとんどが朝鮮族中学に集中している。それ以外は、大都市の富裕層の子どもが通う6年制中学である「外国語学校」などに1校あたり20名程度の小規模な日本語クラスが設けられているにすぎない。近年、大連など一部の都市において高級中学で第二外国語科目として日本語を教えようという動きがあるが、学習者数、比率を大きく変えるほどの動きにはなっていない。このような状況から、これまで中国における日本語教育の調査・研究は、ほぼ大学における日本語教育を取り扱ったものに限られてきた。しかし、中国における日本語教育の再開期には、朝鮮族の日本語教育が、大学の日本語教育とならんできわめて重要な役割を果たしてきたのであった。ただ、その日本語教育が担ってきた役割はもちろん、その教育内容について論及した先行研究はない。そこで、本章では、朝鮮族の日本語教育が、どのようにおこなわれてきたのかを、同時期の大学の日本語専攻課程でおこなわれていた教育と対比しながら調査し、分析と考察をおこなった。

論考の前に、朝鮮族の日本語学習者が、当時の中国の日本語教育の中で、どの程度のボリュームをしめていたかを明らかにしておきたい。
　じつは中国では、日本の国勢調査にあたる「全国人口調査」の項目にある集計値以外には、民族別の統計数値というものがほとんど発表されない。「全国人口調査」でも教育に関する数値としては、民族別の就学者数や識字率が発表されるだけである。その他の統計調査については、調査時に民族を問う項目が設定されること自体がまれであり、外国語教育においても民族別の学習者数や留学者数などはまったく発表されていない。おそらく調査そのものがおこなわれていないのだと思われる。ただ、日本語教育事情については日本側の依頼により「民族」を明示した調査がおこなわれたケースが過去に2回だけ存在する。それは、1990年におこなわれた全中国と対象とする日本語教育機関調査と、2002年におこなわれた中等教育機関を対象とした調査であった。
　このうち、1990年末におこなわれたアンケート調査は、中国日語教学研究会が、国際交流基金日本語国際センターの委託をうけておこなったものである。このアンケートは、中国ではじめておこなわれた日本語学習者の実数調査であった。この調査では、中等教育に関してのみ民族別学習者数を調査している（王宏 1994, 186–191）。それによると、総計12万2,000人の中等教育機関での学習者のうち、半数の6万2,000人（51.1%）が朝鮮族であった。また、教員についても約半数にあたる教員の46.8%が朝鮮族であった。なお、この調査では、中等教育機関のアンケート回答率を70%と推定している。したがって1990年の時点で中等教育機関における朝鮮族の学習者数は7万人を大きく越えていたことは確実で、8万人に達していた可能性が強い。
　残念ながら、この調査で民族別学習者数が調べられているのは中等教育機関のみであり、高等教育機関の学習者については民族別調査がおこなわれていない。しかし、以下に述べるように、ある程度の推測は可能である。この調査で高等教育機関における日本語学習者の総数は、「日本語専攻」課程の在籍学生が6,000人、「非専攻であるが日本語を第一外国語」として学んでいる学生が2万7,000人の計3万1,000人であった。
　「日本語専攻」において、どの程度の朝鮮族学生が学んでいたかという推

測はむずかしい。ただ現在と異なり、当時はどの外国語大学の日本語学科も中学での日本語既習者を積極的に受け入れていた。たとえば1980年ごろの天津外国語学院では、既習者クラスが1クラス、未習者クラスが1クラスあり、ともに定員は20名であった。その他、大連外国語学院・吉林大学・黒龍江大学などにも既習者クラスが設置され、定員の半数程度をしめていた。既習者とは中学・高校で日本語を学んだ者を指しているが、上の調査の数値にあるとおり、中学の日本語学習者の50%は朝鮮族であったから、その比率を考えると大学の日本語専攻の学生のうち、既習者クラスの半数程度、すなわち全学生の四分の一程度が朝鮮族であったとしてもおかしくはない。後に述べるとおり、全国統一大学入試において、朝鮮族中学の学生の日本語科目の平均点は、漢族の中学の学生の日本語の平均点を20〜30点上回っていたことから、大学の日本語学科の既習者クラスへ進学する朝鮮族学生の比率がそれ以上に大きかった可能性もある。しかし、その一方、大学の日本語専攻は広く中国各地に存在したのに対し、当時、朝鮮族の居住は、ほぼ東北三省に限られていたから、東北三省以外の大学ではその数が少なかったことも確実であろう。このような地域差まで考えると具体的に「日本語専攻」における朝鮮族学生の人数や比率を推測することはむずかしい。6千人の学生数の1割から2割は朝鮮族の学生であっただろうと推測されるにとどまる。

「非専攻の第一外国語」として日本語を学んだ学生については、かなり確実に朝鮮族の割合が推測可能である。すなわち、そのころ朝鮮族の進学率は、漢族の進学率よりかなり高かったこと、当時は日本語受験で進学できる大学が現在より多かったこと、そして大学における非専攻の第一外国語に英語ではなく日本語を選択する学生は、中学・高校で日本語を既習してきた学生のみであることを考えあわせると、非専攻であるが日本語を第一外国語として学んでいる2万7千人の学習者については、中等教育の日本語学習者数の比率と同じ51.1%以上の学生、1万3,500人以上が朝鮮族であっただろうという推測がなりたつ。したがって、1990年の段階で、高等教育機関の日本語学習者のうち1万4,000人程度が朝鮮族であったと考えられる。

以上、中等教育機関6万2,000人（以上）と高等教育機関1万4,000人（以

上)の学習者数をあわせると、1990年時点で中国の学校教育での日本語学習者のうちどんなに少なく見積もっても7万6,000人万人は朝鮮族であった。この1990年の調査では、総学習者数として24万9,000人という数値が報告されている。このうち7万6,000人以上が朝鮮族であった。つまり、この頃、中国の日本語学習者の30％以上は確実に朝鮮族であった。

　その11年後の2001年にやはり国際交流基金日本語国際センターの委託をうけて財団法人国際文化フォーラムが中国の中等教育機関における日本語教育調査をおこなった。この調査では、学習者数については民族別の調査をしていないが、教員に関しては民族別の調査をしており、全教員中45.7％が朝鮮族であると報告している（国際交流基金2002, 49・表13）。これは、先に述べた1990年の調査の45.8％とほとんど変わらない数値である。このように11年をへだて独立しておこなわれた調査の数値、実人数の比率が一致することから、双方の調査はともに十分な信頼性を持つものと考えられる。また、仮に調査で得られた実数値に調査もれや未回収が相当数あったとしても、全体の比率に大きな偏りがでるとは考えられないから「日本語学習者の30％以上は朝鮮族であった」という推計そのものは、妥当なものと考えられる。

　このように1990年代、中国の日本語学習者の3人に1人は朝鮮族であったのである。したがって、朝鮮族の日本語教育を無視して、この時期の中国の日本語教育を語ることができないことが理解されよう。一方、中国の総人口のなかに朝鮮族がしめる割合は0.1％にも達しない。したがって、この時期、日本語学習者が朝鮮族に集中していたこと、反対にいえば、いかに朝鮮族の人々の日本語教育への指向が強かったかがわかる。事実、この時期の日本語教育は朝鮮族のコミュニティにも多大な影響を与えたのであった。

　しかしながら、この朝鮮族の日本語教育は少なくとも1996年まで、日本側からの公的な支援をまったく受けておらず、日本ではその教育の実態がほとんど知られていなかった。そればかりか、中国国内においても高等教育機関と中等民族教育機関の間には教員や情報の交流があまりないため、その実態が報告されることもなかった。また、朝鮮族の居住地が東北三省のなかでも辺境に多く分布していることも情報が伝わりにくい一因であった。

3.1 朝鮮族の日本語教育の時代的な推移

この節では、現在にいたる朝鮮族と日本語教育との関わりのうち、「満州国」時代から文化大革命終了時期までを時代を追って述べる。

3.1.1 「満州国」時代の日本語教育と朝鮮人

「満州国」時代の日本語教育について吉岡(2008)は、つぎのように概要をまとめている。

> 1932年に樹立された満州国政府は、学校教育で日本語を教科の中に組み込む方針を採りました。日本語教師と教科書の絶対的な不足などの問題がありましたが、日本語の普及を徹底させる方針を決め、1937年に「学校教育に於ける日本語普及徹底に関する件」という規則が公布され、「日本語教師は日本語教授に際し単に語学として之を取り扱うことなく日本語を通じて日本精神、風俗習慣を体得せしめ」、教職員や学生は「家庭生活においても可成日本語使用を励行すること」とされました。そして、同年に公布された「国民学校規定」などで、日本語を正式に国語とすることが明記され、翌年から新学制が実施されました。また、満鉄は1934年に奉天(現、瀋陽)に鉄路学院を、翌年にも他の学院を作り、鉄道従業員に対する日本語教育と日本語による鉄道に関する教育を行いました。また、8万人に上る鉄道従業員にも日本語で業務が遂行できるように3ヶ月から6ヶ月の日本語教育を実施しました。
>
> 学校教育以外でも、日本語教育は推進されていきました。1932年満州国の成立した年に、官吏の養成のために語学研修所が作られました。講習科目は日本語と満語(満州語)です。初等・中等・高等の三つのレベルに分け、1935年までに7回コースが開かれ、期間は4ヶ月から6ヶ月ずつ行われました。日本語科の卒業生は955名でした。官吏だけではなく一般社会でも日本語普及政策は推し進められましたが、その一つに語学検定試験があります。これは、もともと満鉄が行っていたものですが、1937年国策として制度化されたものです。科目は日本語、満語、

蒙古語（モンゴル語）、ロシア語です。試験は特級、1級、2級、3級、4級の4段階あり、合格すると特別手当が支給されました。1941年の日本語の受験者数は3万人余りでしたが、1944年には5～6万人に上ったといわれています。

吉岡（2008, 105）

　上の文章にあるとおり、「満州国」では、日本語が「国語」とされたが、「満州国」の「国語」は一つではなかった。もっとも重要な「国語」は日本語であったが、「五族協和」を標榜する「満州国」では、他に「満州語」と「蒙古語」も「国語」であるとしたのである。したがって、学校教育においても、日本語とともに満州語あるいはモンゴル語が必修科目となっていた。上記の文章においても、「官吏の養成のために語学講習所が作られました。講習科目は日本語と満語（満州語）です。」また、語学検定試験の「科目は日本語、満語、蒙古語（モンゴル語）、ロシア語です。」とあることから、日本語とともに、「満州語」やモンゴル語が「満州国」政府公認の言語であったことがわかる。もともと満鉄がおこなっていた検定試験に「ロシア語」があるのは、満鉄がシベリア鉄道に直結した欧亜連絡線を運行していたことによるものであろう。なお、「満州国」において「満州語」とよばれたのは、現在の「漢語（中国語）」であり、満族固有の民族言語であるツングース系の「満州語（満語）」ではないことに注意が必要である。

　「満州国」時代の「国語」は、以上のように3言語とされていたが、実際には、「満州国」には国籍法がなく、日本からの移住者も、半島から移住してきた朝鮮人の「国籍」もあいまいな状態であった。また、域内に「関東州」や「満鉄付属地」など統治の経緯と主体を異にする地域をかかえ、「国内」で、統一的かつ均質な学校教育がおこなわれていたとはいいがたい状況であった。特に朝鮮人への（日本語）教育は、一般的な「満州国」の日本語教育とは、かなり異なっていた。以下に、いくつかの資料から得られた「満州国」時代の朝鮮族に対する日本語教育の状況を述べる。

　半島から間島地区に移住した朝鮮人の教育については、満州国建国からし

ばらく朝鮮総督府が管理していた。1940年ごろまでは朝鮮総督府の教育令を流用し、朝鮮で使われるのと同じ教科書が使われていた。間島地区で「満州国」の新学制が実施されたのは1938年である。当時の「国民学校」の教科時間数(1週間あたり)は、表3-1のとおりである。この表によれば、「満州国」の国語である満州語と日本語の時間数が、ほぼ均等にわりふられており、「満州国」の標準的な授業時間編成のもとに授業がおこなわれていたように思われる。しかし、実際にこのような編成で授業がおこなわれていたかどうかには疑問がある。少なくとも黒龍江省では、以下の証言にあるとおり、朝鮮人の学校においては満州語(＝漢語＝中国語)の授業がまったくおこなわれていなかったケースが多いと思われるのである。

表3-1　間島国民学校学年別授業時間数

学年 国民学校	国民科 満語	国民科 日本語	算術	作業	体育・音楽	図画	計
1年	7	6	6	1	3	1	24
2年	8	6	6	2	3	1	26
3年	8	7	6	3	3	1	28
4年	8	9	6	4	1	1	29

国民優級学校	国民科 満語	国民科 日本語	算術	実務	図画	体育	音楽	計
1年	8	8	6	6	2	2	1	33
2年	8	8	6	6	2	2	1	33

『延辺朝鮮族自治州志(1996)』(下)1402ページより

　間島に新学制が公布されたのと同じ1938年、満州国は、「学校組合法」を発布し、「原則として600戸以上の朝鮮人が居住する地区には、朝鮮人学校を設置する」ことを定めた。そして、間島省(当時)をのぞく「満州国」内の38の市県に組合がつくられた(孫 2003, 336–355)。竹中が2003年におこなった「旧『満州』における植民地教育体験者の調査」に以下のような証言

が収録されている(竹中 2004, 21–24)。証言者は、朝鮮族の金在律氏である。内容は、金氏が黒龍江省牡丹江から勃利県の学校に転校した 1943 年ごろの学校の授業に関する証言である。なお助詞のあやまりなどがあるが、原文のまま引用する。

　　ここには日本人の教員をおりました。朝礼の時、数分遅れたという理由で、足をたたかれ失禁してしまったことがあります。小学校に近くに日本の神社をたて、一週間に一度は全員で参拝させられました。これは日本人化するための策だったと思います。
　　（中略）
　　学校の教科書は朝鮮語の説明のついている朝鮮総督府の教科書をつかいました。「満州」でも朝鮮族の教育は朝鮮半島と同じ教育だったと思います。はじめは朝鮮族の先生が朝鮮語をまじえてアイウエオから基礎的なことを教え、だんだん日本語だけの授業になっていきました。一年生の時、算数、唱歌などは朝鮮語で説明され、用語は日本語がつかわれ、日本語の歌をうたいました。今でも掛算は「サンゴジュウゴ」と日本語でやっています。高学年になると日本人の先生が担当し、すべて日本語の授業となりました。朝鮮語と日本語は文法が近いので、日本語をまなぶことはそんなに難しくなかったです。一般に朝鮮族が日本語がよくできるということは、植民地教育の厳しさもありますが、言語的理由もあるようにおもいます。高学年になると、学校の中では朝鮮語をしゃべったら、罰金をとられました。歴史も日本の歴史が多く、地理も日本の地理が多く、朝鮮、中国のことはほとんど教えてもらいませんでした。

　上の証言において、金氏が「朝鮮語と日本語は文法が近いので、日本語をまなぶことはそんなに難しくなかったです。一般に朝鮮族が日本語がよくできるということは、植民地教育の厳しさもありますが、言語的理由もあるようにおもいます。」と語っているのは、興味深い。金氏は「植民地教育の厳しさ」と同時に「文法が近いので、日本語をまなぶことはそんなに難しくな

かった」「言語的理由もある」といっており、朝鮮語を母語とする人間にとって日本語は学びやすい言語であることが、この時期から朝鮮族の人々に意識されていたことがわかる。本研究のためのインタビューでも朝鮮族の教員はくりかえし「朝鮮語と日本語は、文法的に類似しているので学びやすい」と語り、そのことを民族中学で日本語を選択した理由の第一にあげているが、1945年以前から朝鮮族の人々は、それを自覚しており、「朝鮮語母語話者にとって日本語は学びやすい言語である」という意識を持って日本語と接していたのである。1970年代の終わり、民族中学で「受験のためになにか一つ外国語を」はじめなければならないことが決まったときに、この「日本語は学びやすい言語である」という記憶があったため日本語を採用するにいたったことが予想される。

　また、以上のような状況により、一口に「満州国」の住民とはいっても、日本語（教育）の普及状況については、朝鮮人とそれ以外の人々では、まったく異なっていた。朝鮮人はほぼ全員が日本語で教育を受けたが、それ以外の「満州国」人はそうではなかった。後に引用するB氏のことばのなかに、「漢民族はそんなによく日本語はできませんでした。」「漢民族は日本語をしゃべる人は非常に少なかったです。」とあるのは、そのような事情を物語っている。

　いずれにしても、この証言にあるとおり、勃利の小学校では、「満州国」の学制による教育ではなく、朝鮮総督府が管掌していた朝鮮半島の学校とほぼ同じ授業がおこなわれていた。学校で授業に使われることばは日本語であって、教材も朝鮮総督府による日本語のものか、それと同等のものが使われていた。これは、筆者による聞きとり調査でも同様である。さらに注意すべきことに、朝鮮族の学校では満州語（漢語）やモンゴル語の授業がなく、事実上、朝鮮総督府が朝鮮半島で実施している学制と同じ時間割で授業が進められていたらしいということである。金氏は自身の漢語（中国語）の学習経歴についてつぎのように語っている。

　　　この頃（終戦後の1946年ごろと思われる）私は中国語がまったくわかりませんでした。「我」「他」のよくわからないくらいでした。中国語を

使う機会もありませんでしたから…。だいたい東北の朝鮮族は私とおなじように、解放以前は一部中国の学校に行ったものをのぞき、中国語はほとんどわかりませんでした。

中学校を卒業後は牡丹江の高等学校に入学しました。ここで初めて中国語をならったのです。その高等学校でも第一期生となりました。1952年に高等学校を卒業しました。

以上のように、「満州国」における朝鮮人教育は、基本的に「朝鮮人学校」でおこなわれていた。奉天(瀋陽)・新京(長春)などの大都市の学校において、「五族協和」の象徴として、朝鮮人や漢族、満州族そして蒙古族の富裕層(貴族階級)の子どもなどが日本人のなかで学んでいたという例はあるものの、ほとんどの朝鮮人の子どもたちは、入植地などにつくられた「朝鮮人学校」で、日本人や中国人とは別立てで、初等教育をうけていたのである。筆者のインタビュー調査によると、校長や若手教員の中に1〜2名程度の日本人が採用(派遣)されていた学校もあったようだが、多くの学校は校長もふくめてすべてが朝鮮人教員で構成されていた。金氏が「ここには日本人の教員をおりました。朝礼の時、数分遅れたという理由で、足をたたかれ失禁してしまったことがあります。」と語っていることもそれを裏付けている。つまり、すべての学校に日本人教員がいたわけではないので、わざわざ「日本人教員がいた」と語っているのである。しかし、授業はもちろん、休み時間も低学年で補助的に朝鮮語が使われる以外、もっぱら日本語が使われており、朝鮮語の使用は禁じられていた。そして、それに違反すると、「学校の中では朝鮮語をしゃべったら、罰金をとられ」たり、便所掃除などのペナルティをうけたのであった。このような歴史的背景により、現在でも「祖父母が日本語を流暢に話せること」は、「祖父母と同居している朝鮮族の普通の家庭であれば『当たり前のように知っている』という」。そして、これが「資源としての『文化資本』」となって現在の朝鮮族の日本への移動にもつながっているという。(權 2011, 171–172)

斉(2002)・孫(2003)・曲・梁(2005)など、現在の中国の「満州国」とその時代の教育の研究においては、日本語(による)教育もさることながら、それ

とともにおこなわれた「修身」や「国史(日本史)」教科の強制による「奴化(皇民化)」教育のほうが大きな問題とされている。その象徴とされるのが、金氏の証言にもある「小学校に近くに日本の神社をたて、一週間に一度は全員で参拝させられました」という神社参拝や皇宮遥拝の強制、そして、それを徹底するための教員の体罰であった。

　1945年以前、日本政府が植民地・占領地で、日本語(国語)教育を強力に推進した理由は、植民地・占領地での統治の必要性、つまり、単純に支配者である日本人の意思を円滑に伝達するための日本語の普及というよりも、植民地・占領地の住民に「日本精神を注入」する、すなわち支配地の住民を「皇民化」して、植民地の住民を「日本人にする」、そして、植民地を「日本にする」ために、日本語が不可欠であったからであるという。すなわち、日本語教育と皇民化教育は、日本側の意図としては表裏一体のものであったと思われ、日本側の研究者もそのような観点から植民地での「日本語教育」に関心をよせているのに対し、中国側の研究者の視点は、ややこれとは異なり、「日本語教育」と「奴化(皇民化)教育」をかなりはっきりとわけて考え、「修身」の強制など、後者に強い批判を加えるが、前者への関心はそれに比べると弱い、という傾向があるように思われる。つまり、中国の研究者は、「日本語」教育と「奴化(皇民化)」教育をあまり強く関連づけては考えていないように思われるのである。

　これは、清末から日中戦争開始まで、多数の「清国留学生」が日本に来日して、近代化のための知識を身につけて帰国したという事実、そして、そのなかに魯迅や周恩来といった人物がふくまれ、また辛亥革命の母体となった組織が日本在留の留学生を中心に構成されていた事実などから、日本語という外国語を技術導入のための道具としてとりあつかい、その道具としての機能に有用性があることは認めようという意識があるからではないかと思われる。そして、そのような意識は、1972年の日中国交回復後、ごく短い時間に大学で日本語教育がおこなわれるようになったことにも結びつき、さらに、3.3に述べる朝鮮族による日本語教育の「再開」期にもうかがわれるのである。なお、この点に関して、台湾における近代化の手段としての日本語の学習・習得と、「日本精神理解」のための日本語の教育という被支配者と

支配者の意識の相克について、陳(2001)がすでに詳細な検討をおこなっているが、これについては、中国朝鮮族の日本語教育においても、やや似た状況が認められるように思われる。

いずれにしても、朝鮮人の子どものための学校では、「満州国」においても、朝鮮半島とほぼ同様の教育がおこなわれていた。その時間割は「満州国」のものではなく、「朝鮮総督府」の策定したものであり、朝鮮人の子どものために「皇民化」を推し進めるための教育がおこなわれていたのである。しかし、このような教育条件のもとでも、伝統的に教育に関心が強い朝鮮の人々の進学率は高く、1940年9月の時点で、組合立学校が537箇所、公立学校が561箇所、私立学校が34箇所あり、学生数も13万人に達していた。また、中等教育への進学者も多く、間島省では中等学校の生徒の46.7%が、全『満州国』についてみても7.4%を朝鮮族の生徒がしめていたという。(孫 2003, 353)このような進学率の高さは、中華人民共和国が建国され、少数民族としての朝鮮族が成立すると、「朝鮮族の民族的伝統」であるとして意識されるようになり、民族学校の運営方針にも大きな影響を与えることになった。

3.1.2 文化大革命と民族教育の危機

1945年に日本の手による朝鮮人学校が消滅すると、ただちに朝鮮族は自らの子どもの教育のため、民族主義にもとづいた学校建設をはじめた。

それまで、授業では日本語を使い、式典に際しては、朝鮮半島の学校と同様に、日本国歌の斉唱や日本皇宮遥拝などが必須とされていたが[2]、1945年8月を境に朝鮮人学校は朝鮮人のものになったのである。

> 趙校長先生はこの日、話をするとき初めは相変わらず日本語を使った。ところが最後の部分になると朝鮮語で我々は朝鮮人なのだから朝鮮語を使わなければならない、朝鮮の名前を呼ぶようにしなければならないといわれた。私たちは生徒の前で朝鮮語を使う先生を初めて見て、思わず笑いがこみあげてきた。　　　　　(中国朝鮮族青年学会 1998, 230)

これは、濱江省珠河県の朝鮮人入植地(現在の黒龍江省 尚志市河東郷)の学校で、終戦時(1945年8月16日)におきた状況の証言である。この証言にあるとおり、この日、この朝鮮族のコミュニティは日本語の使用を否定し、同時に「奴化教育」の一環としての日本語教育が終わりをつげたのであった。日本植民地時代の「奴化教育」から解放されたところに成立した、新たな朝鮮人学校の教育は、子供たちに朝鮮人としてのアイデンティティを確立させることを目的とした民族主義的色彩の強いものとなった。「満州国」時代の教育が「歴史も日本の歴史が多く、地理も日本の地理が多」かったのに対し、「歴史、地理はすべて朝鮮の歴史、地理」にかわったということがそれを表現している。

　しかし、その後、中華人民共和国が成立し、「朝鮮人」が中国籍をもった「朝鮮族」になると、朝鮮族は、中国人としてのアイデンティティを確立した上で、朝鮮族として生きていくことを選択しなければならなくなった。そして、中国国家の教育政策にしたがって歴史や地理は「中国の歴史と地理」を教えることになった。こうして、朝鮮族の民族教育の中で、ほとんど唯一残ったのは「朝鮮語」による教育であった。こうして、朝鮮族の民族学校は、朝鮮語を次代に継承していくための機能が重視されることとなった。

　しかし、中華人民共和国の成立後も朝鮮族による民族教育が順調に発展してきたというわけではない。中でもプロレタリア文化大革命は民族語の継承機関としての民族学校におとずれたもっとも大きな危機であった。文革の時期、中国はアメリカ合衆国を中心とする資本主義陣営とも、ソ連を中心とする社会主義陣営とも敵対し、アルバニアなどわずかの国と友好関係を持つ以外は、国際的に孤立していた。そのため、中国国内では、個人が外国となんらかの関係を持っているというだけで批判の対象とされ、ほぼすべての外国語が「敵性言語」であると解釈された。もちろん日本語も例外ではなく、「満州国」時代に習いおぼえた日本語を不用意に口に出すことは非常に危険であった。そればかりか、紅衛兵が、すべての「封建的文化(伝統)」を破壊しようと運動したこの時期には、中国内の少数民族の宗教、伝統的文化が破壊活動の対象となった。民族言語の維持・継承にも圧力が加わり、民族教育そのものが危機におちいった。東北地方でも北朝鮮や韓国という「革命の

敵」と密接な関係を持つ朝鮮族と朝鮮語への攻撃が激しくおこなわれた。すでに述べたとおり、中国朝鮮族は清末から「満州国」の時代に北朝鮮・韓国から移住してきた人々であり、現在でも多くの家族が両国に親戚縁者を持つ。それが北朝鮮(およびその同盟国であるソ連)や韓国(およびその同盟国であるアメリカ合衆国)の特務(スパイ)である証拠とされ、多くの朝鮮族の人々が「闘争(批判)」の対象とされ、迫害をうけた。とくに朝鮮族の集住地である延辺地区は、中央からやってきた紅衛兵によって大きな被害を受けた。朝鮮語による民族教育も「朝鮮語無用論」「朝鮮語革命論」という「極左思想」がとなえられたことにより困難に直面した。(朴ほか 1989, 177-178)

> 延辺大学の教員養成課程における朝鮮語と(朝鮮族のための)漢語専攻は「黒専攻」と称され、朝鮮族の学生の進学が妨害された。1970年には、朝鮮語専攻の学生28名中、漢族が17名をしめ、しかも、その漢族の学生は朝鮮語を解さないため、現代朝鮮語の授業も、すべて漢語でおこなわれる状態であった。
>
> 朴ほか(1989, 179)

> 「文化大革命」以前は、朝鮮語文が朝鮮族小中学校の主要な科目として、重視されていた。しかし、「文化大革命」時期、高校では、多くの学校が朝鮮語文の授業をおこなわず、小中学校でも授業時間が大幅に減少した。
>
> 朴ほか(1989, 176)

朴は、以上のような朝鮮語教育の危機の結果、この時期、民族教育が失われたため朝鮮語を母語としない朝鮮族が急増したこと、朝鮮語の存続・継承が危惧される事態に陥ったと述べている。ただ、「紅衛兵」による闘争の標的となったのは、朴がいた朝鮮族の自治州である延辺地区にもっとも集中し、自治州外の朝鮮族の村では、それほど弾圧を受けなかったところもあるようである。次節のインタビューにあるように、文革中も朝鮮語を使用し、

学校でも朝鮮語による教育がおこなわれていた地区もあったからである。とはいっても民族学校の多くは閉鎖されたり、教員が農村に「下放」されたりした。また、哈尔濱第一朝鮮族中学のように閉鎖をまぬがれた学校も、名前だけが残ったにすぎない。同校は漢族の学生を半分以上受け入れることを強制され、朝鮮語の授業はなくなり、ふつうの学校とまったく同じ教育がおこなわれていた。その他の都市の有力な朝鮮族中学も、みな同様であった。（金・柳・呉・孫 1998, 555–558）

　すなわち「満州国」時代、朝鮮族（当時は「朝鮮人」）の人々は朝鮮語の使用にきびしい制約を受け、朝鮮語の教育も、朝鮮語での教育もできなかったのだが、解放後も 1966 年から中国全土を混乱におとしいれたプロレタリア文化大革命の時代に「朝鮮語無用論」がとなえられて、多くの民族学校で朝鮮語教育が停止され、朝鮮語の授業も、朝鮮語での教育もできないという状況が繰りかえされたのであった。つまり、朝鮮語とその教育が弾圧されたのは、「日帝（満州国）時代」だけのことではなく「文革時代」にも同じようなことがくりかえされたのである。そして、この文革時期には、朝鮮語とともに日本語を話すことも同時に批判と攻撃の対象となった。このように、朝鮮語とともに日本語も弾圧・抑圧の対象となり、また「日帝（満州国）時代」と「文革時代」に共通して朝鮮族の人々が受けた言語的抑圧が、彼らの心中で一種の共鳴をおこし、1976 年に文革が終了すると朝鮮語ばかりでなく日本語を話すことも、弾圧・抑圧の時代の終了を象徴する行為として人々にとって喜ばしく感じられたようである。すなわち、文革による受難があったことによって、朝鮮語はもちろん、日本語も彼らにとっては失ってはならない自分たちの言語の一つとして感じられるようになったのではないかと思われる。それが、文革直後、朝鮮族コミュニティが日本語教育の再開を、ほとんど抵抗感なしに受け入れた理由だったのではないと思われる。

　このように、文革によってさまざまな弾圧を受けた民族学校であるが、文革に終結の気配がみえはじめるとただちに多くの朝鮮族学校は、朝鮮族コミュニティにより自主的に再開されていった。すでに 1978 年にはほとんどの朝鮮族学校が旧に復していたようである。なお公式には、1980 年 10 月に民族教育に関して国家教育部と民族事務委員会が『関于加強民族教育工作的

意見』を公布して、民族学校の再開とそれに対する財政的支援を決定し、このとき民族学校が完全に再開されたのであった。

3.2 「中国」における日本語教育の時代的な推移

3.1 で述べてきたように、朝鮮族の日本語教育は、1945 年の「満州国」の消滅までは「中国」の枠外で実施されてきた。さらにその後、「文化大革命」の終了まで「満州国」時代の日本語学習者は、その日本語運用力に注目されることもなくすごしてきた。本節では、同じ時期に中国で展開していた日本語教育について述べる。

3.2.1 清末から民国期まで

「中国人」を対象として系統的な日本語教育がおこなわれるようになったのは、1896 年、日清戦争の終結後であった。むろん、その一つは台湾における日本語教育である。下関条約によって台湾を獲得した日本政府は、台湾において日本語教育に着手する。この日本語教育は「教える側」が主体となった日本語教育であり、「教えられる側」の抵抗を受けながら進められることになった。この台湾における日本語教育は、朝鮮半島でおこなわれた日本語教育、そして「満州国」においても朝鮮人学校でおこなわれてきた日本語教育のさきがけとなった。

一方、中国大陸と日本本土では、それとは異なる性格をもった日本語教育が並行して展開した。それは大陸から日本への留学生、いわゆる「清国留学生」を対象とした日本語教育である。よく知られているように、清末から民国期に日本へ留学した人々の中には、孫文(孫中山)、魯迅、そして周恩来など中国近代史上、重要な人物がおり、またその規模も数万人に達していた。

清末におきた「洋務運動」は、その名のとおり西洋をモデルに清朝の近代化をはかろうとする運動であった。西洋の思想・技術を中国に導入するため、まず留学生をアメリカに派遣する計画が実施された。李・許(2006, 31-33)によれば、この計画の開始は 1871 年であり、選抜されたのは 12 歳前後の「幼童」120 名で、上海につくられた「留美予備学堂」(「美」はアメリカ

を指す)に英語教師を招聘し、厳しい教育がおこなわれた。翌 1872 年に第一陣 30 名を送りだしたのをはじめに、1873 年から 1875 年にかけて、毎年 30 名ずつが派遣された。これらの若い中国人留学生は、アメリカで順調に勉学を進めた。年少者を選抜した当初のねらいどおり、英語の習得については問題がなかったようである。しかし、アメリカでの生活に慣れるにつれ、辮髪を拒否しキリスト教に入信する学生があらわれ、これが大きな問題とされた。そのため 1881 年に清政府は、留学生全員の帰国を決定した。そのときには 60 名が大学に、50 名が各種の専門学校に進学していたという。帰国後の彼らは、後に中国鉄道の父といわれた詹天有をはじめとして、活躍の場を得た人材もいたが、反対に専門を生かせず不遇の生涯をおくったものも多かったという。結局、このアメリカ留学計画の挫折は、若いうちに海外に派遣すると語学力に関しては問題がおきないが、中国人としてのアイデンティティを確立できなくなる不安があることが明らかになった。清朝政府は、将来の国家建設を担う人材を養成する手段として留学生を派遣したのであり、この問題は非常に重要な問題であるととらえられた。その後、清朝内部での「洋務運動」をめぐる対立などもあり、しばらく留学生の派遣は停滞する。

　1895 年の日清戦争前後から、留学先として日本が浮上する。日本への留学を主張したのは、中国の近代化をめざし「変法自強運動」を指導した康有為、梁啓超などであった。そして、1896 年に下関条約が結ばれた直後から留学生が来日しはじめた。日本において「清国留学生」とよばれた彼らの来日目的は、日本語や日本文化の習得にあったのではなく、近代西欧の技術・文化を学ぶことにあった。「清国留学生」の人数については、日中双方とも信頼できる統計数値を残していない。さまざまな研究者が推計値をだしているが、いずれも 1905 年から 1910 年が来日の最盛期であったことと、もっとも多い時期は年間 1 万人をこえる学生が来日したであろうということは一致している。たとえば李・許(2006, 35)では、1905 年に 8,000 人、1906 年に 1 万 2,000 人が来日したとしている。その年齢は 20 歳代の青年がもっとも多かったが、中には 60 歳になろうかという進士・挙人(科挙の合格者)もいたという。また留学生が専攻する分野は、法制・軍事がもっとも多く、とくに法学については、日本で学ぶことに高い評価が与えられたという。ほか

に科学技術・芸術分野などを専攻するものもあり、幅広い分野に留学生が来日した。また、私費留学生が圧倒的に多かったことも一つの特徴であった。

　1912年、辛亥革命によって中華民国が成立するとそれ以降、日本への留学は減少する。それにかわってアメリカやフランスへの留学が増加した。しかし、中国からアメリカへの留学は多い年で500名程度、鄧小平が参加したことで知られるフランスへの「勤工倹学」(働きながら学ぶ)は、もっとも数が多かった1920年代初頭で年に1,500名程度であった。したがって、近代中国の歴史上、日本がもっとも一般的な留学先であり、中国における日本語教育は「留学」による欧米技術の習得を目的として発展してきたということができる。

　留学先をヨーロッパ、アメリカにもとめず、日本に求める理由を、当時の有力な洋務派官僚であった張之洞はその著書『勧学編』のなかで、「費用が安くて、多くの人材を派遣できる」「中国に近くて、情報が得やすい」「日本語は中国語に近く、容易に習得できる[3]」「西洋の書籍のなかで必要なものはすでに日本人が取捨選択し(翻訳し)ている」「日本の情勢や風俗は中国に似ており、これをモデルにすると、半分の努力で倍の効果が得られ、失敗がない」と四つの理由をあげている。また、前述したアメリカへの年少者の留学計画が挫折したことも、日本への留学を推進する動機となったと思われる。すなわち、欧米への留学においては、言語習得とアイデンティティの維持の両立が困難だが、日本語は成人になってからでも容易に習得が可能であるから、そのような問題を避けられると考えられたのである。当時は、まだ航空路がない時代であり、往復に要する時間や、生活費の安さなども日本への留学をうながしたであろうが、留学先の選択にもっとも大きく寄与したのは、このように、ヨーロッパの諸言語にくらべ日本語は習得しやすいという理由であった。しかし、この日本語が習得しやすい言語であるという評価は、四技能のすべてを習得することを意識しているわけではない。近代化に必要な情報を得るため書籍を「読む」ことが容易である、という意味であった。上に引いた張の『勧学編』にもその考えがはっきりとあらわれている。

　このように、清国留学生の日本留学の目的は、日本文化や日本社会の理解にあったのではなく、欧米の学術・技術を短期間で無駄なく摂取するためで

あった。それができる理由は、日本語の文章が漢字を使用するからであると考えられていた。したがって、その日本語学習は「読むこと」に集中していたということができる。

当時の日本への留学は「速成教育」が主流であった。その多くは、中国で、あるいは来日してから日本語を学びはじめ、1年程度の短期間で大学入学をめざすものであった。また、それにあわせて清国留学生のための「速成科」を準備する大学があらわれた。「速成科」は、全課程を1年程度で修了するものである。講義は日本語でおこなわれたが、通訳がつく場合も多かったという。後に蘇(1980, 32-33)は、この時期の留学生を評して「読解力・翻訳力を身につけているが、会話力は劣る」と述べている。つまり、魯迅のように宏文書院で2年間、日本語を学び、当時、教員をつとめていた松本亀次郎を驚嘆させるほどの日本語力を身につけた学生はそれほど多くはなかったのである。

以上、清末の日本語教育をまとめると(1)日本への留学生が数万人を数え、海外留学のほとんどを日本留学が占めていた(2)日本語を学ぶ目的は、欧米の学術・技術を速く、容易に導入するためである(3)日本語は習得しやすい言語であると考えられていた(4)読解・和文中訳の力が重視され、口頭コミュニケーション能力は重要視されない、というものであった。

1912年、中華民国の成立とともに、日本の大陸進出政策が露骨になると、日本側にとって日本語教育は、中国進出の手段の一つとして位置づけられるようになる。関東州、満鉄付属地、そして「満州国」として東北地方に多くの日本語教育機関がつくられたほか、華北地区、上海などにも多くの日本語教育機関が設立されたが、いずれも日本人が主導する日本語教育であった。この後、中国人の意志にもとづく日本語教育はしばらく停滞する。

3.2.2　中華人民共和国成立から文化大革命終了まで

1949年10月の中華人民共和国成立に先立ち同年6月に毛沢東が『論人民民主専政(人民による民主専制を論ずる)』において、「ソ連一辺倒」を主張した。それによって、中国の外国語教育はロシア語を第一外国語とすることが決まる。1950年8月に公布された国家教育部の「中学暫行教学計画(草

案）」では、初級中学 3 年間で 360 時間、高級中学 3 年間で 480 時間の外国語科目を設置することとし、条件（教師と教材）がそろった学校からロシア語をおこなうこと、ただし、その時点で、すでに英語を教えている学校では、引き続き英語を教授し、ロシア語には変更しないことが決定された。（李・許 2006, 184）この計画が発表されたことにより、中等教育機関に必要なロシア語教員養成がはじまった。1952 年には大規模なロシア語専門学校が全国に 7 校つくられ（学生総数 4,000 人）また、そのほかにいくつかの学校がロシア語コースを設置したが、「（人材養成の）要求が切迫していたため、各地で『突貫』的に（コースが）つくられた」ために、「ロシア語教育のカリキュラムが不明確、任務が不明確、教育経験が不足、教員と教材が欠けた」状態であった[4]。そのためか、1954 年には、『関于従 1954 年秋季起中学外国語科設置的通知』（4 月）『関于初中不設外国語科的説明的通知』（11 月）が公布され[5]、「初級中学では外国語教育を行わない」ことが決定する。高級中学では、週に 4 時間のロシア語の時間を設けることとし、ロシア語の教員がいない場合は英語にかえることができるとしたが、教員や教材の欠如により、実際には、すべての高級中学で外国語科目が開設できていたわけではなかった。ロシア語と英語以外の外国語教育は中等教育機関ではおこなわず、少数の大学のみで集中して開講することが決められた。外国語専攻学科がおかれた大学は、英語 8 校、ドイツ語とフランス語は北京大学・南京大学・北京外国語学校の 3 校、そして日本語は他のアジア言語とともに北京大学東語系（学部）1 校のみである。このときの日本語専業（学科）は教員 4 名・学生 45 名という規模であった。（李・許 2006, 179）

　1950 年代後半から中ソ関係が悪化すると、ロシア語教育は行きづまる。1957 年より「中央の指示のもと」初級中学の外国語教育を徐々に再開させることになったが、このときからは、主として英語が採用されるようになった（李・許 2006, 229）。1963 年には中ソ関係が断絶し、そのつぎの年の 1964 年には『外語教育 7 年規画綱要』が設定された。この綱要によると「中学の外国語教育は英語かロシア語」とすることが決められ、1970 年までに全日制初級中学の 40〜50％で外国語科目を設置し、全日制高級中学のすべてで外国語科目を開設することと、英語とロシア語の履修者数を当面は 1：1

とし、1970年までに2：1とすることが目標とされた（李・許2003, 230）。同時に、外国語教員養成課程をふくむ高等教育課程も英語を中心とし、他の言語の専攻も再編された。日本語教育については、ひき続いて中等教育機関での教育はおこなわれず、高等教育機関での教育のみが計画される。1950年代から1960年代前半にかけて、北京大学以外に、北京対外貿易大学や吉林大学・黒龍江大学などに日本語専攻が設置された。また、1950年代中頃には、北京大学東語系を中心に日本語文法書、教科書が編さんされ始め、1964年には大連日本語専科学校（現在の大連外国語学院）が設立された。当時、日本と大陸の共産党政権との間に国交はなかったが、この大連日本語専科学校には、1964年から1966年まで、ひそかに日本共産党が支援をおこなった。10名ほどの日本人教員が訪中し、大量の教材とテープレコーダーが提供されたという[6]。この大連日本語専科学校をはじめ、文化大革命がはじまる1966年には、全国の14校の高等教育機関で日本語専攻が設置されていた（李・許2006, 259）。

　しかし、1966年6月、プロレタリア文化大革命がはじまるとまもなく、外国語教育は、ほとんどおこなわれなくなった。この時期、中国はアメリカ合衆国を中心とする資本主義陣営とも、ソ連を中心とする社会主義陣営とも敵対し、アルバニアなどわずかの国と友好関係を持つ以外は、国際的に孤立していた。そのため、中国国内では、個人が外国となんらかの関係を持っているというだけで批判の対象とされ、ほぼすべての外国語が敵性言語であると解釈された。もちろん日本語も例外ではなく、「満州国」時代に習いおぼえた日本語を不用意に口に出すことは非常に危険をともなうことであった。教育機関から農村に下放される教員も多く、各大学の外国語専攻では、1970年まで、新規入学者の受けいれもとだえがちであった。また数少ない新入生も、工農兵として下放されたのち、所属する「単位」（勤務先・職場）の推薦を受けて入学する者であった。推薦にあたっては「思想」が重視され、学力検査などはなかったので、その専門分野に適性を持つ学生が入学してくるとは限らなかった。

　このような状況の下、例外的に外国語教育が続けられていた教育機関として、周恩来の指導のもと全国で14校開設された「外国語学校」がある[7]。

これは6年制の初中(中学)・高中(高校)一貫校であり、学校によっては小学校も併設されていた。学校によって学習されていた言語は異なるが、英語・ロシア語・日本語については、ほとんどすべての学校でクラスが設けられたようである。外国語学校は全寮制で、地域の小中学校から特に成績優秀な子どもを選抜して入学させた。入学時から徹底的な会話練習がおこなわれるなど、完全にコミュニケーション能力の養成を目的とした教育がおこなわれていた。当時を知る人の証言によれば、習得目標として「母語話者と区別がつかないぐらい自然に話せるようになること」がもとめられたという。卒業生は文革中にもかかわらず、ほとんどが大学に進学したのち外交部を始めとして国家の対外関係部門に配属された。当初「外国語学校」は、特殊なエリート養成機関という色彩が強く、初期に教育を受けた人の中には「特務(スパイ)養成機関の一種でした」と語る人もいるぐらいだが、文革終結前後には、そのような特殊性も薄れ、外国語学校を卒業した学生は、他の高級中学の卒業生とともに大学の外国語学院(学部)に進学した。しかも、年少時から徹底した外国語教育を受けた学生は優秀で、卒業後も大学に教員として残り外国語教育にたずさわる人材を数多く生んだ。したがって、この外国語学校でおこなわれた「徹底的にコミュニケーションを目標とした外国語教育」が、その後の大学における日本語教育の基調をつくったといってよい。なお、外国語学校は現在も存続し、ほとんどの地域で最も入学がむずかしい中等教育機関となっている。また、文革中に設立された14校の外国語学校以外にも1990年代以降、各地に多数の「外国語学校」が新設されている。

3.2.3 文化大革命終了と日本語教育の再開

1970年代に入ると中国はそれまでの外交方針を転換し、イタリア、カナダなど西側諸国とあいついで国交を締結する。1970年代に入ると、紅衛兵の活動も下火となり、文革の雰囲気が変わりはじめる。1972年にドイツ連邦(西ドイツ)などとともに日本との国交が回復するころから、外国語を学ぶことを「反革命」的であるとする極端な論調が消え、各地で外国語学習が再開されはじめた。日中の国交回復のニュースが伝えられるとともに日中友好ムードが高まり、日本語を学ぶことが容認された。大学での日本語専攻課程

もふたたび新入生を受け入れはじめた。国際交流基金によれば「中国は、高等教育機関の学習者の割合が5割を越えて」おり、中等教育機関での日本語学習者が圧倒的に多い韓国、オーストラリア、アメリカ合州国とは、この点が大きく異なっているという(国際交流基金 2008, 8)。国際交流基金が分析するとおり現在、中国の日本語教育を主導しているのは大学をはじめとする高等教育機関での日本語教育である。

　しかし、文革終了前後に、数の上でもっとも多くの日本語学習者をかかえていたのは、ラジオ放送による日本語講座であった。1973年末には、上海外国語大学が中心となり、中国初のラジオ日本語講座がはじまったが、そのテキスト第一巻の第一期(初刷)発行部数は85万部、第三期(3刷)の発行部数は230万部という膨大なものであったという。(蘇 1980, 31)また、NHKの国際短波放送ラジオジャパンの日本語講座により日本語を学ぶ人も多かった。なお、この時期のラジオ講座のテキストは、個人的に購入してラジオを聴いて日本語を学ぶというケースも多かったが、学校や職場の学習班でまとめて購入し、日本語クラスのテキストとして使用されることも多かった。後に触れるように、この時期、日本語の教科書をどのように手に入れるかは、日本語教育を進めていく上でもっとも大きな問題であった。全国の新華書店[8]に配給されたラジオ講座のテキストが入手可能な唯一の「日本語教科書」であるという地域も少なくなかったのである。

　このように中国各地で日本語学習熱が高まった背景には、文革中、一般人には実質的に禁止されてきた外国語学習や、広く「学問」そのものへの欲求が一気にわきだしたということがあった。いいかえれば、とくに強い目的意識を持って日本語を学びはじめたわけではなく、10年にわたる極端に閉鎖的な社会体制が終わったことを実感するために日本語を学びはじめた人が多かったのではないかと思われる。ただ、日本語学習者にその学習目的を問えば、「先進国の科学技術を学ぶために勉強する」という回答が圧倒的に多かっただろうということも確実である。当時、中国政府は文革中に「落後」した自国の経済を復興させるために、先進国の科学技術に学ぶことを至上課題としていた。そのために1975年に周恩来が発表した「四つの現代化」を大々的に掲げたキャンペーンがくりひろげられていたからである。

その「四つの現代化」を実現するもっと具体的な方策として、数多くの科学研究機関や大学、工場に自主的に日本語学習班がつくられた。筆者の手元には1972年12月の日付が入った「上海石油化工総廠培訓班」の『日語』教科書がある。この教科書は、和文(中文)タイプで製版したものをガリ版で印刷し製本した100ページほどの冊子で「第一課　毛主席はわたしたちの心の中の赤い太陽です」ではじまる。各課とも文章の文型・語法(文法)と新出単語を中国語で解説し、中文和訳と和文中訳の練習問題を添えたもので、その目的が「日本科学技術文献を参閲するため、一能(読む)を目的としている」(北京大学 1973, 63-70)ことにあるのは明らかである。また、山崎豊子の小説『大地の子』はフィクションとして書かれているが、綿密な取材により、この時期の工場(製鉄所)での日本語学習班の学習目的や雰囲気をよく伝えている。このように日本語教育は、日本語の文献を「読む」ことによって、先進的な科学技術を導入する手段として学ばれていたのである。したがってこの時期、中国全土でわきおこった「日本語ブーム」は、清国留学生のころの中国の日本語教育の歴史を忠実に受け継ぎ、再現したものであった。すなわち、近代末期の中国における日本語教育が、文革終了とともに再開したのであった。

　同じころ、中国東北地域でも自発的に日本語を学ぶ人々が現れはじめた。彼らはラジオを聴取したり、「満州国」時代に日本語を習いおぼえた人々や残留日本人のもとに通ったりして日本語を学んだという[9]。なお、中国東北地方のかなり広い地域では、屋外に長いアンテナを張る必要がある短波ラジオではなく、一般的な家庭用のラジオで日本の中波ラジオ放送を聴取することが可能であるため、そのラジオ放送に耳をかたむける人々もいた。4章でA氏が文革中も「(日本語の得意な)父親が日本語のラジオ放送を聴いていた」と語っているが、これは日本の中波放送を聴取していたものである。このように「満州国」時代に日本語を学んだ人々が、ふたたび日本語を学びなおしはじめた理由も、建前としては「四つの現代化」のためであったが、文革中にさまざまなことが禁止され、抑圧されていたことの反動という側面があったことはいうまでもない。このように、文革終了直前から直後にかけておきた「日本語ブーム」の主役は、自主的に学習をはじめた社会人であった。

文革中は、中学・高校の外国語教育も 3.2.2 に述べた特殊な「外国語中学」をのぞき、完全に停止していたが、これら中等教育機関の外国語教育について、『関于加強中学外語教育的意見(中等教育機関の外国語教育を強化することに関する意見)』が 1982 年 6 月に発表された[10]。この『関于加強中学外語教育的意見』では、中等教育機関における外国語教育は、英語を主とすることとしているが、英語以外の外国語教育についても、「一部の地域の学校で」ロシア語と日本語を実施することが認められ、入試(大学、高級中学)の際にはそれら英語以外の外国語を学んだ学生を英語履修者と同等にあつかい、学習言語によって差異をつけてはならないとしている。この『意見』により、「日本語」は、はじめて正式に中国における中学の外国語科目として認められたのである[11]。この『意見』では、その「一部の地域」として、北京・天津・上海とともに、東北三省と内蒙古自治区・新疆ウイグル自治区を「例」にあげている。しかし、実際に中等教育機関で日本語を外国語として選択した学校は、北京・上海の数校を除き、すべて東北三省に所在しており、また、最初期にあった漢族の中学校は、3.3 に述べるとおり 1980 年ごろまでに英語への転換を終え、残ったのは、ほとんどすべて朝鮮族の民族中学であった。

なお、この『意見』では、英語を履修した学生と、ロシア語、日本語を履修した学生を、(大学、高級中学)入試にあたって区別してはならないとしているが、現在(2000 年以降)現実に招生(募集)の際に外国語科目に関して受け入れ制限をしていない大学は、北京大学・清華大学・北京人民大学・中央民族大学など北京の数校と、延辺大学・内蒙古師範大学・ハルビン師範大学など朝鮮族ないしモンゴル族の集住地区に近い、いくつかの大学に限られる。これら北京の大学は、いわば中国の教育政策を「象徴」し、すべての中国公民に門戸を開いていることを示さなければならないという役割を担わされているからであろう。その他の多くの大学では、外国語大学の日本語専攻コースをふくめて英語を履修していない学生の出願に大幅な制限を加えている。そのため、1980 年代後半から 1990 年代前半にかけて日本語教育をおこなう中等教育機関が急減した。東北地域の初級中学・高級中学では、朝鮮族とモンゴル族の民族中学のみが日本語教育を続けているといってよい状態で

ある。そしてこれが、朝鮮族の子どもにとって、民族学校を選ぶか、ふつうの学校を選ぶかを決定するときの判断材料の一つともなっているのだが、これについては次節以下に詳説する。

　文革終了から 1990 年代半ばまでの間に、日本語を専攻する学科・コースを開設した大学は大きく三つのグループにわけられる。

　一つは、規模の大きな総合(性)大学である。北京大学をはじめとして、黒龍江大学、吉林大学、南開大学、山東大学、武漢大学、復旦大学、厦門大学、中山大学では文革終了時 (1976 年) までに日本語学科が再開されていたが、これらに加えて、四川大学、河北大学など省名を冠する重点大学にあいついで日本語学科が設置されていった。

　もう一つは、北京第二外国語学院、上海外国語大学、大連外国語学院、天津外国語学院などの外国語大学である。二つのグループの所在地を検討してみると、日本語学科を開設した外国語大学は中国北部の沿海地域に集中しているのに対し、総合大学は中国の産業構造を重視した配置になっていることがわかる。そして、この配置の差が、これら 2 種類の大学の人材養成の目的の違いを表していると思われる。すなわち、中央政府の「外国語幹部」を養成する外国語学院は、首都である北京に近く、日本語の教員が確保しやすい華北・東北沿海地域に集中しており、総合大学の日本語学科は重化学工業地域であるハルビン、長春、武漢、成都、そして広州交易会が開催される広州などに開設され、日本からの生産技術・資本の導入を見据えた人材養成をおこなおうとしていることがわかる。しかし、これら華南・内陸部に開設された総合大学の日本語学科の教員も多くは中国東北・華北から招聘された教員であった。たとえば、四川大学では天津や大連から来た 3 人の教員が学科創設の中心となった。

　さらに、これら総合大学と外国語大学以外に専門性を重視した日本語教育がおこなわれていた大学のグループがある。それは、東北師範大学[12]、上海師範大学、遼寧師範大学など師範大学、北京対外貿易学院と上海対外貿易学院など (国際) 経済系の専門大学、そして、大連理工大学、ハルビン工業大学、中国医科大学 (瀋陽)、白求恩医科大学 (長春) など理系大学の「日本語科」や「日本語コース」である。これらの大学に開設された日本語科は、日

本語のみを専攻するのではなく、それぞれの専門分野で、「日本語が使える人材」を養成することを目的としていた。つまり、大学1・2年次には、それぞれの専門分野の学習と日本語の学習を平行しておこない、卒業時までには日本の文献や専門誌に情報をもとめ、あるいは、日本の専門家のもとで直接学ぶことができるような人材の養成である。その流れの延長線上に開設されたのが、1979年、東北師範大学に開設された「赴日予備学校」であった。ここでは、大学院レベルの日本国費留学生のための予備教育がおこなわれ、現在にいたっている。なお、これらの専門性を重視した日本語科を設置した大学は、中国東北地方に集中していたが、これは「満州国」時代に日本語を習得し、さらにその日本語を使って専門的な分野について学んだ人材が多数残っており、彼らを文革終了後、下放先などから探し出して教員として採用できたからであった[13]。

一方、日本語教育の専門家を養成するため1980年に日中両国間政府の合意により「在中国日本語研修センター」（通称「大平学校」）が設立され、1980年から1985年にかけて計600名の大学日本語教師の再教育を実施するなど、中国の高等教育機関の日本語教育を推進した。現在、中国の大学において日本語教育の指導的地位にあるベテラン教員は、ほとんどが「大平学校」で研修をうけた経歴を持つといってよいほどである。この「大平学校」は、1985年より「北京日本学研究センター」へと発展拡充がはかられ、大学院レベルの教育機関として現在にいたっている。

このように、中国の高等教育機関で日本語科を持つ大学は1978年33校、1979年には46校（国松1982, 707–708）から1990年12月には82校（王1994, 192）に増加した。また、1990年代に入ると、それまでのドイツ語、フランス語にかわり「中国の外国語教育において日本語は、英語に次ぐ第2の地位を確立した。」（国際交流基金「日本語教育国別情報・中国」）

1990年代半ばになると、中国の日本語教育はまた新たな展開をみせはじめた。それは、中国の著しい経済発展にともなう変化であったが、日本語教育には大きく二つの動きとなってあらわれた。

一つめは、日本への私費留学生の急増である。これについては、1983年

に日本政府が発表した「留学生 10 万人計画」というプル要因もあるが、それ以上に、中国の経済成長にともなう大学進学希望者の増大というプッシュ要因が大きかったと考えられる。後述するように、中国では 1995 年に大学が独立法人化され、入学定員を増やしはじめたが、大学への進学を希望する者の増加率はそれ以上であったため、中国で大学へ進学できなかった者が、日本に留学して大学進学を志すようになった。その一方、少子化による 18 歳人口の減少に苦しむ日本の専門学校や私立大学がこれに目をつけ、中国からの留学生を積極的に誘致しはじめた。中国には、日本留学を斡旋する仲介業者が現れ、それらと一体化した「留学準備のための日本語学校」が全土につくられた。

　二つめは、中国全土で日本語学科を設ける高等教育機関が急増したことである。1995 年に中国では「それまで全て政府の国家予算で動いていた大学が一律に法人化され、医療とともに、教育の市場化・商品化が始まった。」(遠藤 2010, 134) さらに「このとき国家教育部は二一一工程という国策を発布した」「これは『21 世紀初頭までに 100 の優秀な大学を決定し、その 100 の大学だけには国家予算を投入する』というものである。」(遠藤 2010, 135) そのため、中国の各大学は、この「100 の優秀な大学」に選ばれようと、必死で競争をはじめたが、もっとも重要な選定基準とされたのは「大学の規模」であった。そこで各大学とも、学部の新増設による定員増をいっせいにおこなったが、その際、外国語系の学部・学科が数多く新設された。「改革開放」政策の開始以来、中国において外国語系学部は、IT 情報系の学部と並んでもっとも受験生に人気のある学部であるうえに、学部新設に必要な設備投資が少なくてすむため、大学側にとっては、コスト・パフォーマンスが高い学部とみなされたのである。こうして 2000 年代に入ると、それまで日本語学科が少なかった北京以南の沿海地区や、西部地区にも日本語学科を設ける大学がつぎつぎと誕生した。また、工業大学や職業技術学院など、それまであまり日本語教育に縁のなかった大学にも日本語学科が設置されはじめた。ただし、2000 年代に入ってから理工系の大学に新設された日本語学科は、前述した 1990 年代半ばまでにつくられた理系大学の日本語科・コースとは異なり、理系の専門科目と平行して日本語を学ぶのではない。総合大学

や外国語大学にある日本語学科とまったく同じタイプのカリキュラムで日本語のみを専修するものである。

　以上のように状況が推移し、中国の日本語教育は「2000年代に入り初等・中等教育機関で学習者数が減少しているものの、高等教育機関や学校教育以外の機関では学習者数の大幅な伸びが見られる。特に高等教育機関では第2外国語として日本語を履修する学生が増えている。2006年海外日本語教育機関調査における日本語学習者数は前回の2003年調査結果のほぼ倍の約68万人となった。」(国際交流基金「日本語教育国別情報・中国」)

3.3　朝鮮族による日本語教育の「再開」

3.3.1　日本語教育の「再開」事情

　前項までに述べてきたとおり、朝鮮族の民族教育が本格的に再開されたのは1976年の文革終了後であり、文革中にほとんどおこなわれなくなった外国語教育が各教育機関でつぎつぎと再開されたのも同時期であった。朝鮮族の民族中学における日本語教育も、このときにはじまっている。しかし、以下にあげるインタビューなどにより明らかなとおり、この朝鮮族中学の日本語教育の「再開」は、3.2.3に述べた「中国における日本語教育」の再開とは質を異にしている。中国の大学における日本語教育は、「四つの現代化」を達成するための方策の一つであった。これは清末から民国期にかけて、中国の人々が欧米の近代思想・技術をいち早く中国に取り入れるために始めた日本語教育と目的においてまったく同じである。すなわち、文革後の大学においてはじまった日本語教育は、中国国内の政治的混乱によって中断されていた清末・民国期以来の日本語教育を、そのまま再開したものといえる。

　それに対し、本章で述べる朝鮮族の日本語教育は、1945年以前に「日帝」によって朝鮮の人々の意に反して強制された日本語(国語)教育を、朝鮮族の人々が自らの意志によって「再開」したものである。したがって、1945年以前、「満州国」に居住する朝鮮人を対象とした日本語教育と、文革後の朝鮮族による日本語教育は、教育の根底にある思想が「強制」から「自律」へとまったく転換している。それが、本節表題に「朝鮮族による日本語教育の

『再開』」と「再開」を括弧つきで表記した理由である。

　本項では、その「再開」期である1970年代後半の朝鮮族中学の日本語教育状況をみていくこととする。まず当時の朝鮮族の日本語環境についてC氏はつぎのように語っている。

> H：E県(C氏の出身地)の朝鮮族の村では、むかし日本語を勉強させられた人は多かったんですか？
> C：はい、とくに朝鮮族は多かったです。わたしの村でも、日本語がとても上手なおじいさんがいましたので、わたしたちが日本語をならってから、いつもわたしたちと日本語をしゃべっていました。
> H：その村では、老人はみんな日本語ができたんですね？
> C：はい、むかし、日本人がつくった学校へいっていた人たちは、みんな日本語ができました。文化大革命のときは、ほとんど日本語を話す機会がなかったんですが、日本人の学校へかよっていたことは、あまり問題がなかったんです。むかしは日本人の学校ばかりで、中国人の学校がなかったそうです。だから、あまり問題にならなかったんです。
> H：じゃあ、みんな日本語を話せることは知っていた？
> C：はい、そうです。
> H：C先生は、日本語の勉強をはじめることについて、なにか感想はありましたか？
> C：ちょっと、おもしろいとおもいました。勉強をはじめる前から興味がありました。

（2006.8.11）

　「満州国」は「五族協和」をスローガンに掲げており、その支配地域において朝鮮人は日本人・満州人・中国人・モンゴル人とともに、独立した民族としてあつかわれていた。しかし、朝鮮人学校における教育は朝鮮総督府の教育制度が準用され、朝鮮半島と同様にすべて日本語でおこなわれていた。

また、「満州国」を構成する五族のなかでも、とくに朝鮮人の就学率は高かったため、この時代の教育により母語に準ずる日本語運用力を習得した人は少なくなかった。このような人々は、1970年代後半の日本語教育再開期に40歳代から60歳代にあった。小学生であったC氏は彼らが日常的に話す日本語を聞いて、中学校入学前から日本語に興味を持っていた。

A氏は文革のころ労農兵として農村に下放されていたという。1976年に、師範学校に進学することができたので、日本語を専攻することを決めた。それは、民族中学で日本語教育が「再開」される直前であった。

A：(文化大革命のために)英語の授業どころか、授業はぜんぜんありませんでした。働いていたんです。労農兵で、大学にいく前は、ずっと働いていたんですが、1976年12月に師範大学に入ることになって、専門をえらぶとき「日本語を選んだら、もういなかに帰ることもない」とおもって日本語をえらんだんです。…ほかの科目は基礎ができていないので…全中国の中学はみんなそうでした…それで、数学はだめだし、ほかの科目はぜんぜん自信がないです。でも日本語は「あいうえお」からはじまりますから、いっしょにスタートするんですから、そのときは自信がありました。

H：それで日本語をえらんだんですね。…師範大学に入るときに、専攻は自分で決めることができたんですか？

A：そうです。それで、日本語だったら農村にいくことがないから、日本語をえらびました。それから、日本語だったらできるだろうという自信があったんです。

H：その自信は、朝鮮族だから、母語と日本語が似ているから…ということを考えていたからですか？

A：そのときはなにも考えていませんでした。若かったし、いなかからきたので、そういう知識はなかったんです。そのとき、はじめて外国語という科目があることを知ったんですから。

H：その(日本語)専攻課程は76年から3年間だけあったんですか？

なぜ、日本語があったんでしょうか？
Ａ：いいえ、2年間です。そのときは英語もありました。ロシア語はありません。大連外国語学院で日本語をならった二人の先生が、わたしの学校にきたんです。で、先生がいて、国の情勢もそのときは文化大革命がおわって、もう、（外国語教育を）正式にはじめようという計画があったらしいです。それで日本語科が設けられて、わたしは日本語をはじめたんです。

(2006.2.20)

　Ａ氏の話にあるように、1976年ごろにはまだ「朝鮮族だから日本語を学ぶ」という意識はなかったようである。Ａ氏が日本語を選んだ理由は「日本語を勉強すれば、いなかに帰らなくてもすむ」からであり、母語が朝鮮語であるから日本語が学びやすいという意識もなかった。ただ、Ａ氏の父親は日本語と深いかかわりを持っていた。

Ａ：わたしの父が昔、ラジオ放送で日本の放送を、たまに聴いていた印象があります。
Ｈ：じゃあ、おとうさんは日本語ができたんですか？
Ａ：ええ、通訳をしていました。病院で通訳をしていたんです。「われわれ」ということばしかおぼえていないんですが…なぜか、いつもそのことばをいっていたような気がします。
Ｈ：おとうさんは、ずっと日本語を忘れていなかったんですね。
Ａ：それはそうですよ。でも、情勢が変な情勢でしたから口にだすことは許されませんでした。反革命者になりますから。ただ、夜、きいたラジオから「われわれ」という単語を一つだけおもいだします。それで、日本語は習ったらできる自信がありました。

(2006.2.20)

　このように、当時、朝鮮族の若い世代は肉親に日本語を話す人が多かったため、Ａ氏のように「日本語は習ったらできる自信がある」と考えている

人が少なくなかったのだろう。事実、A氏は、進学した師範大学の日本語専攻クラスで朝鮮族が20人中4人(20%)を占めていたと語っている。これは当地の民族人口比と比べてかなりの高率であり、A氏のように肉親に日本語話者が多かった影響をうかがわせる。しかし、このような日本語との結びつきは個人的な環境であると認識されていた。このように、日本語教育が「再開」された当初、朝鮮語を母語とすること、すなわち朝鮮族であることと「日本語」の関係がとくに意識されていなかったことは、つぎにあげるB氏の発言からもうかがわれる。

> B：わたしが学校のときは、日本語の授業は全然、ありませんでした。高校2年生のときから大学試験のために…76年から大学試験が鄧小平によって再開されましたが、その試験では外国語の試験が必須科目となったために、それから朝鮮民族は日本語ができる人がたくさんいますから(教員が確保できたのは日本語だけだったので)、日本語の科目を設置しました。
> H：B先生は何年生まれですか？
> B：わたしは1962年生まれです。(文化大革命の開始は1966年)
> H：小学校から高校2年までは全然、外国語の授業はなかったのですか？
> B：ぜんぜん、ありませんでしたね。
> H：文革後、子どもたちも外国語を勉強しなければならないということになったわけですね
> B：それは大学の入試(のため)です。大学入試はかならず外国語の科目を設置しなければだめだということになったのです。
> H：そのときは、日本語が外国語の科目に入るとわかったんですか。
> B：そのときは、かならず外国語を一科目、入試に入れなければだめだと、上からいわれたので、朝鮮民族は外国語として日本語とロシア語をはじめました。ただ、ロシア語は少なかったです。漢民族もそのとき、やはり日本語が多かったんですが、でも、朝鮮族よりは少なかったです。最初は漢民族の学校も日本語を設置した学校が少し

ありました。K市(B氏の故郷)でもありました。なぜかというと、日本語を知っている老人たちがいましたから。…そのとき(中国)東北地方は、(英語以外に)日本語とロシア語、ほかの地域はほかのことばと決められました。

H：試験がはじまったのは何年ですか？

B：76年です。ただ76年は外国語の試験がありませんでした。外国語の試験がはじまったのは、わたしははっきり知りません。80年か81年か…はっきりわかりません[14]。わたしは83年に試験をうけました。そのときには外国語の試験がありました。でも、わたしは日本語の科目が非常によくなかったです。35点とか38点とか…(笑)、でも、わたしは試験の総点数が比較的よかったので朝鮮族の師範学校に進学できました。もともと日本語には興味がなかったんですけど、しかたなく日本語の専攻に入りました。ほんとうに希望していたのは医学、それから経済の方面でしたが、その方面では点数がたりなくて、しかたなく日本語の専攻に入ったのです。わたしの意志じゃないんです。

(2006.8.10)

　B氏の高校在学中に日本語教育がはじまった。そして、B氏が日本語を学びはじめたのは「高校で外国語が必修になり、そこに日本語があった(日本語しかなかった)」からであった。さらに、B氏が大学で日本語を専攻した理由も、とくに日本語が好きだったわけでも成績がよかったわけでもなく、他の科目をふくめた得点の関係で他に選択の余地がなかったからだという。

H：B先生はM市の中学にいってはじめて日本語を勉強したのですね

B：いいえ、中学校じゃなくて高校です。高校2年生からです…もしかすると1年からかもしれません…そこは、はっきりおぼえていません。

H：では、高校では2年間しか日本語を勉強しなかったんですか？

B：ええ、2年間か…3年間…

H：そのときは、M市の漢族の学校でも日本語をやっていましたか？

B：ありました。

H：では、とくに朝鮮族だから日本語というわけではなかったんですね？

B：はい、そうですね。そのときは、おもに考えるのは先生がいるかどうかです。そのころは英語の教師がいなかったんですから、東北地方では老人たちは日本語かロシア語ですから…朝鮮族中学でもロシア語のクラスがありました。選択は自由でした。

H：そのころ日本人と話したことはありましたか？

B：全然、ありませんでした。はじめて日本人と話したのは1998年ハルビンで日本語教師研修会があったときです。83年に大学に入って86年に卒業して教員になってJ中学にきましたが、そのときはまだ日本人と話したことはもちろん、日本人の影もみたことがなかったです(笑)。

(2006.8.10)

　B氏の話では、日本語が選択された理由は、「先生がいるかどうか」で決まったことだという。「英語の教師がいなかった」が、「満州国」時代の日本語学習者がいて「日本語を教えることができた」から日本語が採用されたのである。なお、B氏は「朝鮮族中学にもロシア語のクラスがありました」と語っているが、筆者がB氏の出身中学を訪問して聞いた話では、同校では現在にいたるまで日本語クラスのみを開講しているという。したがってB氏の記憶にあるようにロシア語クラスが開設されていたとしても、1年か2年で閉鎖されてしまったようである。

　B氏は日本語教育を始めた理由を「大学の入試(のため)です。大学入試はかならず外国語の科目を設置しなければだめだということになったのです」「そのときは、かならず外国語を一科目、入試に入れなければだめだと、上からいわれたので、朝鮮民族は外国語として日本語とロシア語をはじめました」と、大学入試のためであると何度か語っている。このように、「日本語を学ぶのは受験のためである」ということばは、各地の朝鮮族中学でくりか

えし聞かされた。そのため、ほとんどすべての教師が、生徒の大学入試の点数をどうやってのばすかが、日本語教育にたずさわっていく上での最大の課題であるとも語っている。

　ところで、このように著しく受験目的に偏向した日本語教育については、日本人の日本語教育関係者のほとんどがあまりいい印象を持たないようである。1945年以前に侵略主義的な目的を持ってアジア各地で日本語教育が推進されてきたという反省に立ち、1945年以降の日本の日本語教育普及政策は、一方的に日本語を学習者に強制するような教育ではなく、「国際交流と国際理解のために」をテーマとして推進されてきた。しかし、朝鮮族中学の「受験のために日本語を学ぶ」という教育は、一種の日本語学習の強制であり、実際に教科書の暗記、復習の繰りかえしが夜遅くまでおこなわれていることを目の当たりにすると心理的に許容できないのであろう。しかし、朝鮮族の日本語教育は、戦後に日本人が新たに設定した日本語教育普及の目的とまったく無関係に1945年以前の「満州国」の日本語教育の延長線上に「再開」されたものである。そして、その「満州国」時代の日本語普及政策は「『思想としての国語教育』も同時に希求されていた」(安田 2006, 100)ことにもっとも大きな問題があった以上、1978年頃、他に選択の余地がなかったため「再開」された朝鮮族の日本語教育は、その「思想的なもの」をそぎおとし、純粋に(受験)技術としての日本語教育をめざしたのは当然であって、日本人がこれを一概に否定したり非難したりすることには問題があるのではないかと思われる。

　このように、「再開」期の日本語教育は、日本語を目標言語とすることを意識して開始されたのではなく、ただ大学受験科目として他の外国語を教えられる教師がいなかったからという理由のみで「再開」された。そして、それは民族教育を振興し、民族コミュニティの発展を希求することを目的としていたのである。

　このように、他に選択の余地がないためいわば「成り行き」によって採用された日本語であったが、日本語教育が再開されて間もなく、朝鮮族と日本語の特別な結びつきが朝鮮族コミュニティにおいて共通に意識されることなった。そして、民族中学では日本語教育の「積極的な選択」がおこなわ

れた。

H：それで、A先生が卒業したのは78年ですか？
A：はい。卒業後すぐに、この学校にきました。この学校の主任の先生が成績だけをみて、わたしを採用してくれました。わたしは（共産）党員じゃないし、（出身）成分もよくないので、ただ成績だけでえらばれてきたんです。
H：そのとき師範学校で日本語を勉強していた学生のなかで、朝鮮族の学生は多かったんですか？
A：4人です。クラスは20人でした。ほかの16人は漢族です。
H：その漢族の人たちは、いまは…
A：ぜんぶ、やめてしまったんです。わたしが卒業して、ここで仕事をして2年目に全部、L市（A氏が勤務する市）は英語にかえたんです。全部の学校が英語、でも、うちの学校は日本語をずっとつづけていました。
H：1980年には、L市の漢族の学校は全部、英語に変えたんですね
A：そうです。全部、変えました。
H：なぜ、朝鮮族の学校だけ日本語を残したんですか？
A：やっぱり、わたしたちの学校の指導者がえらかったんです。進学率からみると、やっぱり日本語をならったほうがプラスです。それがそのころの指導者にわかっていたので、この学校は日本語をつづけたんです。
H：じゃあ、そのころから朝鮮族は日本語をやると有利だといわれていたんですか？
A：はい、そうです。80年ごろには漢族は英語、朝鮮族は日本語という区別ができていました。
H：それは、教育の効果の上であらわれていたんですか？
A：はい。たまに状元[15]がうちの学校からでていたんです。北京大学、清華大学も毎年はむりですが、3年から5年に一人は合格していました。文科状元です。やはり日本語の成績がよかったんです。それ

から朝鮮族はずっと日本語でした。

H：それは、朝鮮族にとって、やはり日本語のほうが勉強しやすい、からですか？

A：それはいうまでもないことです。もう何十年かの歴史から証明されています。

H：では80年に、朝鮮族は日本語をやろうというときには、それがもうわかっていたからですか？

A：そうです。それは賢明な選択ですよ。

H：そのときは、だれか指導者がいったとか、中央からそのような指示があったとか、そういうことがあったんですか？

A：ありません。自分たちで自然にそう決めたんです。民族学校ですから、自主的に科目を決めることがゆるされています。うちの学校の場合、日本語は朝鮮族に有利ですから、日本語をつづけることにきめました。教師も日本語の先生がいるから、条件もあるので、日本語をつづけることになりました。

H：A先生が日本語を学生におしえるときに、朝鮮語ができる学生とできない学生で[16]、効果にちがいがありますか？

A：ありますよ。やはり朝鮮語ができる学生が速いです。基礎のときは語順が問題になります。でも、むずかしくなったら、やっぱり頭のいい子がよくできますが(笑)。でも、基礎のときは朝鮮語ができる学生のほうが入門がはやいです。

(2009.2.20)

　このように、1980年、L市の漢族の学校が外国語科目をすべて英語に変更する中で、朝鮮族中学だけが日本語を選択することを決めたのであった。A氏が師範学校で日本語を選択することを決めてから4年、また、中学での外国語教育が再開されてからわずか2〜3年で「漢族は英語を学び、朝鮮族は日本語を学ぶ」という外国語教育の方針が決定したのである。しかもそれは、上部組織からの指導があったためではなく、朝鮮族中学が「自分たちで自然に決めた」ことであるとA氏は強調している。これについては、

黒龍江省のB氏も異口同音につぎのように語っている。

H：朝鮮族の民族の特徴を生かすために、朝鮮族に日本語を習わせる、というような中央からの指示があったんですか？
B：それはないでしょう。
H：じゃあ、朝鮮族が自分たちで決めた？
B：いいえ。朝鮮族が決めたんじゃなくて、そんな環境のなかから自然的に、ならうようになったんです。誰かが決めたんじゃない。朝鮮族で外国語を知っている人は、日本語だけですから。英語は誰も知らなかった。ロシア語もありましたが。
H：でも漢族もそうでしょう？
B：そうですね。でも英語をしっている人は、何パーセントかいましたから…。状況ははっきりわかりませんが。
H：そのころから朝鮮族は日本語、という気持ちはあったんですか？
B：それはやっぱり朝鮮語と日本語は文法的に似ている、日本語も朝鮮語も膠着語でしょう。文法とか助詞とかも同じですから、それが第一の理由です。第二の理由はやはり大学入試です。大学入試では英語と日本語の平均点に大きな差がありますから。これが日本語を選択した理由です。
H：そのころ（B氏が教員になった1986年ごろ）は、朝鮮族の学校は日本語だけですか？
B：朝鮮族の学校は英語は全然、なかったです。それは、そのころから、自然に決まったんです。人為的に決まったんじゃなくて、自然的に決まったんです。そのころから漢族の学校は日本語がへって、英語にかわっていました。漢族が日本語を勉強するのはむずかしいですから。
H：それは、発音と文法ですか？
B：そうです。
H：朝鮮族の子どもが日本語の勉強をはじめるときは、そんなに簡単ですか？

B：そうです。それは文のなかに助詞が対応してありますし、順序も同じですから…英語と中国語は孤立語でしょう？　順序も同じだし…それが自然に朝鮮族が日本語を選択した理由だとおもっています。
(2006.8.11)

　朝鮮族が日本語教育を選択したのは、「中央からの指示」ではないという。さらにB氏は「朝鮮族が自分たちで決めた？」という質問に対して、「朝鮮族が決めたんじゃなくて、そんな環境のなかから自然的に、ならうようになったんです。誰かが決めたんじゃない」と語っている。中国の教育制度において、他の学校がいっせいに英語に転換する中、朝鮮族学校だけが自主的に日本語を維持するというのはなかなか考えにくい点があり、教育行政機関のどこかで、それが決定され、通達されたのではないかという疑いは残る。しかし、行政的な指導の有無とは別の次元で、朝鮮族の人々が、日本語を学ぶことに関して、自分たちが自主的に「自然に」日本語を選んだという共通認識を持っているということもいえるだろう。それは、遼寧省のA氏と黒龍江省のB氏という遠隔地の二人が「自然的に、ならうようになった」「自分たちで自然にそう決めた」と、ほぼ同内容の発言をしていることから明らかである[17]。

　ところで、A氏は、朝鮮族が日本語教育を選択した理由を「状元をだしていた」からであると証言している。大学統一試験において外国語の試験がはじまったのは、1978年ごろからであるから、わずか2〜3回の実績で、朝鮮族中学と漢族の中学の間に意識されるような得点の差があったようである。一方、朝鮮族中学の日本語教育は1980年代後半にいたるまで「戦後の日本語教育」とは交流がなく、日本における日本語教育の動向とは、無関係におこなわれてきたことに注意しなければならない。

　すなわち、かつて侵略主義的な目的を持っておこなわれ、さらに他に選択の余地がないため仕方がなく「再開」された日本語教育を、朝鮮族コミュニティは民族教育振興を目的とした教育として変容させ展開していったのである。このような、民族教育の内部で完結した「朝鮮族による朝鮮族のための日本語教育」という意識は、1980年代半ばにはすでに確立していたようで

ある。それは、3人のなかでもっとも若いC氏が、朝鮮族が日本語をはじめた理由を、他の外国語を教えられる教員がいなかったという事情ではなく、朝鮮語と日本語の類似性にあるとしていることから推察できる。

C：わたしが中学1年生のときから、外国語がはじまりました。それまでは、文化大革命のためになかったんです。わたしが1年生のときから外国語がはじまって、わたしはH県の学校で日本語を習いはじめました。2年生は2年生から、3年生は3年生からはじめたんです。

H：そのときの先生は、どんな人ですか？

C：おじいさん…むかし、日本人の学校で日本語をならったことのある、おじいさんの先生でした。満州国時代です。全部の先生がおじいさんの先生です。

H：日本語を外国語としておしえることになったのも、日本語だったら先生がたくさんいるからですね？

C：それは、わたしはよくわかりませんが、ふつう、朝鮮族の学校で日本語をやるのは、朝鮮語と日本語がよく似ているからだとわたしはおもっています。まあ、たしかに先生がいた、というのもあるでしょうが…。(いちばんの理由は)似ているし、便利だからだとおもいます。

H：朝鮮族の人たちには「日本語は似ているし、便利だ」という意識はあったんですね？

C：朝鮮族の人たちは、みんな、そう思っているとおもいます。日本語を話せる人も多いですから。

H：では、むかしから日本語には親しみがあって、中学で勉強がはじまるのが楽しみだった？

C：はい。それで、あまりむずかしくもなかったので、一生懸命勉強して、かなり上手になりました。朗読大会で1位になったりしました。それで、日本語の先生にもいつもほめられて。

H：まわりの漢族の村では日本語をはじめたんですか、それとも英語で

したか？
C：英語でした。その理由はよくわかりませんが、はじめから英語でした。中国人は、日本語ができる人があまりいなかったからではないでしょうか。
H：そのころから、H県では、朝鮮族は日本語、漢族は英語という関係ができていたんですね？
C：はい、そうです。

(2006.2.20)

　以上、述べてきたとおり、朝鮮族コミュニティは1980年ごろ、英語教育ではなく日本語教育を意識的に選択したのであったが、その理由は、朝鮮族を母語とする子どもたちの受験科目として有利だからという理由以外のなにものでもなかった。すなわち朝鮮族の日本語教育は「満州国」時代に日本語を習った人がいたからこそはじまったのであり、教員となる人材の供給という点で「満州国」時代の日本語教育の延長線上にあったのであるが、その学習目的は、「満州国」時代とは180度転換し、朝鮮族のための受験科目という変容をとげて成立したのである。
　こうして、日本社会や日本人とのかかわりを想定しない民族学校の内部で完結した「日本語教育」は、1990年代に入り、朝鮮族コミュニティが頻繁に日本人や日本社会との接触を持つようになるまで続いたのであった。

3.3.2 「再開」期の日本語の授業

　つぎに、再開された当時の日本語の授業が実際にどのようにおこなわれてきたのかをみてゆきたい。再三述べてきたとおり、朝鮮族中学で日本語の授業がはじまった1978年当時、日本語の教員をつとめたのは、中国語で「老一代」とよばれる「満州国」時代に日本語を学んだ世代であった。
　この「老一代」の日本語教師は、「国語」として[18]日本語を学んだ人々であり「外国語」としての日本語教育をうけたことがない。したがって、第一世代には「外国語の教授法」を考えながら授業をするという意識は希薄であったと思われる。それどころか、「外国語教授法」という意識がなかった

といってもよいのではないかと思われる。したがって、日本語を「外国語」として教えるのではなく、他の教科、すなわち歴史・政治・物理・数学などとまったく同じように、試験に合格するように、教科書に書かれている「日本語(の文章)」をおぼえればよいという教え方であった。

　その当時の日本語教育について、黒龍江省のB氏は次のように語っている。なお、会話のなかの「研修会」というのは、1998年にハルビン市でおこなわれた『中国中学日本語教師研修会』をさす。B氏は1978年から日本語を学びはじめたが、実際に日本人に会って話したのは、この研修会がはじめてであったという。

　　H：(師範学校卒業後)B先生は高校の先生になって日本語をおしえていたんですね
　　B：うん、そうです。
　　H：でも、日本人と話したことはなかった
　　B：うん、そうです。
　　H：そのときのおしえかたはどうでしたか
　　B：おしえかたは…変わりはありますね。うん。日本人にあわなかったとき(日本人との接触がなかったころ)は、これ、「法規授業」というのがありましたね。これ、日本人とあってからは、この実践でしょうか。寸劇(ロールプレイ)とか実践的な授業がふえていきました。もともとそんなやりかたはなかったんです。
　　H：法規授業というのは、どういう授業ですか
　　B：やっぱりこれ、試験の点数をとるための授業ですね。授業ですよ。授業は…えーと、なんていうかな、きっとおぼえなきゃだめ、むりやりにおぼえる…これが、日本人と出会ってから、交流してから、むりやりじゃなくて、たがいに話す間、それから、なんでしょうかゲームをする、えーと、なんでしょうか、これ、自然的におぼえるようにするのが。これ、授業方法ですね。
　　H：じゃあ、そのときまでは、教科書をおぼえさせるような…
　　B：ええ、そうですね。機械的ですか、機械的におぼえる。単語は単語

をおぼえる。文章は文章をおぼえる。

(2009.8.10)

　B氏が語るように、日本語教育が再開されてからしばらくのあいだ、日本語はただ機械的に語彙と文法を暗記するだけの科目として教えられた。
　中国の中等教育においては、一般に「知識をおぼえる」ことが強調されるが、この「知識をおぼえる」ということばの具体的な意味は、教科書に書かれていることを記憶(暗記)することである。歴史や政治[19]のような科目において教科書に書かれている事項、すなわち事件や年号、法律や制度を暗記することに時間を費やすのは、日本の中学や高校でもおこなわれていることであるが、中国においては、歴史や政治ばかりではなく、数学や日本の国語にあたる「語文」の授業においても暗記がはたす役割が非常に大きい。たとえば、数学に関していえば、日本では定理や公式がどのように導きだされたか、ということを理解することがもとめられるのに対し、中国では、まず定理や公式を暗記し、それを具体的な数値が与えられた問題に適用して、正しい解答(数値)を出せるか否か、ということがもとめられる。すなわち、日本などの数学教育では、数学的思考を獲得することが学習の目標とされるため、思考の過程が重視されるのだが、中国では、問題の正解を得ること、すなわち結果のみが重視されるのである。同様に「語文」においても、古典から出典した四字熟語を暗記することからはじまり、中学・高校では、名文とされる文章で使われている表現を記憶し、それを自分が書く作文で適切に使用することがもとめられる。これは、四書五経を暗記して、答案に自在に引用することがもとめられた「科挙」の伝統と明らかに関連があると思われるが、いずれにしても、思考や表現のオリジナリティが強調される日本の国語教育とは発想が異なるといわざるを得ない。上記のB氏が語る「機械的におぼえる。単語は単語をおぼえる。文章は文章をおぼえる。」という「法規授業」とは、そのような暗記に偏重した中国の学校教育の現場においては、当然あるべき発想なのである。つまり、数学の「公式」にあたるものが「語法(文法)」であり、そこにあてはめて正解をだすための「数値」が「単語」であると考えられているのである。遼寧省のD氏は、当時の自分の勉強方

法について、つぎのように語っている。

> H：D先生が最初に勉強したときは、D先生の先生が、その単語のカード(新出語彙のフラッシュカード)をつくって(授業で教え)、まず、その単語をおぼえて、そのつぎは活用…
> D：そのつぎは活用、活用があのむずかしくて…
> H：どういうふうに先生は教えましたか？
> D：そのときは、わたし、その活用ができなかたんです(笑)。できなくて、わたし自分で文法の本ですね、文法の本を見ながらですね、ノートにメモしたんです。毎日メモしたんです。たとえば、五段動詞の活用といったら、五段動詞の活用をこのようにメモしますね。メモしてからこのように、かわる、かわる、かわるといって…つぎは翻訳しますね、このときは、こう訳し、このときはどう翻訳する。それが慣れたら、ある日、自然にできるようになったという感じがしますね。
> H：じゃあ、毎日、文法の本を見て、写して書いて
> D：はい、写して…そのとき、わたしの記憶のなかでは3回ぐらい写しました。
> H：あー、3回でおぼえられますか。
> D：はい、一度写しては覚えられないですよ。あの、人は、ほとんどの人がそうなんでしょう。わたしができないとおもたら全然、できないんですよ。でも、ある日、できると、あれは、易しいと思ったら、はい、ぱっとできる感じがしますね。
> H：文法の本というのは、先生が自分で買った本ですか？
> D：自分で買いました。そのとき、あの図書館へいって、あの、ひとり1本ぐらいだった、あの、1本じゃなく、1冊ぐらいです。
> H：それじゃ、図書館で借りて
> D：いえ、借りたものじゃなくて、買ったんです。
> H：じゃあ、そのころから、もう日本語の文法の本はたくさん売ってたんですか？

D：はい。
H：それは朝鮮族むけの本ですか
D：いやいや、中国人、一般的中国人むけの本だったんです。
H：D先生が住んでいたのは黒龍江省ですよね。黒龍江省のどのあたりですか？
D：黒龍江省のN県。(N県は、黒龍江省東部の県)
H：Nは、あそこ朝鮮族が多いから、その本は朝鮮族の人がたくさん買う、というような感じですか。
D：漢族は、そのとき日本語を習っている漢族はなかったんです。でも、本だけは中国語でできている本でした。そのとき、78年だったら、放送局でも日本語、毎日の日本語というふうに、毎日、やりました。放送局、テレビじゃなくて、ラジオですね。ラジオ放送用で毎日、日本語を教えていました。それを聞きながらつぎは自分で本を見ますね。

このように、B氏もD氏も、まず単語をおぼえ、そして文法をおぼえるというやりかたで、日本語を学習したのである。また「朝鮮語文」や「漢語文」などの科目と同様に「美しい表現」を暗記するため、日本語教科書の「課文（本文）」をそのまま暗記することもしばしばおこなわれた。これは3-3-3に述べる大学での日本語学習における「暗唱（朗読）」と同じタイプの学習法であるが、大学での暗唱が、発音練習としてとらえられていたのに対し、記憶することが、より重視されていたように感じられる。それは、何度も述べたとおり、朝鮮族中学の日本語の授業が第一に大学受験を念頭においておこなわれていたからであろう。

C：そのときの中学校の教え方は、聞くことと話すことは全然、大学試験に関係がありません。そんな発音の練習もしません。聞く練習もしません。作文の練習もしません（笑）。あの、日本語の能力がちょっと、足りない感じがします。よく文法はよくできますけど、全然話せないんです。

H：読むのはやりますよね。
　　C：あ、読むのはやる。文法、単語で読み方とかふりがな付け、外来語、助詞の書き入れとか文法、選択問題、それから用言の活用、それから翻訳があります。あの、朝鮮語を日本語に、日本語を朝鮮語にというふうに、(それで)終わりです。
　　H：じゃあ、勉強はそれしかやらないんですね。
　　C：いつも、単語(を)覚えたり、文型を覚えたり、翻訳の練習したり、活用の練習したり、それです、それだけでした。

　以上、述べてきたように、中学の日本語教育がはじまったころには「記憶する」ことを目標として授業がおこなわれていた。そして、これはおそらく漢族の中学でおこなわれていた英語教育も同様であったと考えられる。学校では、あくまで「受験教育」として日本語が教えられていた。しかし、この時期の日本語教育と英語教育には、一つ大きな差異が存在した。それは、教師の言語運用力の違いである。十分な準備もなく2～3年で速成された英語教員に対して、日本語教員の多くは母語話者に近い日本語運用力を持っていた。つまり「外国語教育の方法論」に関しては、英語と日本語の間に大きな発想の違いがなかったのだが、教員の言語運用力については、大きな差があったのである。この時期の授業は、すべて日本語で、すなわち直接法によっておこなわれ、教科書の中にある朝鮮語を日本語に、日本語を朝鮮語に翻訳する練習のとき以外、教員が朝鮮語を使うことがほとんどなかったという。このように「満州国」時代の教育を受けた教師の日本語運用力が母語話者と変わらないほど高かったことが、朝鮮族中学で学ぶ学生たちに目に見えないが強い影響を与えていたのではないかと思われる。
　B氏が語っているように、「満州国」時代に日本語を習得した「老一代」の世代は日本語の母語話者といってもいいほどの日本語運用力を持っていた。

　　B：文革後、(父は)ラジオで日本語放送を聞きましたね、日本語が非常に上手、それから日記を書くのも全部日本語で、日本語で書きま

した。

(2006.8.10)

　B氏の父上は、「日記を書くのも全部日本語で書きました」ということから、朝鮮語に劣らないほどの日本語の運用力を持っていたのだろうと思われる。むしろ「書く能力」については、学校で教育をうけていない朝鮮語（ハングル）よりも、学校で学んだ日本語のほうが高かったのではないかと想像される。また、以下に示すとおり、母語に準ずるほどの日本語運用力をそなえた人は、朝鮮族の集落ではめずらしい存在ではなかった。同世代の人々があつまったときの会話には、朝鮮語ではなく日本語が使われることもあるほどだった。

　C：この年代の人で、学校にかよった人は…字のわからない人もいますから、そういう人以外は、みんな日本語ができました。朝鮮族は、むかしから就学率が高いですから、日本語ができる人は珍しくなかったです。

(2009.8.11)

　B：そのころ村にいたのは、全員、朝鮮族ですがその人たちの中で日本語を話せる人は多かったです。現在、70〜80歳の人は日本侵略時代に教育をうけ、日本語を話さなかったら罰として便所掃除をさせられたり、いろいろな罰をうけたのでみんな日本語ができました。わたしの父も日本語は非常にうまかったです。文革終了後は、毎日、日本語の放送を聴きました。そろばんの番組を聴いて、自分でもやって、答えを聞いて「ああ、正しい」とやったりしていました。

(2009.8.10)

　B：（文革が）終わってから、年とった人は全員、日本語ができるということを知りました。老人たちは酒を飲むとき日本語で話します。

（2009.8.10）

　祖父母の世代が日本語を話すことは、「朝鮮族の普通の家庭であれば『当たり前のように知っている』」という証言が権（2011, 172）にもあるが、このように「満州国」時代に日本語教育をうけた「おじいさん」たちが、日本語母語話者に近い日本語運用力を持っていたことが、1978年以降に日本語を学びはじめた若い人たちに、実際にコミュニケーションに使えるような日本語を学びたい、あるいは、学校で学んだ日本語を試してみたい、という意識を持たせることになったと思われる。それは、以下のような証言にあらわれている。

　　Ｃ：わたしの村でも、日本語がとても上手なおじいさんがいましたので、わたしたちが日本語をならってから、いつもわたしたちと日本語をしゃべっていました。

（2009.8.20）

　学校での「法規教育」により単語と文型をおぼえるだけではなく、実際にそれを運用する練習ができたことは、中学生のＣ氏の日本語学習観に大きな意味を与えたと思われる。父親がお酒をのむといつも日本語の歌を歌うので、「日本語を習う前から、日本語の歌をきいてそだちましたから、興味をもっていました。」と語るＣ氏は、中学に入学し、日本語を学びはじめると、おじいさんを相手に「いつもわたしたちと日本語をしゃべっていました」と語る。これはＣ氏たち中学生にとっては、放課後の遊びの一つだったのだろうが、教室でおぼえた語彙や文法・表現を、放課後、実際に使ってみる練習ができたのだから、ある意味で理想的な日本語学習環境があったと考えることができる。

　一方、父親が「満州国」時代に病院で通訳をしていたというＡ氏は、より積極的に自身の日本語のスキルを向上させるために努力をしたという。

　　Ｈ：それまでの1990年代までの日本語の授業は、読んで、書くという

授業ですね
A：はい、そうです。そのときは、日本語はわたしも読むことができるつもりだと思っていたんです。「読む」ことは自信がありました。そのとき。それから、師範大学で(教員をつとめていた)もう一人の年寄りの先生が、ここの(H市の)専門学校にいた(転勤していた)んです。それで、わたし80年代は仕事に参加したばかりですから、経験もないし、やっぱり2年にも足りない時間で日本語を勉強したのでは基礎がたりないですから、それで、ここの主任と相談して、ここの授業がおわったら、その学校に走って、授業をうけました。そこには日本人のおばあさんの先生が二人いました。
H：それは、ずっと中国にのこった日本人[20]ですね
A：そうです。それから、わたしの師範大学のときのおじいさんの先生が、そのとき、日本に技術者を派遣するために、そこで日本語をおしえていたんです。それで、そこに聴講生として参加しました。そのとき話す力がちょっとのびたとおもいます。
H：それで、先生がいま話せるようになったのは、そのとき練習のおかげですね
A：練習の時間はあまりないですけど、ほんとうに日本人が話すのを聞いて影響をうけました。そこは技術者を日本に派遣するための学校ですが、わたしは聴講したんです。そのときは、いまのようなテープもなかったんです。全然、なかったんです。でも、そこには、ちょっといいテープがありました。そのテープをきいたら、わたしは2年間の基礎がありましたし、わたしは若かったんです。それで取り入れるのもはやかったです。わかいときは一生懸命だったです。いまはだめです(笑)。

(2009.2.20)

A氏は労農兵として文革時期をすごしたのち、文革終結の直前に師範学校に進学し、文革後第一世代の日本語教員として民族中学に赴任した。教師として仕事をするうちに、自分には、日本語を「聞く力」と「話す力」が欠

けていることを感じて、勤務校と同じ町にあった専門学校の聴講生となって、勤務時間の後に通い、練習を重ねたという。そこには、師範学校時代の恩師のほかに、「日本人のおばあさんの先生が二人いました」「ほんとうに日本人が話すのを聞いて影響をうけました」という。

「読む力」に自信を持っていたA氏にとって、当時の「読んで、記憶して、書く」という受験のための日本語の授業をすることはむずかしくなかっただろうと思われる。しかし、それだけでは「基礎がたりない」と感じ、教職についてからも、聴講生として専門学校に通い、ネイティブの教員について、聞くこと、話すことの学習を続けたのは、「父が昔、ラジオ放送で日本の放送を、たまに聴いていた印象が」あったからこそであろうと思われる。

A氏より一世代若いD氏は、家族には、あまり日本語が上手な人はいなかったという。しかし、D氏の日本語学習には、師範学校の上級生が大きな影響を与えたという。

 H：D先生は、いつからそんなに日本語が上手になったんですか。話せるようになったんですか。
 D：よくわかりませんね。じつは…。
 H：大学に入ってからですか
 D：そのときよりも、授業をはじめてからの…先生になってから
 H：先生は78年に日本語の勉強をはじめて
 D：大学が88年です。あの、いなかに帰って、3年間働きました。働きました、いなかで。それで、85年に専門学校、そのときは専門学校だったです。日本語専門学校、88年に卒業しました。そのときの先生は全部、あのー、朝鮮族でした。
 H：あのW(地名：黒龍江省)の
 D：ああ、そうです。
 H：C先生(他の朝鮮族中学の教員)とかと同じですね
 D：はい。そのときの先生は、全部、日本語で授業しました。そのとき。

H：その学校にいるときは、まだあまり話せなかったですか

D：うーん、簡単な…話せようと、努力はしてたんです。なぜかというとわたしのクラス、わたしたちのクラスの上の、すぐ上のクラスも日本語だったんです、そのクラスは年とった人が多かったんです。そして、そういう人が熱心に勉強してたんです。毎日、日本語コーナーですね、日本語コーナーをつくって、そこであの、しゃべりますね、おたがいに。わたしたちも、それを見てから、しゃべろうという、気がしたんです。それで、そのときちょっとやりましたね。

(2006.2.20)

　D氏がいま巧みに日本語を話せるのは、「授業をはじめてからの…先生になってから」であるというのだが、そのきっかけは、「話せようと、努力はしてたんです」という師範学校のころにあるようである。D氏の話では触れられていないが、このW師範学校の日本語教員養成課程には、文革後に大学で日本語を学んだ若い教員もいたが、多くの教員は「満州国」時代に日本語を学んだ世代であった。筆者は、D氏がこの学校で学んでいたころ日本語専攻の主任教員をつとめていた方にも、直接、話を聞いたことがある。元主任は、そのときすでに80歳近かったが、日本人とほとんど変わらない日本語の運用力を持っていると感じられた。この師範学校には、現地に残留した方をふくめ日本人教員は一人も在籍しておらず、また、その日本語教育の目的は、受験教育を第一目標とした民族中学での日本語教員を養成することにあった。そのような条件を考えると、外国語教員養成課程としては、教育環境にも教育目標にもかなり欠点があったのではないかと考えてしまうが、実際には、かなりの数のネイティブに準ずる日本語運用力を持つ教員を擁しており、決して会話などの練習が無視されていたわけではないようだ。D氏の話にも「そのときの先生は、全部、日本語で授業しました。」ということばがあり、会話など実際に日本語を使ってコミュニケーションをすることを想定した授業がおこなわれていたことをうかがわせる。そのような雰囲気のなかで、年上の学生たちが、放課後「日本語コーナー」をつくり、日本語を話すことを「熱心に勉強していた」。それをみてD氏も「しゃべろうと

いう、気がした」のであった。

　このように「満州国」時代の日本語教育により、母語話者と変わらないほどの日本語運用力をもった人々が中国東北地方に残されたことは、それから35年を経た1980年代に日本語教員になった人にも、その養成課程で学んだ若い世代の日本語に対する意識にも、大きな影響を残していたのである。

3.3.3　再開期における大学の日本語の授業

　前節に続いて、本節では同じ時期の大学における日本語教育をみてゆきたい。しかし、文革の終結前後、日本語教育が具体的にどのようにおこなわれていたのかを記録した報告は思いのほか少ない。前節で述べてきた朝鮮族中学の日本語教育はもちろんであるが、大学の日本語教育がどのようにおこなわれていたのかも具体的にはほとんどわからないのである。日本語教育学会「日本語教育」や国際交流基金「海外における日本語教育」などには、大学の日本語教育について2、3の報告があるが、ごく概略的なことしか書かれておらず、当時の授業がどのようにおこなわれていたか、学生の勉強方法がどのようなものであったかが具体的に書かれた記事はほとんどない。しかしながら、民族学校と同様、当時、学生であった世代には、現在、各大学で教員として活躍中の人物が少なくない。そこで、民族学校での日本語教育についてインタビュー調査をおこなったのと同じ手順で、各大学の教員諸氏に協力をお願いして、インタビューにより当時の日本語教育の様子を考察することとした。

　まず注意すべきことは、当時の大学における日本語専攻課程は現在のように大規模なものではなかったということである。1990年に国際交流基金の委託をうけ中国日本語教学研究会がおこなった初の日本語教育の実数調査では81教育機関で学生数は6,054名であった。1校あたり75名、1学年あたり18.6名という規模である。

　　H：当時の、第一期の日本語の学生っていうのは、何人いたんですか。
　　U：クラスはもともと20名だったんですけど、途中一人ね、これ入学
　　　　二カ月後、一人は自分でもうやめて戻ったんですよ。だから

19 名。
H：じゃあ、それが外大の一期目の日本語のクラスですね。

(2009.9.7)

H：日本語のクラスというのは、何クラスぐらいあったんですか。
U：私の場合は一クラスしかなかったんです。
H：何人ぐらい？
U：最初は少なかった、16 人。

(2009.9.8)

　この時期の日本語学科はどの大学も1学年1クラス編成で20名程度の規模であったようである。唯一の例外は大連外国語学院で1学年の定員が70名であった。しかし、同校も1クラスあたりの人数は15名前後で編成されており、少人数教育が徹底されていた。一方、それを担当する教員の人数は学校によってさまざまであった。大連外国語学院のみ、例外的に30名以上の教員が集められていた。その他の大学では3名という学校がもっとも少なく、多い大学で14名という回答があった。しかし、10名以上の教員がいたという大学でも、実際に日本語を教えていた（教えられるだけの能力があった）のは3名程度であったようである。文革中はまったく能力のない人間が、大学教員として採用されるケースがめずらしくなかったということであり、そのような「教員」が文革後もしばらく在籍していたとしても不思議ではない。しかし、どの大学でも3名程度は、学生たちが自分の目標にする「非常に日本語がうまい先生」が在籍していた。そして、そのような教員は、①日本で長く生活（留学）した後、中国に帰国、②「満州国」時代の東北地方で日本語を学んだ、といういずれかの経歴の持ち主であった。

H：その時の先生っていうのは、どういう先生だったんですか。
U：先生は3人だったんですね。シュウ先生は、これみんな当時も60歳近いかね、もともと税関の職員で、日本人と一緒に仕事をしたことがあるんですよ、つまり日本語ができる。あとはこの学校長にも

なっていたんですけど、もう一人は、会話は全然できないけどね、これ発音なんかはできるけど、もう一人しゃべれる先生はヨウ先生もいるんですけど、先生は3人ですね。
H：そのヨウ先生っていうのは、どこで日本語を習ったんですか。
U：あれ結構会話もうまくてね、やっぱり日本人となんか、詳しいこと知らないけど。
H：中国で勉強した？
U：いやいや、勉強よりですね、やっぱりあの年では、みんな日本が中国に侵入したときも、これ一緒に仕事をしていたと思うんですね。日本語はできるのは、二人とも東北出身ですよ。中学校か小学校のころ、日本語教育させられたそうですけど。中学校か小学校から、全部教科書なんか全部日本語だったという話を聞いたことあります。
H：じゃあ偽満（「満州国」）のときに、日本人っていうか日本語の学校で勉強して、東北から来た？
U：はいはい、そうです。

(2009.9.7)

H：その時の日本語の先生っていうのは、どんな方でしたか。
U：すごく、その時の先生が優秀だったんです。やっぱり日本で、ものすごく長く生活した先生が、結構何人も。
H：中国に帰ってきて、教えていたんですね？
U：はい。ものすごく日本語が上手です。
H：その人たちは、文化大革命の前に帰ってきたんでしょうか。それともあとに帰ってきた先生ですか、そこまでは分かりません？
U：やっぱり文化大革命のほうは、あまり普段は私たちはそんなに意識して、文化大革命より前に帰ったかのちに帰ったか、あまり聞いたこともないし、よく分からないです。

(2009.9.8)

H：最初の、入ったときの日本語の先生は、どういう方が？
U：そう、ほんとうにいろんなところから先生は来てて、台湾出身の方も2〜3人そして朝鮮族の日本語のできる先生、あとは日本から帰ってきた先生、そういう組み合わせ、すごく先生たちのレベルが高かったみたい。
H：その先生たちは日本人のように日本語を話して？
U：そうです、だいたいそうですね。

(2009.9.8)

　このように再開期の日本語教育は、小規模クラスでおこなわれていた。それを担当する教員には、高い運用力を身につけた教員が必ず数名いた。日本に留学し中華人民共和国成立前後に帰国した者や「満州国」時代に日本人と同じ学校で学んだ「小資本家（プチ・ブルジョア）出身者」、そして、「日本人」として日本語で教育を受けた朝鮮族など、母語話者同様の日本語を話せる人たちであった。ただ、日本語教育の専門家は少なく、後の証言にあるように「文法よりも自然にしゃべるという方が」得意な教員がほとんどであった。
　中国全土の日本語専攻の学生数として、蘇(1980: 30)は「日本語を専攻として勉強している大学生は三千人と聞く」としている。また、国松(1982: 707–708)は、1979年7月の日本語学科の学生数が2,700名、教員数は約900名、学校数は1978年33校、1979年には46と「急速に増大している」としている。すなわち1980年ごろ、日本語の専攻課程を持つ大学は40校を超えず、毎年、卒業する学生は1,000名に満たなかった。
　このように日本語学科に入学した学生であるが、彼らは日本語を学ぶことを選択した動機というものをほとんどもたなかった。この時代の学生は、多くの場合、大学側が日本語学科を指定するなど、いわば「偶然」によって日本語学科に入学を決めたのである。文革期に育った世代は、日本をふくめて、ほとんど海外の事情を知らなかったので、日本についても、日本語という言語についても、入学して勉強を始めるまでは、ほとんど知らなかったという。それよりも、大学に入学することが大変すばらしいことであり、大学生になれるなら専攻はなんでもよいという感覚が強かった。

インタビューの中に、ただ一人だけ、自ら希望して日本語を選択したという回答があったが、それは父親のすすめによるものだったという。

　　H：日本語を勉強、これからするんだっていうときの感覚は？
　　U：当時、私すごく大学に入りたかったんですよ。僕、下放されたからね、勉強はもうできなかったんですが、大学へ入れればいいという考えだったんですよ。73年に無事、試験合格して入学したんですが、まだこれ当時、自分の希望なんか全然なかったですね。たまたまこういうことで。
　　H：じゃあ、もう運とか縁とかって、そういう感じですね。
　　U：はい。
　　H：その時最初に日本語を勉強するんだって事が決まったときは、どう思いましたか。
　　U：やっぱり、すごくうれしかったですね。
　　H：その当時、日本語を勉強するっていうのは、何か将来の希望が感じられたんですか、それともそれほどでもない？
　　U：いや、その時はまだ何も考える余裕はなかったですね。とにかく大学に入れればいいと。
　　H：何でもいいと？
　　U：はい。

　　　　　　　　　　　　　　　　　　　　　　　　　　　（2009.9.7）

　　H：その英語とか、日本語とかロシア語っていうのは、本人が決めるんですか、それとも学校がだいたい？
　　U：いえ、その当時は学校のほうから。
　　H：その時、じゃあ日本語って決まったとき、どう思いましたか。
　　U：別に抵抗がなかったんです。私の場合は小学校には英語はなったんですが、中学校では少し英語を勉強して、日本語はどういうものか知らなかったんですが、やっぱり好奇心があるじゃないですか、だから別に抵抗がなかったんです。まあ決められた以上は、よく勉強

H：じゃあ日本のこととか、そういうことも全然知らなかったんですね？
U：そうですね。全然とはいえなかったんですが、やっぱりそれほど知らなかったです。

(2009.9.8)

H：じゃあ、先生はD(地名)のご出身ですか。
U：はい。私はDの出身です。
H：へえ。その時は、なぜ日本語の勉強をしようと思ったんですか。
U：私は、やはり、そうですね。実は、高校卒業してから、農村に行かされたんです。農村で2年半ぐらい働いて、そして始めて中国では、試験を通して大学に入る制度が実施されて、最初は私自身では中国文学に興味を持たれ、でもですね父は日本語が少しできまして、そして、これから中国・日本の関係は、昔からずいぶん関係が深かったんですけれども、これから恐らく中日両国は、そういう関係がですね、恐らく盛んになるということ、まあ日本語を選んだらいかがですかと勧められて、日本語にしたんです。
H：お父さまは、「偽満(満州国)」の時代、日本語勉強した？
U：そうです。

(2009.9.8)

このように学生は必ずしも明確な意志を持って日本語を学びはじめるわけではなかったが、だからといって学習意欲が低いわけではなく、学習に対するモチベーションは非常に高く、真剣であった。この世代の人々は、中学(初級中学・高級中学)の在学期間が文革と重なっている。文革中はほとんどの学校で授業がおこなわれていなかった。

U：勉強ができるというチャンスを、もうすごくみんな大事にしたんですよ、それで、その時代、ほんとうに、今振り返ってみますと、ほ

んとうにもう一番勉強した学生たちです。ほんとうに夜も門限があって、電気。
H：消灯時間がありますよね。
U：消灯時間になっても、みんな廊下とか。
H：トイレとか？
U：トイレで。で、朝は、ほんとうにまだ、夜が明けていないうちに、みんな起きて、外で勉強し始めた。昼休みはまったくなかったんですね。私たちの、ほんとうにみんなその時間が大事にした、勉強できること、自身に対する得難いチャンスですね。

(2009.9.8)

U：よく勉強する人、だからほとんどですね、教科書、例えば明日勉強するものが、今日中にもう暗唱するぐらいの予習の程度で、授業を受けるんですけれども、だからほとんど勉強したものは、全部暗唱できる。
H：それは朝早く起きて、声を出して読む。それで暗唱するという？
U：だから先生から言われて、一番最初の基礎の段階で、必ず本を読むのは、必ず声を出して読むという練習をしていたんです。

(2009.9.8)

U：そうプリントをね。とにかく毎日時間をかけてやるんですよ。
H：それは朝から歩きながら、朗読（中国語）ってやつですか、朗読して、全部暗記すると
U：そうですね、朗読するんですね。雰囲気ね、勉強の雰囲気があるんですね、みんな。
H：そうすると例えば20人なら20人の学生、みんなそれをやって？
U：みんなほんとうに、これ一生懸命勉強してきたんですけど。
H：友達同士で例えば日本語で会話練習とかそういうことは？
U：最初はできなかったですけどね、2年生のころ、もう学生の間でも日本語で掛け合うようには、やってたんですけど。まだほんとう

　　　　　に、当時はまだそれほどうまくできなかったけど、とにかくしゃべ
　　　　　るという意欲作るんですね。　　　　　　　　　　　　（2009.9.7）

　当時の中国は、外国語教育に必要な環境がととのっているとはいいがたい状況にあった。1973 年には、復旦大学が編集したラジオ講座用のテキスト『日語　にほんご』が上海人民出版社から出版されており、湖南人民出版社より湖南大学が編集した理工科用『基礎日語』が出版されているので、まったく日本語の教科書がなかったというわけではないが、日本語専攻の課程で使えるような教科書はなかったらしく、教員が孔版（ガリ版）で授業のつどプリントを作成して学生に配布するような状況が普通であった。筆者の手元には、1973 年に上海外国語学院の日本語学科が和文タイプで版をつくり、ガリ版で印刷して、ステップラーで製本した手作りの教科書がある。また、このころ先進国では、すでにカセット・テープレコーダーが一般家庭でも普及していたが、中国では、大学の外国語学科にオープンリールのテープレコーダーが 1 台か 2 台あるだけという状態であった。例外的に大連外国語学院には、数十台のテープレコーダー（オープンリール）がそろっていて、日本語学科だけではなく英語学科とロシア語学科でも使用されていたが、これは前述した 1964 年に日本共産党から寄贈された 10 年前のテープレコーダーが文革中も大切に保管されていたのだという。

　　　U：勉強は、海外（日本向け）の北京週報、あと北京放送、これが唯一の
　　　　　練習材料だったのね。一番いい。あと人民中国、日本語版あったん
　　　　　ですね、これだけですよ。あと新聞といえば図書館にチョウシュウ
　　　　　新聞とか。
　　　H：チョウシュウっていつ？
　　　U：チョウシュウって、多分岡山とかなんかです。だから日本共産党か
　　　　　ら分列した左派、日本共産党・毛沢東派っていうのがあったんです
　　　　　よ、少人数だったけど、その人たちが作った新聞が入ってくるんで
　　　　　すよ船便で、定期的に。それを日曜日、図書館に行って読んでました。
　　　　　　　　　　　　　　　　　　　　　　　　　　　　　（2009.11.7）

U：最初は、あんまり教科書、とにかくなかったですね。例えば、日本語学科だから毎日授業あるですね。だから最初は、これ一週間分の手書きの配って、自分で予習して、授業を受けるんですけど、あとは何か新聞記事とかね、コピーなかったけどね、新聞なんかスリバンで。

H：ガリ版ですね。

U：そうそう。あれで勉強してたね。

H：じゃあ先生が新聞記事を自分で書いて、それで刷って、学生がそれをもらって、読む練習をしたり？

U：はいはい。

（2009.9.7）

U：教科書は最初、まったくなかったんです、その時は。で、先生たちは自分で作ったものもありますし、そして日本から日本の教科書、そこから。

H：送ってもらって？

U：そうそう。はいはい、確かにその時は、教科書にはすごく困っていたみたいで。

H：コピーがない時代ですから、先生が日本の教科書。

U：そう、先生が書いて、そして、一番簡単な。

H：ガリ版で印刷して学生に配る？

U：そうそう、それを教科書として、しばらく使ったんです。で、ヒヤリングの授業が、テープなど大きなあれが。

H：オープンリールの、こういう丸いやつですね。

U：そうそう、あれがあって。それで、その先生は吹き込んでもらったんで。

（2009.9.8）

H：まだそのころテープレコーダーはない？

U：ありました。大きなテープレコーダー。
H：ああ、丸いオープンリールのやつですね。
U：だからみんな教室で、全部それを聴いたりして。
H：自分の声をテープに入れて聴いたりとか、そういうことは、当然まだないですか。
U：それはやっぱり当時としては、あまりなかったんです。
H：じゃあ直接、話してっていう練習が中心ですね？
U：中心です。

(2009.9.8)

　中国の大学でこのように日本語が学習されていた1970年代、日本の外国語教育は、オーディオリンガル・メソッドの全盛期であった。「ラジカセ」と通称されたラジオ付きカセット・テープレコーダーが普及したのがこのころであり、学校においては4トラックのテープレコーダーと専用教室（LL教室）を使った授業が最先端とされていた。それらテープレコーダーを使用したミム・メム練習やパターンプラクティスが外国語学習の中心にあった。しかし、中国でLL教室が普及したのは1990年代になってからである。この時代、教科書やテープ教材が満足に得られない環境の中、学生たちがもっとも熱心におこなったのが、教科書として配られたプリントの暗唱をくりかえすことであった。

U：毎朝読む事を強調されたんで、だから一時間体操のあと、ランニングのあと一時間、朝食までの間とか、朝食後みんな本文読んでましたね。読んで暗記。
H：それは、もう暗記したものでも、毎日暗唱してたんですか。暗記するために読んでたの？
U：読んで何回も読んで、毎日一時間読んで、それで自然に覚えた。全部。授業中会話練習したりするでしょう。それで、あの時当時は、「天天読（中国語）」っていうのがあった。
H：はい、毎日読む。

U：毎日毛沢東の語録を、毛沢東の著作を読む時間があったんですよ。だから午前中の、最初の一時間ですね。これ一番大事な時間に毛沢東の著作とか語録の学習をしてたんですね。そのあと日本語とか英語の勉強してた、それが二年ぐらい続いたね。(1972年ごろ)毎朝ですよ。

（2009.11.7）

U：もし、声を出さずに(読んでも)その発音が合っているかどうか、よく分からないし、先生も、結構ほとんど学校の回りに住んでいて、よく学校のほうに来てくれて、指導してくださるんです。

H：読むときは、一人で声を出しています、それとも友達と二人でこうやる？

U：まずはやっぱり一人でよく練習して、まあまあの程度で、二人で一緒にやりましょうかという。で、教科書、例えば私の学校というテーマの会話を勉強して、そのあとで、やっぱり二人で自分の学校の様子を練習する。で、授業の時に発表してもらう、先生のほうも厳しかったです。

H：じゃあいわゆる、その文法についての説明とか連用形はこうだとか、そういう授業はあんまりなかったんですか。

U：その当時としては、特に文法という意識はなかったんです。今の教え方は、ちょっと違うかもしれません。もうひとつの原因は、やっぱりその時は、中に一人か二人の、日本語の先生は、今でいうと華僑なんです。

H：日本から戻ってきた？

U：日本から来ているんですけど、ものすごく日本語がうまいです。だからそういう先生のほうは、文法よりも自然にしゃべるというほうが。

（2009.9.8）

H：勉強の方法ですけど、どういう授業の仕方をしていたんでしょう？

U：先生によって、また授業のヒヤリングとか会話、そのかたちはまた違うんですけども。読んだり書いたり先生が説明したり、それで文作りをしたり作文を書いたり、つまりいろんな。ヒヤリングの場合は、先生が一応テープを流して、みんな1回2回聞いて、それですぐ、先生たちで話してもらうという、それでみんな会話を、それを中心に会話。
　　H：聞いて、その内容をすぐ話すという練習？
　　U：うん。

(2009.9.8)

　中国の大学は全寮制である。現在でも中国の大学を訪問し、キャンパス内のゲストハウスに滞在すると、朝5時ごろからグラウンドやキャンパス内の庭園で、外国語の教科書を暗唱する学生の姿を見かける。しかし、その数は以前ほど多くはないようである。現在の大連外国語学院の学生に聞いたところ、いまでも教員は暗唱を奨励しているが、実際に実行する学生はあまり多くなく、さらに、それを続けられる学生はきわめて少ないということであった。オーディオ機器が普及した現在の中国では、このような学習法は、すでに「時代遅れ」とみなされているのであろう。
　なお、この「暗唱」という学習法は、おそらく中国の伝統的な「四書五経」の暗唱からきているものではないかと思われる。しかし、「本を読むのは（読むときには）、必ず声を出して読むという練習をしていた」ということばにあるように、当時の学生が暗唱を繰り返したのは、文章を記憶するためではなく、声に出して文章を読むことを繰り返すことに意味があったように思われる。インタビューに応じてくださった方々は「暗記」「暗唱」を強調しているが、練習法としては「朗読」・「朗誦」とよぶべきであろう[21]。これは、現在、効果的な音声教育として注目を集めているシャドーイングやリピーティングの練習法に似た効果があったのではないかと思われる。シャドーイングに比べて、暗唱には「不正確な発音をしていても自覚できない」という欠点があると考えられるが、母語話者に近い運用力をもった教員がいて、1クラス20人程度の規模で授業がおこなわれ、しかも「先生も、結構

ほとんど学校の回りに住んでいて、よく学校のほうに来てくれて、指導してくださるんです」という環境であったために、発音の正確さも客観的に保たれた。それが「暗唱」という学習法を効果的な学習法としていたのではないかと考えられる。

このように暗唱を中心とした予習・復習に対して、授業中は、習った文型を使って新しい文を創造する練習が中心であり、なによりも「話すこと」がもっとも重要であると意識されていた。

U：(先生方は日本語を話すのが)すごい上手なんですよ。
H：やっぱり普段から話す練習を相当やっていた？
U：だから授業もね、中国人の先生もできるだけ日本語で授業をしてたんです。中国語を使わないで、日本語で説明するんです。
H：じゃあ例えば文法を説明して、これ翻訳しなさいって授業じゃなくて。
U：もう全部。だから文法の説明も日本語でやる。
H：文型が出たら、それを使った会話の練習みたいな事をやる？
U：そう造句(中国語)とかね。
H：造句っていうのは、すぐ単文を作るんですね。
U：で、先生がチェックしてくれる、あと作文とか。
U：ペアワークなんか、まだなくて。少人数といっても。
H：十何人でしょう、クラス？
U：16人。だから先生が、会話練習させる、先生が質問して、学生が答えるって感じで。で、教科書、例えば私の学校というテーマの会話を勉強して、そのあとで、やっぱり二人で自分の学校の様子を練習する。

(2009.11.7)

U：すぐ文作りなど、一定の。
H：単文作りですね？
U：そうそう、単文作り。一定の程度ですねたつと、こんどは短い文

　　　　章、で、ますます長くなるという。
H：それは、先生が何かテーマを与えて、これについて書きなさいと。
U：そうそう。
H：それで書く練習？
U：そうです。

(2009.9.7)

U：いや、私たちも、その時それほどしゃべれなかったと思うんですよ。とにかくしゃべりたいと、だから、やっぱり会話というものを、やっぱり繰り返すことですね。失敗しても、失敗してもとにかく声を出す。当時、ほんとうに日本人は普段（周囲にいないので）、全然環境ないですね、日本人に、これ日本語をしゃべることは、あの機会、ほんとうになかったんですよ。やっぱり先生とよくしゃべるんですね、間違っても、それ、先生はそういってたからね、間違っててもとにかくしゃべると。

(2009.9.7)

　前述したように中国の大学は全寮制である。そこでの日本語の学習は授業時間だけで終わるものではなく、寮での生活すべてが学習時間であるととらえられていた。インタビューの中でも早朝や夜間に日本語を練習したという話が頻繁に語られるが、机にむかって勉強したという話はほとんど聞くことがなかった。

U：私たちも友達、例えばクラスメイトとか、なんかの気の合う人たちとできるだけ、日本語とか英語でしゃべっていたの。
H：寮の中ですね？
U：そうそう、普段の生活でも。

(2009.9.8)

U：学校は当時、市内から汽車で四時間ぐらいかかる田舎に移ったんで

すよ。先生たちも単身赴任だった。宿舎に住んでいるんですけど、夜やる事ないでしょう、夜も補習に、教室に来てくれるんですよ。だからもう毎日先生と話をしてた。一クラス16人いますから、それで先生が2人と、夜も熱心に。
H：その先生方は、もう日本人と同じような日本語を話したんですね？
U：もう（「満州国」時代に）日本人と同じ教育を受けてたから、もう日本語しっかりしてます。日本人と同じような日本語です。
H：じゃあ学生たちは、その先生の日本語を聞いて、ああいうふうになろうと、そういうふうに思ったんですね。
U：だから、一生懸命やってた。資料何もなくて、一生懸命やってた。
(2009.11.7)

このような当時の授業の雰囲気をある教員は「現在でいえばコミュニカティブ・アプローチですよ。日本語学科の学生はしゃべってなんぼ、という感じでしたから」と話している。もちろん、教授法としてコミュニカティブ・アプローチが意識的・意図的におこなわれていたわけではない。しかし、「コミュニケーション能力を言語教育の目標とみなし」（リチャーズ＆ロジャース，2007, 197）ていたという点で、コミュニカティブ・アプローチの思想と同じものがこの時期の大学の専攻課程における日本語教育にはあったというのである。また授業が「コミュニカティブ・アプローチ」に近い形態でおこなわれた理由の一つは、下にあげたような事情もあったようである。

H：じゃあいわゆる文法についての説明とか連用形はこうだとか、そういう授業はあんまりなかったんですか。
U：その当時としては、特に文法という意識はなかったんです。今の教え方は、ちょっと違うかもしれません。もうひとつの原因は、やっぱりその時は、中に一人か二人の、日本語の先生は、今でいうと華僑なんです。
H：日本から戻ってきた？
U：日本から来ているんですけど、ものすごく日本語がうまいです。だ

からそういう先生のほうは、文法よりも自然にしゃべるというほうが…。

(2009.9.8)

　つまり、ネイティブに近い日本語力をもった教員は、日本語を話す際、ほとんど文法など意識したことがなく、そのような教え方、すなわち文法訳読法のような教授法は、仮にやりたくてもできなかったということもあると思われる。このように再開されたばかりの日本語教育は、教材や機材に不自由する環境ではあったが、ネイティブに近い日本語運用力を持った人材を教員に採用しておこなわれた。ただ、彼らは日本語教育に関しても、日本語学に関しても専門家とはいえず、文法の解説などはあまりおこなわれなかった。いいかえればこの時期の授業は、語単位、文単位ではなく「自然にしゃべるというほう…」すなわち一連のディスコースを単位として展開されることが多かったのだろうと思われる。しかし、それは「コミュニケーション能力を言語教育の目的とする」というこの時期の、外国語専攻課程の設置目的には合致していた。
　その授業を受ける学生は、文革における学校教育の荒廃の中で、「学ぶこと」に飢えており、学習意欲がきわめて高かった。日本語を学習する目的は自覚的に得られたものではなかったが、卒業後につかなければならない職業という形で、到達点が明確に提示されていたため、学習が効果的に進められた。このような教員と学生が、1クラス20名以下で全寮制、しかも教員もキャンパス内の宿舎に住んでいるという環境下にいたので、朝早くから夜遅くまで級友や教師を相手に会話練習がおこなわれた。また、テープレコーダーをはじめとする音響機器が自由に使えるような環境ではなかったが、暗唱という練習法が奨励され、これにより、かなり正確な発音を身につけることが可能であった。
　ちなみに中国の学生がテープレコーダーを個人で所有するようになったのは、1990年代はじめであり、学校にLL教室が設備されたのも、やはり1990年代に入ってからである。それ以降、オーディオリンガル・メソッドを取りいれた授業が広くおこなわれるようになった。外国語教授法は、文法

訳読法からオーディオリンガル・メソッドを経てコミュニカティブ・アプローチにいたったというのが外国語教育の常識であり、実際に欧米や日本の外国語教育ではそのように推移してきたが、中華人民共和国における日本語教育に関しては、設備や機材の関係で、世界の外国語教育がオーディオリンガル・メソッド全盛の時代、それを導入することができず、だからといって教師には文法訳読法で教授するための体系的な文法知識がなく、結局、自分の持つ日本語のコミュニケーション能力を生かして会話・談話の練習を中心とするという点で、「コミュニカティブ・アプローチ」の概念に近似した授業がおこなわれていたのであった[22]。

3.3.4 再開期の朝鮮族中学の授業と大学の授業を比較する

以上、3.2.2 では朝鮮族中学で日本語教育が「再開」された頃の、3.2.3 では大学の日本語学科がはじまった頃の日本語教育の授業について、それぞれインタビューを分析してきた。この二つの教育について比較してまとめたものが表 3-2 である。

表からわかることは、クラス編成が大きく異なることである。朝鮮族中学のクラスは、外国語の授業にふさわしくない規模であることはいうまでもない。また、学習目的が違い、それにともない勉強のしかたもやや異なる。大学が会話に習熟することを目標に授業を進めているのに対し、朝鮮族中学では、ほとんど日本語を声に出す練習をしていなかったようである。ただ、どちらも教材の暗記を学習の基礎においているという点は共通している。これはおそらく、「学ぶ」ということについての中国、あるいは儒教文化圏の伝統的な考え方にもとづくものであろう。また、学習者の学習に関するビリーフは質的に異なっているが、どちらも日本語の習得について強い自信を持つプラスのビリーフに支えられていることがわかる。また、学習目的はまったく違うものの、学習モチベーションの強さを形成するという点では共通点がある。一方、学習をとりまく環境、すなわち教員やクラス外の環境、教科書・教材については、あまり大きな差がないといってよい。

当時の中国は経済的・技術的に大きく立ち遅れていたにもかかわらず、大学の日本語教育は、意外にも外国語教育にふさわしい形式で進められ、その

表 3-2　初期の日本語教育の比較

	朝鮮族中学	大学日本語専攻
クラス	大クラス(40～50名)	小クラス(20名以下)
学習者	朝鮮語母語話者にとって日本語は習得が容易であるという自信	選抜されたエリートである「大学生」というプライド
学習目的	大学入試のため 日本語は朝鮮族の優位性を生かせる重要な科目	日本語を使って仕事をするため 「幹部」として重要な政府機関に「分配」される
勉強のしかた	教材を暗記・読むこと書くこと中心・会話はほとんど練習せず	教材を暗記・声を出して朗読する・会話練習中心
教員	「満州国」時代に小学校から日本語で教育を受けてきた者 日本語教育の専門家ではない	日本語で教育を受けてきた者・日本での生活(留学)経験がある者 日本語教育の専門家ではない
クラス外の環境	村に日本語話者が多く、日本語を聞くことは日常的にできる	寮でクラスメイトと生活・教員が近くに住み放課後もしばしば指導
教科書・教材	はじめ教科書はない(1983年から順次出版される)・教員がプリントを手作り・ラジオ講座のテキスト	教科書はない・教員がプリントを手作り・ラジオ講座のテキスト・日本の大学が発行したテキスト

教育・学習効果はかなり高かった。インタビューでも、大学の日本語学科では、どの大学でも3年ほどの勉強でクラスの大多数の学生が日本人と会話するのにあまり不自由を感じないレベルに達していたという。一方、それに比べると、外国語教育に特化されていない朝鮮族中学の日本語教育は、かなり「効率」が悪いものであっただろうと思われる。ただ、昔にくらべて学生の学習意欲がかなり下がったといわれる現在の朝鮮族中学でも、クラスに数名程度は、かなり自由に日本語を話す学生がいることを考えると、そのころはもう少し多くの学生が、日常会話レベルの日本語を習得することができていたのではないかと思われる。このように、学習目的が大きく違っていたにもかかわらず、朝鮮族中学の日本語教育と大学の日本語専攻課程の日本語教育には、共通点がかなりあったと考えられるのである。

　前節で述べた大学専攻課程の日本語教育では、教員が日本人と同じような日本語運用力を持っており、授業はすべて日本語でおこなっていた。その教員をみて、学生たちは「とにかくしゃべりたい」と思い、「失敗してもとに

かく声をだす」ことによって、日本語運用力を養成することができた。一方、朝鮮族中学の教員も日本語運用力については大学の教員と同じように確かなものであった。D氏は朝鮮族学校の教員養成機関である民族師範学校の様子について「そのクラスは年とった人が多かったんです。そして、そういう人が熱心に勉強してたんです」「わたしたちも、それを見てから、しゃべろうという、気がしたんです」と語っている。朝鮮族中学の授業が受験勉強に偏っていたことは確かであったが、日本語教員は日本語をしゃべり、日本語で授業を進めることが当然と考えられていた。さらに、朝鮮族のコミュニティには日本語話者が数多くいて、子どものころから日本語を聞く機会は多かったし、その気があれば自分から日本語を話して練習することもできた。したがって、「しゃべろう」という気持ちがあれば朝鮮族の中学生も自発的に練習することができたと思われる。もちろん、大学の授業は1クラスが20名以下でおこなわれ、さらに卒業後は全員が日本語を使用する職につくことが決まっていたから、日本語の口頭表現能力を習得することにきわめて高いモチベーションを持っていたのに対し、朝鮮族中学は、1クラスが50名をこえており、大学受験に必要なのは主として読みこなす能力であったから、全員が「しゃべろう」という気持ちを持っていたわけではない。したがって、学習者の中で日本語が「しゃべれる」人の割合を比較すれば、そこに大差がついていることは間違いがない。しかし、朝鮮族学校の日本語学習者が大学入試の科目としての受験日本語を学んでいたにもかかわらず少なくとも1クラスに数人は日本語がかなり使えるようになって卒業していったものがいたのであろう。そのような人材を生みだしていたことが、1980年代から1990年代にかけて、人材源として日本企業に注目されることにつながったのだと思われる。さらに企業が朝鮮族中学の卒業生を「使える人材」であると認識し、朝鮮族の人々が日本語を自分たちのキャリア形成に「役立つことば」であると意識することによって、単に受験のために日本語を「読む」だけではなく、使うために「しゃべろう」という気持ちを持つ学生もふえていったものと思われる。

このように、中国朝鮮族による日本語教育は、当初、朝鮮族のコミュニティによって民族教育復興のための受験科目として選択され、それによって

朝鮮族中学は受験に「成果」をおさめた。それにくわえて、キャリア形成のための日本語習得という新たな目的がうまれたのである。そしてキャリアパスとしての日本語運用力が意識されると、今度はそれを目標として学習にはげむ学生も現れたと思われる。

3.4　教員の世代交代と授業の変化

　これまで述べてきたとおり、中国の日本語教育を牽引してきたのは、外国語学院と総合大学の日本語学科であった。大学の日本語学科は人材育成に優れた成果をあげていたが、規模はそれほど大きくはなく1990年になっても全中国で6,000人程度であった。つまり大学では1年に1,000名前後の人材を送りだすにとどまっていた。

　そのような状況の中、1983年に中国が外国人の観光旅行を自由化すると中国を訪問する日本人が急増し、日本語が使える旅行ガイドの需要が一気に高まった。この需要に答えるためには、中等教育機関でも日本語が使える人材を養成する必要がある。そのため「職業学校」「旅遊専科学校」などに観光日本語課程が作られるが、実際に多くの人材を輩出したのは、すでに1978年ごろから日本語教育に本格的に取り組みはじめていた朝鮮族の民族中学(中学・高校)であった。

　　H：先生、朝鮮族の日本語の仕事の話なんですけど、始めたころ日本語で仕事をするという考えは、なかったんですか。
　　B：うん、そうですね。やっぱり以前話したように、大学受験のため、日本語が設置されました。それから日本語の先生が全部老人たちですね。(日本語を)知ってる人は老人ですから、うん。それからあのときは、日本語に関する仕事はですね、全然なかったです。それから中国も開放してから85年、6年くらい(になって)日本の企業とか、日本の旅行する団体が来てから、ガイドもいるし、それから、えーと、通訳にですね、企業に行って。これが朝鮮族が活躍しましたね。

H：それは、85 年、86 年ごろ急に増えたんですか。
B：そうです。急に増えました。

(2009.9.3)

　観光業に続いて本格化した日系企業の中国進出においても、朝鮮族中学の卒業生は大きな役割を果たした。表3-3はジェトロ(日本貿易振興会)が刊行した中嶋誠一編著『中国経済統計　改革・開放以降』(2005, 469)による中国への外資導入件数である。この表を一見してわかるとおり、1983年に外資導入が許可されると(当初、中国側団体との「合作」のみが許可された)、日本企業はただちに中国に興味をしめした。1980年代から1990年代にかけて日本の投資件数がアメリカ合衆国とならんで群をぬいて多い。中国でも外国語教育において英語がしめる割合が圧倒的に多く、その他の外国語の割合はごく少ない。そんな中、アメリカ合衆国の企業と同数の日本企業が中国に進出したのであるから、日本語ができる人材が一気に払底したのは当然であった。なお、表3-3にはないが、実際にはこの時期、まだ英国植民地であった香港からの投資がもっとも多く、それ以外の地域からの投資件数の10倍以上に達している。しかし、その投資の多くが海外からの迂回投資であり、実質的には、まだ直接投資が許されていなかった台湾以外は、直接投資と同様、日本とアメリカ合衆国の企業が香港につくった現地法人からの投資がほとんどをしめていた。

　H：朝鮮族の人たちが、村から少なくなっていったのは、やっぱり
　　　1986年ぐらいからですか。
　B：そうですね、88 年ぐらいから朝鮮族が南のほうへ行きましたね。
　H：それは、最初は日系企業？
　B：うん、日系、日系企業。
　H：で、続いて韓国の会社が出てきて。
　B：そうですね。それから韓国の企業に入る人も多かったし。
　H：日本の企業と韓国の企業と入る人は、どっちが多いんですか。
　B：えーと、青島は、韓国の企業が多かったですね。それから深セン、

それから広州は日本の企業が多かったですね。日本の企業は、給料も高いし、そうでしょ。だから朝鮮族は、日本の企業に（好んで）入ります。

(2009.9.3)

C：私（が師範学校を）卒業したばかりのとき、日本語が。
H：85年ごろですよね。
C：はい、88年ですけど、そのときから、あの、南のほうだったら日本の会社でたくさんの、日本語のできる人が…。
H：必要で？
C：必要ですから、卒業したらすぐ、あの、日本の会社で勤めることができました、そのときから。

(2009.9.3)

　よく知られているように、中国に進出した日本企業のほとんどは製造業であった。現地に工場が作られると日本から数多くの技術者が派遣され中国の技術者・労働者への技術指導にあたった。そこでは現場の労働者と技術指導にあたる日本人の意思疎通をはかるための通訳が不可欠であり、そこで、通訳として大量に雇用されることになったのが、中学校・高校において日本語を学んだ朝鮮族の人々であった。朝鮮族と人材をもとめる日本企業の最初の接触のきっかけがどのようなものであったかは不明だが、ひとたび関係ができると、先に職を得た親戚・知人の呼び寄せ・紹介によって、高校あるいは日本の短大にあたる「専科」レベルの学校を卒業した若者が、東北三省から仕事をもとめて、朝鮮族が「南方」とよぶ沿海地域、特に初期には広東省へ通訳として就職するケースが急増した。このころ、いまだ中国の所得水準はきわめて低く、大学を卒業した人間でも100元〜200元／月（当時の交換レートで3,000円〜6,000円）というレベルであった。それにくらべると日本企業の給与は破格といってよかったから、1990年ごろには、大学や高校の日本語教員が職を辞し日系の民間企業に再就職する現象が「下海」（海に降りる）と名付けられブームとなったほどであった。当然のことながら、朝

鮮族のコミュニティでは、それまで以上に日本語学習熱が高まった。つまり、朝鮮族の日本語教育は、中国で「開放・改革」がはじまった時期、日本企業の中国進出を支える大きな力となったのである。この後、1992年の中韓国交締結以降、韓国企業も中国に進出をはじめ、やはり朝鮮族を雇用しはじめた。韓国企業は黄海の対岸の山東省(青島・煙台)へ集中して進出した。

　このような状況の変化により、それまでは「受験」のため以外の学習目標を持たなかった朝鮮族の日本語教育は少しずつ変わりはじめた。それは、一つはいままで述べてきた外部環境の変化、すなわち、日本語が「受験」以外にも「役立つ」ものであるという状況が突然、生まれたことであった。受験のために日本語を学ぶのと、通訳として職を得るために日本語を学ぶのは、学習者の意識の上で大きな違いがあり、それが朝鮮族中学の授業にも現れた。もう一つは、教員の世代交代がはじまったことである。「満州国」時代に日本語を身につけた「老一代」は、早くも1980年代中ごろには退職年齢に達し、現役を退きはじめた。それに代わって、1978年以降に日本語を学んだ学生たちが、大学・師範学校を卒業して中学校にもどってきた。「老一

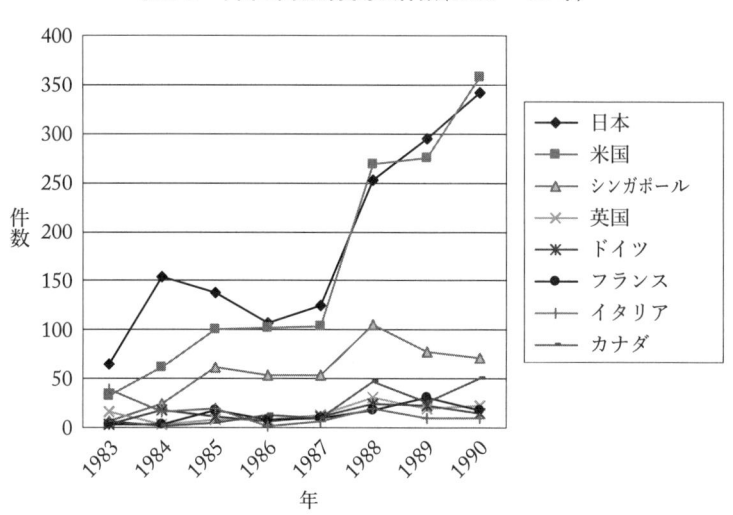

表3-3　中国の国別外資導入件数(1983〜90年)

中嶋(2005)「JETORO中国経済統計」をもとに筆者作成

代」の教員は、3.3.3 で述べた最初期の大学の教員と同様、外国語教授法などに関する知識はもたず、また、語単位・文単位の日本語文法についても詳しくはなく、ただ身につけた母語話者なみの日本語感覚で、意図せずに「コミュニカティブ・アプローチ」の考え方に近い授業を展開していた。しかし、大学・師範学校で外国語教育としての日本語教育を学んだ若い教員には、そこまでの日本語運用力がなく、代わりに外国語教授法という考え方を身につけていた。当時、英語教育では現代的な外国語教授法として、オーディオ・リンガル法が紹介されており、日本語教育もその影響を受けたと思われる。

3.4.1 「外国語教育」としての日本語教育のはじまり

1984 年 12 月 20 日から 22 日までの 3 日間、吉林市において「吉林省民族中学日語教学研究会」が開催され、このとき同じ名前のネットワークとして「研究会」が発足した。この会は、記録によれば、吉林省教育学院の指導によって、吉林省内の各県から現職教員 42 名があつまって開かれたとあるが、実質的な研究会のとりまとめをおこなったのは、朝鮮族中学のリーダー的な存在である延辺第一中学の日本語教研室であったようだ。なお、「教育学院」という組織は、普通の「学校」ではなく、現職教職員に授業の助言と指導、そして再研修をおこなうために各省に設置されている教育行政機関であり[23]、吉林省教育学院の所在地は長春市である。教育学院によって、すなわち行政の指導により研究会が開催されたのであれば、第 1 回の研究会は、長春市で開催されるのがふつうであるが、吉林市で開かれたということは、この研究会が「官製」のものではなく、現場の教員たちの主導により開かれたものであることを示唆している。

この、吉林省民族中学日語教学研究会では、吉林省各地の中等教育機関の教員による研究発表が口頭でおこなわれたほか、二つの学校の教師が、それぞれ「模範授業」(研究授業)をおこなった。そして研究会の「吉林省民族中学日語教学研究会」における口頭発表をまとめた論文集として 1985 年 3 月に『民族中学日語教学研究(試刊号)[24]』が発行された。

表 3-4 および 3-5 は、その、吉林省民族中学日語教学研究会編『民族中学

日語教学研究(試刊号)』に収録されている二つの「教案」にもとづいて筆者が作成した研究授業の進行表である。表3-4は、延吉市第二中学の黄玉賢氏が初級中学生2年のために作成した授業案[25]により、表3-5は、吉林市朝鮮族中学の金青玉氏が同じく初級中学2年生のために作成したもの[26]を表にした。また、表の直後に、授業でとりあげられている課の本文と新出語彙を掲げる。

　表3-4と3-5の二つの授業進行表を一見して、まず気づくのは、授業時間のすべてを使って、教科書の内容を教える、あるいは練習することに終始している点である。教科書の本文をくりかえし音読し、教科書の内容について教師がくりかえし質問し、生徒はそれに答えることに終始し、あたかもB氏が前章で語っていた「教科書をおぼえる」ための「法規授業」を見ている観がある。このような「教科書を教える」ために授業がおこなわれているのは、外国語教育に限らず中国の教育の特徴でもあり、また大きな欠点でもある。しかし、この教科書と授業内容の関係については、次節以降でふれることとし、ここではどのように授業が進行しているかをみてゆきたい。

　表3-4の黄先生の授業は、この課に入って3時限目の授業であり、テーマは「新出語彙」となっている。しかし、記録には1課を4時限で終えるとあり、中国の授業では、課の最後の授業は練習問題をすることが多いので、この時間は新出語彙と本文の復習のための時間といったほうがいいのではないかと思われる。じっさいに授業の進行表をみても、授業開始後20分をすぎたところからは、くりかえし本文を読む練習にあてられている。

　「本文の内容についての質問に対する答えを書いてくる」という宿題がだされていた[27]ようだが、この授業の最後に、口頭で同じ質問を教師がおこない、生徒がやはり口頭で答えるという時間が設定されているところからみて、この宿題は、本文の内容について復習してくることを求めたものであろう。「答えを書いてくる」とあることから、ノートに「書く」ことがもとめられていたことがわかる。宿題の質問は「質問1：ぼくはなにを思って胸がドキドキしましたか。質問2：先生は注意する前に何をしましたか。質問3～6：先生は注意の1～4で何と言いましたか。」という6題であった。

　宿題に続いておこなわれるのは、新出語彙と本文を、①教師が音読して、

表 3-4　吉林省民族中学日語教学研究会における模範授業(1)

学校：延吉市第二中学　　　　　　　　　　　　　　　　　黄　玉賢先生
学年：初級中学 2 年
　　　　　　　　　　　第 5 課「試験」(第 4 冊)　　　　第 3 時限目(新出語彙)

時間(分)	項目	テーマ	活動内容	備考
0	宿題	本文	本文の内容についての質問に対する答えを書いてく	
1–9	発表	本文	宿題の答えを、指名された生徒が答える	
10–11	練習	新出語彙	教員が発音を示し、生徒が続いて読む(2 回)	語頭の濁音の発音と、「答案」の長音に注意する
12–13	練習	新出語彙	教員が日本語・朝鮮語で読みあげる単語を生徒に口頭で訳させる	
14–15	練習	新出語彙	本を閉じて、教員が読みあげる単語を口頭で訳す	
16–19	練習	新出語彙	ノートに新しい単語の漢字を書く	日中の漢字の字体の差異に注意する
20–22	説明と練習	本文	「やがて」「やっと」「たぶん」を使った文を、朝鮮語に訳す練習	
23–24	説明と練習	本文	「(動詞)＋はじめる」「(動詞)＋終わる」「(動詞)＋続ける」を朝鮮語に訳す	
25–26	説明と練習	本文	本文の要約を箇条書きにする	
27–29	聴解	本文	教師が模範を示す	
30–31	練習	本文	教師について読む 2 回	
32–33	練習	本文	生徒が自由に読む練習をする	
34–36	練習	本文	生徒を指名して読ませる(段落に分け 20 名)	
37–42	質問	本文	教師が本文の内容について質問し、生徒が答える	
43–45	宿題	新出語彙・本文	短文をつくってくる・本文を朝鮮語に訳してくる	

「民族中学日語教学研究(試刊号)」(1985)収録の「教案」にもとづいて筆者作成

第5課　試験

　今日は　日本語の　試験が　ある。生徒は　みんな　教室で　待って　いる。どんな　問題が　出るだろう。ゆうべ　よく　勉強した　所が　出るだろうか。胸が　ドキドキする。
　十分前の　ベルが　鳴った。先生が　試験用紙を　配ってから，注意をした。

一、最初に　番号と　名前を　書いて　ください。
二、答案は　必ず　インクか　ボールペンで　書いて　ください。
三、外の　人と　話しては　いけません。
四、辞書や　本や　ノートなどを　見ては　いけません。

A君：鉛筆で　書いても　いいですか。
先生：いいえ，それは　いけません。ペンか　ボールペンで　書いて　ください。

　やがて　始まりの　ベルが　鳴った。問題は　四題　あった。初めの　問題は　難しかった。何度も　書いたり　消したり　して，やっと　書き終わった。
　後の　問題は　簡単だった。終わりの　ベルが　鳴るまで　書き続けた。たぶん　完全に　できただろうと　思った。
　答案を　出してから，みんなは
「今度の　試験は　たいへん　難しかった。」と　言って　いた。ぼくも　そう　思った。

【　新出語彙　】まつ（待つ）　もんだい（問題）　ゆうべ　ドキドキ　なる（鳴る）　ようし（用紙）　しけんようし（試験用紙）　くばる（配る）　ちゅうい（注意）　さいしょ（最初）　ばんごう（番号）　かならず（必ず）　とうあん（答案）　はなす（話す）　やがて　だい（題）　はじめ（初め）　ど（度）　けす（消す）　やっと　かきおわる（書き終わる）　あと（後）　かんたん（簡単）　書きつづける（書き続ける）　かんぜん（完全）　できる　おもう（思う）　みんな　こんど（今度）　ぼく

生徒が聞く練習　②生徒が音読する練習　③日本語を朝鮮語に、朝鮮語を日本語に翻訳する練習がほぼ授業時間いっぱい続く。現在の感覚では、きわめて単調で機械的な授業に終始しており、なぜこのような授業が「模範授業」としてとりあげられているのか疑問に思われる。しかし、この模範授業について、この『民族中学日語教学研究(試刊号)』の総括的評価にあたる「閉会のことば」につぎのような講評がある。筆者は吉林省教育学院民族教育部主任・吉林省民族中学日語教学研究会理事長の鄭判秀氏である。以下に引用するのは、日本語で書かれている原文のままである。

　　私たちが考えるべき中国の特色を持つ新しい教授法とは、中国の実際から出発して、中国の実情に合う新しい教授法—直接法を中軸としながら、古い教育法—訳読法から長所をとり入れる一種の折衷案である。…新教授法は言語能力の実践と言語知識の理論を共に重んずる教授法である。<u>新しい言語教育は、その目標が何であるにせよ、口頭から入り文字に至るのが正道である。</u>

　この授業が模範授業とされたのは、上に引用した文章の下線部にあるのではないかと考える。すなわち、この授業中、「書く」ことがもとめられているのは、16分〜19分にかけておこなわれている「ノートに新しい単語の漢字を書く」という部分と25分〜26分の「本文の要約を箇条書きにする」という部分だけである。(ただし後者は、生徒がノートに書くのではなく、教師が板書することを意味している可能性が高い)それ以外は、すべて口頭で質問と回答がくりかえされている。それが、「口頭から入り文字に至る」「新しい言語教育」につながるものとして評価されているのであろう。朝鮮族の日本語教育の再開期をになった「満州国」世代の教員は、日本人と同様の日本語運用力をもち、授業はすべて「直接法」でおこなっていたとはいえ、その内容は教科書を丸暗記させる、すなわち、文字を覚えさせるものであり、音声をしっかり習得してから文字へという考え方によるものではなかった。

　さらに、この黄先生の授業が、「口頭から入る」音声教育として、模範授

業にとりあげられた理由をうかがわせるのが、新出語彙を「教員が発音を示し、生徒が続いて読む(2回)」練習の備考欄にある「語頭の濁音と、『答案』の長音に注意する」という書きこみである。このような母語の負の転移に注意が払われるようになったのも、日本語教育が外国語の教育として意識されるようになったことのあらわれであろう。前章で紹介したＢ氏は、「満州国」時代に日本語を学んだ「老人たち」の日本語についてつぎのように語っている。

> Ｂ：いま、わたしのような(世代の)朝鮮族は、日本語の発音があまりきれいじゃないですね。濁音とか…その原因の一つとしては、老人たちの発音がきれいじゃない、その教育をわたしたちが引き継いだんです。
> Ｈ：そのときの先生は、満州国のときに教育をうけた人たちですか？
> Ｂ：そうですね。でも、わたしはこの発音の問題は朝鮮語の発音の影響だとおもっています。満州国の時代に教育をうけた人たちは、日本語と朝鮮語の発音のちがい(音韻論的な区別)を、はっきり知らなかったので、それがうけつがれてしまいました。わたしの高校の先生は、全員が老人ですから、そのときも発音がそのままでした。
>
> (2006.8.10)

再開されたばかりの日本語教育を担当した「老一代」の人々には、たしかに母語同様に日本語を話すことができたのだが、日本語を外国語(第二言語)としてとらえる感覚がなく、二つの言語の発音の差異についても無頓着であった。これは3.1.1で述べたとおり、「満州国」時代の朝鮮人学校には、必ずしも日本人教員がいたとは限らず、朝鮮人が日本語(国語)の授業をすることが多かったことの反映ではないかと思われる。したがって、「老一代」の日本語教師は、日本語にある有声子音と無声子音の対立と、朝鮮語における有気子音と無気子音の対立を意識的に弁別することはできていなかったのであった。また、日本語には存在し、現代朝鮮語には失われた長音の識別もできていなかったのであろう。しかし、民族中学日語研究会が開催された

1984年ごろになると、日本語を外国語であると意識し、母語である朝鮮語と日本語のあいだにある発音の差異を教えようとしていることがわかるのである。

次に掲げる表3-5は、金先生の授業進行表である。この授業は第2時限目で、テーマは「会話」となっている。3.5.1で述べるように、この時期、初級中学で使われていた日本語教科書の「課文(本文)」は、ほとんどが「閲読(読解)」形式で、各自が読んで内容を理解すればよいことになっている。ここでとりあげられた、第10課「王さんの部屋」のように、課文中に会話形式を取りいれている課は少ないのである。そのために、この2時限目の授業のテーマをとくに「会話」としたのではないかと考えられる。それはまた「会話」の授業をどのように進めるか、ということが研究会でおこなう「模範授業」にふさわしいテーマであると考えられていたことをあらわしている。

この金先生の授業も、やはり口頭での練習を主としている。授業時間の中ごろに、教師がものの名前を書き、生徒はそれが部屋のどこにあるか書く、という練習があるが、おそらくこれは、教室の生徒数が多いために、このような「書く」タスクをとりいれないと、授業に参加しない生徒がでてしまうためではないかと考えられる。この時期の吉林市朝鮮族中学は、1クラスの人数が50名前後であったと思われる。

この金先生の授業は、教科書のなかでは、数少ない「会話」の課を模範授業にとりあげているにもかかわらず、その練習は、教科書の課文の内容を何度もくりかえして聞き、また話す練習に終始しており、日本人教師ならだれでも考えるような、生徒の自分の部屋について語らせるといったコミュニカティブな要素をふくんだ練習がまったくないため、非常に硬直化した授業であるという印象を与える。しかし、前出の「閉会のことば」は、つぎのように評している。

　　(模範授業の)教授法の特点としてあげれば、学生を学習の主体にして、学ぼうとする学生の意欲を充分に各方面から高め、学生の自覚自習、自修習慣の養成に力を注いでいる点である。次に低学年ながらも、

第 3 章 中国朝鮮族の日本語教育　177

表 3-5　吉林省民族中学日語教学研究会における模範授業(2)

学校：吉林市朝鮮族中学　　　　　　　　　　　　　　　　　　金　青玉先生
学年：初級中学 2 年
　　　　　　　　　　第 10 課「王さんの部屋」(第 3 冊)　　第 2 時限目(会話)

時間(分)	項目	テーマ	活動内容	備考
0〜3	宿題 (予習)	本文	生徒同士で会話の内容について問答をする	新しい単語を 2 つずつつないで会話式に答えなさい
4〜5	練習	本文 (会話文)	教師と生徒が(役をきめて)交互に会話文を読む	
6〜13	質問と回答	本文 (会話文)	会話の内容を教師が質問	外から見た王さんの部屋の様子、王さんの部屋の中の様子
14〜25	練習	本文 (会話文)	「〜てある」「〜ている」の練習、教師が部屋にあるものの名前を書き、生徒がそれがどこにあるか続けて書く	黒板に生徒が出て書く
26〜36	練習	教科書の挿絵	生徒の一人が前にでて、絵の中にあるものについて聞き、他の生徒がどこにあるか答える	
37〜42	説明	学習文型	「〜ている」「〜てある」の文型を復習	
43	質問	本文 (会話)	王さんの部屋をみて、あなたはどんな感想をもちまし	
44〜45	宿題の指示	実物	わたしたちの教室の様子を詳しく観察して書きなさい	

「民族中学日語教学研究(試刊号)」(1985)収録の「教案」をもとに筆者作成

第10課　　王さんの　部屋

　王さんの　部屋は　二階に　あります。小さい　部屋ですが，南向きで，日が　よく　当たります。
　窓が　開けて　あり，涼しい　風が　入ってきます。窓の　そばに　机が　あり，机の　上に　花瓶と　時計が　置いて　あります。花瓶には　赤い　花が　差して　あります。その　横に　本棚が　あり，本や　辞書などが　たくさん　並べて　あります。
　壁には　大きな　世界地図が　張って　あります。
　部屋の　右側には　何も　置いて　ありません。左側の　隅に　ベッドが　置いて　あります。
　王さんは　今日も　勉強を　して　います。そこへ　李さんが　訪ねて　きました。

李：ごめんください。
王：あっ，李さんですか。いらっしゃい。どうぞ　お入りください。
李：はい，お邪魔します。勉強中なのに　すみませんね。
王：いいえ，コーヒーと　紅茶と　どちらが　お好きですか。
李：紅茶が　好きです。
王：では，紅茶を　どうぞ。
李：ありがとう　ございます。いただきます。
王：李さん，ちょうど　バレーボールの　試合の　時間ですが，テレビを　見ましょうか。
李：それは　いいですね。見ましょう。
王：隣の　部屋に　あります。行きましょう。もう，すぐ　始まりますよ。
李：はい，行きましょう。

【　新出語彙　】　むき(向き)　みなみむき(南向き)　あたる(当たる)　まど(窓)　あける(開ける)　かびん(花瓶)　さす(差す)　よこ(横)　ならべる(並べる)　かべ(壁)　はる(張る)　すみ(隅)　ベッド　〜ちゅう(〜中)　たずねる(訪ねる)　ごめん　ごめんください　いらっしゃる　いらっしゃい　どうぞ　じゃま(邪魔)　いただく　いただきます　しあい(試合)　いい　となり(隣)　すぐ　〜てある　〜てくる　のに　よ〈終助詞〉

全時限をみな日本語で取り扱ったことである。これはどんな言語環境を作るのかの重大な原則的問題である。反面的に少なからぬ学校ではほとんど母国語で講義するので、学習者の耳に入るのは学ぼうとする日本語でない弱点がある。最後に、教者は学生にテキストの中でもっとも基礎的な知識を大量のドリルの過程を経て、学生の聞き方、読み方、話し方、書き方の技能の習得に力を注いでいた。つまり、ドリル、実践ということが肝要ということになる。

　上記の講評に、「教者は学生にテキストの中でもっとも基礎的な知識を大量のドリルの過程を経て、学生の聞き方、読み方、話し方、書き方の技能の習得に力を注いでいた。」とあるように、この授業も表3-4の黄先生の授業と同様、教科書の内容をくりかえし反復していることが評価されているのである。すなわち、当時、理想と考えられていた教授法は、①授業中は母語の使用を避ける(直接法)　②音声を第一とし、文字はその後に習得する　③大量のドリルを学習者に課す、というものであった。これがオーディオ・リンガル法による授業をさしていることは間違いないと思われる。すなわち、ここにははっきりと、朝鮮中学の日本語の教授法として、オーディオ・リンガル法をとるべきことが明示され、その教授法の「模範」として、この研究会で、二つの授業がおこなわれたことがわかるのである。これまで述べてきたとおり、「満州国」の日本語(国語)教育の延長上に展開してきた。日本語教育の「再開」を担った「老一代」の教員たちは、朝鮮人学校で自分が身につけた(つけさせられた)日本語運用力と「朝鮮人学校」でおこなわれていた授業のやりかたによって授業をしてきた。結果としてそれは、現在、コミュニカティブ・アプローチと呼ばれている授業の進め方に近いものになっていたことは、すでに述べたとおりであるが、「教授法」として意識されていたものではなかった。しかし、この研修会では、日本語の授業は一定の理論にもとづいた「教授法」によって進められなければならないことが強調され、その方法として、オーディオ・リンガル法が想定されているのである。

　ところで、当時の中国東北地方の民族中学には、LL教室はおろか、テープレコーダーもほとんど普及していなかったという現実があった[28]。視聴覚

機器がほとんど使えない教室で、オーディオ・リンガル法による「聴き」「話す」という新しい言語教育をおこなわなければならないという目標を与えられたために、教科書の内容を教員が何回も発話して生徒に聞かせ、また、生徒に教科書を閉じて何回も話させるという、教科書と教員をいわばテープレコーダーの代用とする表 3-5 のような授業進行が積極的に評価されたものと考えられる。

　ただし、ここで講評に「少なからぬ学校ではほとんど母国語で講義するので、学習者の耳に入るのは学ぼうとする日本語でない弱点がある」とあるのには、注意を払う必要がある。これまで、再三にわたって述べてきたとおり 1978 年に民族学校で日本語教育が再開されたときの日本語教員は、日本語について母語に準ずるほどの運用力をもち、日本語で授業を進めていたからである。ところが、ここでは「母国語で講義する」と語られている。これは、おそらく教員の世代交代が進んでいることをあらわしていると思われる。1978 年の日本語教育再開後に日本語を学んだ若い教員のなかには、自分の日本語に自信を持つことができず、「訳読法」あるいは、それ以前の「和文朝訳とその暗記」といった形式で授業を進めていたものも多かったことによるものではないかと思われる。

　1978 年、朝鮮族中学が日本語教育を再開したとき教壇にたった教員は、「満州国」で少なくとも中学卒業以上の教育を受けていた世代であるから、1978 年ごろすでに 55 歳〜 60 歳という年齢であった。それは、「むかし、日本人の学校で日本語をならったことのある、おじいさんの先生でした。満州国時代です。全部の先生がおじいさんの先生です」と C 氏が述べていることからも明らかである。中国の定年は 55 歳から 60 歳なので、この「老一代」の教員は 1980 年に入るとつぎつぎ退職しはじめたのであった。一方、朝鮮族中学で再開後の日本語教育を受けた学生のうち、成績のよいものは大学に進学し、それについで日本語に優れていた者は先に述べたように旅行社や企業に職を求めていった。そのため、朝鮮族中学では日本語を担当する教員が不足し、師範学校で政治や朝鮮語を学んだものが、急遽、日本語を担当せねばならないという状況があったのである。このようにして、朝鮮族の日本語教育は、ふつうの外国語科目へと変化していった。

3.4.2 現在の朝鮮族の日本語教育

　表 3-6 から表 3-8 は、朝鮮族中学の日本語の授業進行表である。これは、授業参観中にとったメモをもとに、筆者が作成したものである。表 3-6 および表 3-7 は、筆者が 2002 年の秋学期（中国では新学期にあたる）に滞在した黒龍江省 S 市朝鮮族中学での授業参観記録をもとにしている。筆者はこの中学で作文と会話の授業を担当しながら、1 学期間にわたってフィールドワークをおこなったのであるが、この表にした授業は、わたしが同校に滞在する前に訪問して、授業を参観したときの記録による。Y 先生の高級中学 2 年生の授業と、J 先生の初級中学 4 年の授業である。なお、2.2 などで述べてきたように、この 2002–2003 年度（2002 年 9 月開始）まで、黒龍江省と遼寧省の民族学校は、小学校 5 年、中学校 4 年、高校 3 年という変則的な学制をしいていた。2003–2004 年度からは、中国の一般の学制である 6-3-3 制に変更されている。したがって、この中学 4 年生のクラスは、年齢としては現在の中学 3 年生に相当するが、日本語学習歴は 4 年目であり、授業の内容は、現在の高校 1 年生に相当するということになる。もう一つの表 3-8 は、ほぼ同時期に黒龍江省 H 市の朝鮮族中学を訪問したときの記録にもとづく。この授業は、Z 先生の高級中学 2 年の授業である。

　中国の中学では、各教科の組長（教科主任）は、毎週、所属教員の授業を 1 時間ずつ参観することとなっている。また、主任以外の教員も、同じ教科の教員の授業を毎月 1 回は見学する。表 3-6 から 3-8 の授業は、そのような授業参観の機会に筆者も同席させていただいたものであり、とくに「日本人の見学のために準備された」授業ではなかったことを付記しておく。ただし、このうち J 先生（表 3-8）は、授業中あまり日本語での発話がなかったが、これについて後日質問したところ、「突然、日本人が参観にきたために緊張した」からだということであった。J 先生とはこのときが初対面であった。

　なお、このとき使用されていた教科書は、1996 年より 1998 年にかけて刊行された『全日制普通高級中学教科書　日語（試験本・必修）』の朝鮮語版（高級中学）と 1983 年 8 月〜 12 月に刊行された『初級中学課本（試用本）日語』の朝鮮語版（初級中学）であった。これらの教科書については 3.5.1 を参

照していただきたい。

　2校とも校舎は4階建てで、いずれもこの10年以内に新しく建設されたものである。校舎内の教室などの配置は、日本の中学・高校とよく似ている。ただ、完全中学であるので、中学と高校のクラスが同じ校舎内にある。筆者がおとずれた時のクラス数と生徒数は、S中学はクラス数29クラス、生徒数1700人で、これは民族中学に限らず黒龍江省でも最大規模の中学校であるという話であった。S市そのものは、農村地域に所在する小さな町であり、朝鮮族の人口比率がとくに高いわけでもない。じつは、S中学は、ふつうの(漢族の)中学をふくめた黒龍江省の全中学の中でも有数の進学校であり、黒龍江省の「状元」をたびたび輩出しているため、省内全域から朝鮮族の学生が進学してくるのである。わたしが訪問したころは、省内26市県から生徒がきているということであった。そのため校舎よりも大きな5階建ての学生寮が完備し、また、大きな食堂がある。生徒は学生寮に住み、朝・昼・晩の3食を食堂でとる。S中学は、英語クラスを設置しておらず、すべての生徒が日本語を履修している。同校の教務主任は「本校は、おそらく黒龍江省で最大規模の日本語教育機関だろう」と語っていた。吉林省や遼寧省と異なり、黒龍江省の朝鮮族中学では、いまだに日本語教育が主で英語を採用している学校のほうが少数派である。

　H中学は20クラスで約850名である。S中学ほどではないが、黒龍江省内の民族中学としては、省東部のM市の中学と並んで最大規模の学校の一つである。やはり数年前に省の状元をだし、また、H市の状元を何回かだしているという。こちらも学生寮や食堂が設置されているが、それほど遠隔地からきている生徒は少なく、H市内に家がある生徒が多い。中国東北地方有数の大都市であるH市であるが、瀋陽市の西塔地区のようなコリアンタウンはない。しかし、子どもの通学の便を考えて、この民族中学の周辺に居住する朝鮮族が比較的多く、学校を中心にゆるやかな朝鮮族コミュニティが形成されている。H中学は、外国語について、英語と日本語の選択制をとっており、その比率は英語70%〜60%、日本語40%〜30%程度と英語のほうが多い。理系クラスの生徒は、ほとんどが英語を選択し、文系クラス

の生徒は、日本語を選択するものが多い。これは、大学入学にあたって、理系学部はほとんどが英語で受験することを指定しているからである。H中学が英語のクラスをつくったのは、1990年代である。英語クラスを設置した当初は、英語の履修を希望する生徒が多くなり、日本語履修者が非常に少なくなったため、成績のよい生徒から英語クラスに優先的に配置したというが、その後、英語履修者が大学入学統一試験で苦戦する状況をみて、日本語を選択する生徒がやや増え、現在は、上記の比率でほぼ落ちついたという。

　中国の中学校（中学・高校）は日本と同様にホームルーム制をとっている。すなわち、生徒が授業をうける教室は移動せず、毎時間、教員のほうが教室を移動するシステムである。教室の広さは日本とそれほど変わりないと思われるが、S中学については、一クラスの定員が平均59名と多いので、教室がとてもせまく感じられる。また、教室の窓の開口面積が少し小さく、やや薄暗いことも、教室がせまく感じる一因になっていると思われる。筆者がこの授業見学におとずれた時期は11月末であったが、2校とも暖房は強すぎるほど入っており、生徒が多いこともあって、教室内にいると汗ばむほどだった。後に筆者がS中学で教壇に立ったときは、実際に暑すぎて、零下20度近い真冬でもシャツ1枚で授業をしなければならなかった。しかし、その後、小都市に所在するS中学は学生が年々減っている。

　さて、3人の授業をみると、20年前の授業とはずいぶん変化していることがわかる。まず、20年前に問題視されている「日本語で授業を進める」点については、J先生以外、ほとんどの授業を日本語でおこなっていた。またJ先生が日本語をあまり話さなかったのも先に述べたような事情があったため、その後、親しくなってから何度か見せてもらった授業では、他の2氏と同じように日本語で授業を進めていた。「日本語のみで授業を進めること」がただちに「よい授業」を保障するものであるとはいいがたいが、少なくとも20年前に「吉林省民族中学日語教学研究会」で問題視されていた、「朝鮮語で日本語の説明をして授業をおわる」教員は少なくなっている。
　それとは反対に20年前に授業のあるべき姿とされ、「模範授業」でもお

こなわれていた、授業時間のほとんどを教科書の機械的なドリルについやす教師もいなかった。これは、中国社会の経済的・技術的発展により、テープレコーダーをはじめ、電子機器が一般に普及して、教室で教師が機械的なドリルをする必要がなくなったこともあるだろうが、それ以上に、授業で機械的に反復練習をくりかえすだけでは、現行の「教学大綱」(指導要領)が目標とするコミュニケーション能力の養成には結びつきにくいことが認識されてきたことが大きいのだと思われる。文革により、世界の外国語教育のトレンドからすっかり取り残されたところから再開せざるをえなかった中国の外国語教育であるが、その後の 30 年間で先進国の標準に追いつきつつあるといえそうである。教科書の課文をなぞった問いと答えをくりかえすのではなく、教員の質問に自分のことばで答えさせたり、新出語彙について自分たちで短文をつくって発表させたりするような、コミュニケーションを意識した活動が、ここに取りあげた 3 氏の授業のみならず、ほとんどの教員の授業に登場している。

　表3-6 の「会話」の授業(Y 先生)というのは、教科書の中の「会話」という部分[29]を学ぶのだが、ペア練習を中心として、学習文型を使ったオリジナルな会話をつくって発表するように求めていた。この授業を参観していたときは、あまり主体的に会話を考えているペアが見うけられず、授業の進め方にやや問題があるように感じられたが、後にこの中学で筆者自身が「会話」の授業を担当する機会を得て、この問題が Y 先生の授業案やクラスコントロールの技量にあるのではなく、前に述べたとおり 1 教室の生徒数が多すぎることと、学生の学習意欲に差がありすぎることに起因していることを実感した。教室の広さにくらべ生徒が多いので、机の間が狭く、物理的に教師が生徒の中に入ることがむずかしい。そのため、学習に興味をもてない生徒は、授業中、半ば居眠りをしている。日本の学校であれば私語や携帯電話で授業そのものが成り立たなくなりそうだが、日本のように私語をする生徒がほとんどいないのが救いである。しかし、有名大学への進学を希望して勉強している生徒は、非常に熱心に勉強に取り組んでおり、事実、この表3-5 を作成したときの Y 先生の授業においても、最後に前にでて「サッカーについて」発表したペアの口頭表現のレベルはとても高かった。

表 3-6　授業参観記録(1)　S 中学 Y 先生

学校：S 市朝鮮族中学　　　　　　　　　　　　Y 先生
学年：高級中学 2 年生
第 6 課「おはようございます」といってはいけません。「会話」の時間

時間	項目	テーマ	活動内容	備考
13:00 13:01 13:02 13:03 13:04 13:05	発表	自由	生徒による 2 分ほどのスピーチ(2 名)	毎回、授業の開始時に順番を決めて発表する。生徒の発表のあと教師がまちがいを訂正する。「目について」「授業中のこと」
13:06 13:07	説明	あいさつ	授業のあいさつに続いて、日本の「あいさつ」について話す	文化事象の説明
13:08 13:09	聴解	本文	課文のテープを聞かせる(1 回)	「教科書を閉じて聞いてください」と指導、しかし、生徒はみんな教科書を開いている
13:10 13:11 13:12 13:13 13:14	質問と聴解	本文	教師が本文について質問をして、それについて考えながらテープを聞く(1 回)	「誰と誰があいましたか？」「どこであいましたか？」
13:15 13:16 13:17 13:18	練習	本文	各自で音読	教科書を開くように指示
13:19 13:20	聴解	本文	再びテープを聞かせる	教師はその間に板書
13:21 13:22	練習	本文	教師のあとについて一緒に読む(2 回)	
13:23 13:24 13:25 13:26 13:27	練習	本文	ペアになって会話の練習	会話ではなく、二人で交互に教科書を読むだけ
13:28 13:29 13:30 13:31 13:32 13:33 13:34	発表	本文	ペアを指名して教科書を読ませる(3 組)	教師は発音をなおす
13:35 13:36 13:37 13:38 13:39	質問	学習文型	「禁止」の表現(文型)について質問	文型は板書してある
13:40 13:41 13:42 13:43 13:44 13:45	練習と発表	学習文型	禁止の表現を使ってペアで会話をつくり、前にでて発表	「サッカーについて」

表 3-7　授業参観記録(2)　S 初級中学 J 先生

学校：S 市朝鮮族中学　　　　　　　　　　　J 先生
学年：初級中学 4 年（2002 年度まで黒龍江省の民族中学は 4 年制だった）
　　　　第 6 課「生物」　　　「課文」の朗読と解説の時間

時間	項目	テーマ	活動内容	備考
13:50 13:51 13:52 13:53 13:54 13:55 13:56 13:57 13:58 13:59 14:00 14:01	質問と回答	新出語彙	前の時間に学んだ新出語の意味を復習	
14:02 14:03 14:04	聴解	本文	本文をテープで聞かせる、それについて生徒だけでコーラス	テープの音が非常にわるくなにをいっているかほとんどききとれない。テープが悪いのだということであった
14:05 14:06 14:07 14:08 14:09	練習	本文	各自で音読	教師が机間巡視（これははじめてみた。中国の教師は、一般に教壇からはなれない。クラスに生徒が多すぎるのも一因か？このクラスは 58 名
14:10 14:11 14:12 14:13 14:14 14:15	練習	本文	席順に本文を段落ごとに読んでゆく	ものすごく読み方を間違ったときだけなおす。もうすこし直すべき。総体的にサ行が不安定
14:16 14:17	練習	本文	本文を生徒だけでコーラス	教師は指示のみ。もう少し生徒への働きかけがあったほうがよい
14:18 14:19 14:20 14:21 14:22 14:23 14:24	質問	挿絵	教科書の挿絵を OHP でスクリーンに投影し、その絵について質問	「なぜその動物は役に立つか？」ひとつひとつの動物について答えさせる。このあたりから説明がふえてくる。説明は朝鮮語
14:25 14:26 14:27 14:28 14:29	質問	文型練習	短文を各生徒に考えさせ、指名して発表	「～は～と～に分かれます」 「日本語はかなと漢字に分かれます」 「人は男と女に分かれます」など
14:30	練習	本文	もう一度各自で朗読	
14:31 14:32 14:33 14:34	発表	本文	指名して、前に出て本文の要約をさせる(2 名)	生徒の声があまり大きくない
14:35	宿題	指示		

第3章　中国朝鮮族の日本語教育　187

表3-8　授業参観記録(3)　H高級中学Z先生

学校：H市朝鮮族中学　　　　　　　　　　　　　　　　　Z先生
学年：高級中学2年生
　　　　　第7課：正月の料理(第3冊)

時間	項目	テーマ	活動内容	備考
13:00	あいさつ	あいさつ		
13:01 13:02	発表	道案内	生徒がペアで前にでて、OHPで地図を示し、書店・郵便局の場所を教える	
13:03 13:04	質問		教師が生徒に発表の内容について質問し、指名して答えさせる	
13:05	音読	本文(会話)	各自で朗読させる	
13:06	説明	旧暦と新暦	教師による問いかけ	日中比較
13:07 13:08 13:09	質問と説明	日本の正月	「おせち料理」と「餃子」の比較、「昆布」と「魚・鶏」との比較	OHPを使用・文化事象の説明
13:10	聴解	本文(会話)	テープを聞かせる	
13:11	聴解	新出語彙	テープを聞かせる	
13:12	聴解と音読	新出語彙	テープのあとについて音読	
13:13 13:14	音読	本文(会話)	各自で読む	
13:15 13:16	音読	本文(会話)	指名して読ませる	アクセントを教師がなおす
13:17 13:18	音読	本文(会話)	教師が音読したあとをコーラス	
13:19 13:20	説明	新出語彙	教師が意味を説明	黒板に板書
13:21 13:22 13:23 13:24 13:25 13:26 13:27	作業と説明	新出語彙	生徒を指名して新出語彙で短文をつくり、黒板に書かせる	漢字の差異などをていねいに説明
13:28 13:29 13:30 13:31 13:32 13:33 13:34	説明	日本の正月	年賀状の書き方や元旦配達についての説明	文化事象の説明、当時、中国には年賀状がなかった。OHPを使用
13:35 13:36 13:37 13:38 13:39	作業	新出語彙	ノートに新出語彙を書かせる	
13:40 13:41 13:42 13:43 13:44 13:45	質問	新出語彙	新出語彙の読みかた、意味を生徒に質問	OHPを使用
13:45	宿題	今日の宿題	新出語彙をノートに書いてくること	

このようなクラス内、あるいはクラス間の生徒の学習に対するモチベーションの差と、そこに起因する学力レベルの差という問題は、すべての朝鮮族学校が現在抱えている問題点の一つである。これについては次節で考察したい。

表3-8に示したZ先生の「正月の料理」という単元では、日本の正月と中国の春節を比較し、「昆布」と「魚」という、どちらも縁起をかついだ語呂合わせ[30]から新年に食べることになっている食材を例として、人間の発想法の類似点を指摘している。このような教科書の内容を発展させて授業を展開することも、20年前の「研究会」における「模範授業」にはみられなかったことである。

さらに、Y先生の授業でも、Z先生の授業でも、授業開始から5分ほどを学生の発表時間にあてているが、このように教科書を離れて授業の進行をすることは20年前には考えられなかったと思われる。

じつはこの3人の先生は、年齢にかなり開きがあり、J先生は、日本語教育の開始期から教員をしているベテラン教員、Y先生はそれに次ぐ世代であるのに対し、もっとも若いZ先生は、当時、大学をでてまだ2年目という若い教員であった。しかし、このような年齢の開きのある教員が、ほぼ同じような考え方で授業を進めているということは、この20年間に朝鮮族中学における日本語教育の教え方が、英語教育とまったく同じように「外国語教育」として定着したことを意味しているのだと思われる。しかし、それは同時に、日本語教育が英語教育と同等なものとなり、英語教育との比較優位性が失われたことも意味している。すでに2.3.2などで述べたとおり、現在、朝鮮族中学では日本語をやめて、英語に切りかえる動きが急であるが、このような状況を考えれば、それも当然のことといえる。

3.4.3　日本語教育へのビリーフ

このように現在の朝鮮族中学では、日本語の授業は、すっかり他の外国語教育と同様に進められているといってよい。教員の日本語力も低くはないが「よくできる学習者」レベルであり、かつての「老一代」の教員のように「母語に準ずる」というほどではない。したがって、日本語教育の優位性も

薄れ、その効果は英語教育と変わらないのではないかと思われる。しかし、多くの教師がインタビューにおいて朝鮮語と日本語の距離の近さにより、日本語教育の優位性は変わっていない、と述べている。しかし、筆者はそのかなりの部分は「日本語教育に対する朝鮮族の思い込み」ではないかと考えている。

　3.3.1で述べたとおり、中国東北地域においても、漢族の中学校は1980年ごろいっせいに英語教育に転換した。現在、中学で日本語教育をおこなっているのは、そのほとんどが民族学校である。しかし、吉林省には例外的に、日本語を採用しているふつう(漢族)の中学が省の東北部、Z県に数校存在する。この県は内蒙古自治区と黒龍江省に隣接した低湿地に位置し、アルカリ塩類におおわれた荒蕪地がひろがっているため、中国政府によって「貧困地区」に指定されたほどの、生産性がきわめて低い地域である。この地区で日本語教育がおこなわれるようになった経緯については、確実な記録がないので不明であるが、現在、2校の高級中学(高等学校)と5校の初級中学(中学校)で日本語教育がおこなわれている。地区の教育委員会の責任者によると、この地域において日本語教育が継続しておこなわれている理由は、「統一大学入試において、(英語に比べ)日本語のほうが高得点を期待できる」からである。「僻地の貧困地区の学生が、大都市の学生との競争に勝ち、進学するためには、英語のような参考書、問題集が数多く発行されている科目より、あまり受験テクニックが研究されていない日本語のほうが有利である」という。確かにこの地域の初級中学で日本語教育をおこなっている学校は、郊外の集落に散在しており、市街地にある2校の高級中学で日本語クラスに在籍している生徒は、ほとんどが郊外の初級中学の出身者である。郊外の農村の初級中学でのインタビューによれば、英語を勉強して高級中学の入試に合格することは、きわめてむずかしく、その対策として日本語のクラスを設置しているという。すなわち、朝鮮語や蒙古語を母語としていない学校においても、日本語は「勉強しやすい科目」とされているのである。なお、この地区の高級中学からも、日本語クラスから北京大学への進学者をだしている(2004年)。

　また、東北3省の南に接する河北省においても、Y県など農村地域のいくつ

かの中学で日本語教育がおこなわれている。この地域の日本語教育は「全国統一大学入試の外国語科目の平均点が日本語のほうが高いという状況をみて、1979年に日本語クラスの募集を始めた」(国際交流基金日本語国際センター，2002, 64)という。

このような例をみると、大学入学統一試験で、英語より日本語のほうが点数をとりやすいということと、朝鮮語やモンゴル語を母語としているということのあいだにそれほどの相関はないのではないかと考えざるを得ない 。事実、Z県・Y県、どちらの中学の日本語担当教員も、英語に換えて日本語で受験した場合の点数の増加分は20点～40点であると試算しており、この得点差は、英語クラスと日本語クラスが併設されている黒龍江省の哈尓濱第一朝鮮族中学の英語クラスと日本語クラスの得点差とほとんどかわらない。こうしてみると、「朝鮮語・モンゴル語母語話者であるから日本語の試験が有利になる」という考え方には、それほどの根拠がないように思われる。現在の日本語と英語の得点差は、朝鮮族の民族中学だけではなく、漢族の中学でもみられる現象であるから、日本語科目そのものが、英語より平均点がとれるように出題されていると考えざるをえない。

しかし、インタビューによれば、かつては同じ日本語という科目で、漢族と朝鮮族の間に30点もの平均点の差があったという。これを朝鮮族の教員は、母語の違いによるもの、としているが、現在の日本語の成績にほとんど差がないことを考慮すると、母語の違い以上に教員と環境の差が強く関与していたのではないかと思われる。すなわち、朝鮮族は学校では母語同様に日本語を話す教員が授業を担当し、帰宅すればコミュニティ内に日本語話者がいるという環境が、平均点の差を生んだのではないだろうか。すなわち、母語の差は、朝鮮族の人々が考えているほど大きく成績に影響していないと筆者には思われる。

現在の朝鮮族中学の日本語の授業は前節に見てきたとおり、外国語の授業として、かつてよりずっと洗練されたものになったが、朝鮮族でなければできないという授業ではない。さらに2.3.2で述べたとおり、民族学校に通う学生の朝鮮語運用力が、かつてにくらべてずっと低くなっていることを考えると、すでに日本語教育に対する朝鮮族の優位性は、ほぼなくなっていると

考えられる。実際に、「年々、日本語でいい点をとるのが難しくなっている」「日本語の出題が難しくなった。むかしのように日本語で差をつけることができなくなっている」という声を、いくつかの朝鮮族中学で聞いた。もし、今でも朝鮮族の日本語教育になにか有利なことがあるとすれば、それは「日本語では漢族には負けない」という朝鮮族のビリーフが、「満州国」以来、いまだに残っていることだけであろう。

3.4.4　教師の授業観とその実現

　以上述べてきたように、授業を参観すると、朝鮮族の日本語教育は、20年間で、その教授法が大きく変わり、また、中国の教育でもっとも大きな比重をしめる教科書のとりあつかいにも変化があったことがよくわかる。教員は、その変化をどのように意識しているのだろうか。ふたたび遼寧省のA氏とD氏に語っていただいた内容を紹介したい。

　A氏、D氏の中学は、高級中学のみを開設しており、1学年5クラス編成200名前後の中規模校である。同校の外国語科目は、英語と日本語の選択制である。どちらを選択するかは生徒の意志にまかされているが、この中学は高級中学のみの単独校なので、ほとんどの生徒は初級中学で学んだ外国語を引き続き学ぶ。現在は、英語履修者が3/4をしめ、日本語履修者は1学年30～50人である。数年前までは、英語と日本語の比率は半々であったが、近年、急に減少した。これは、周辺の初級中学で、保護者のつよい要望により、日本語をやめ英語に切り替える学校があいついだことが原因である。ただし、この英語教育への転換は、教員の確保などにさまざまな問題をかかえたままおこなわれたために、生徒の外国語の成績がかなり下がったという批判がふたたび保護者からあがり、一部の初級中学では日本語科目を再開した。したがって、今後数年間で日本語履修者が4割程度まで回復するのではないかというのが、A氏、D氏に共通する認識である。

　この中学では、外国語科目以外に選択制をとる科目はないので、外国語以外の授業はすべてホームルームでおこない、外国語の時間のみ日本語選択者が別のクラスに移動する。日本語については、1学年2クラス編成としている。日本語の教員は3名、学年持ち上がり制で、一人で1学年2クラスを

担当している。この2クラスは、成績順に編成されており、Aクラスは成績がよい生徒、Bクラスは成績がふるわない生徒をあつめたクラスとなっている。日本語履修者が少ない現在の状況では、1クラスの人数は25名〜15名となるので、教育環境としては恵まれている。

[D氏の話]

H：D先生が日本語を教える場合は、どういうところに注意して教えることにしていますか

D：わたしの場合は、A組の場合は、おもに会話、聞き、ヒアリングの…聴力の力をつけさせようとしますね。つぎは…

H：A組はできるクラスですね？

D：はい、できるA組は。それでB組はできないクラスですから、あの、前学期の場合はですね、5分間か10分間を利用して活用をおしえてあげました。中学校の活用ですね。これは、これは五段動詞の活用はこうやります、翻訳は…つぎはおぼえさせますね。おぼえたら、すぐにできますね。簡単なものはできるようになる。とくに助動詞、接続助詞と助動詞がつく場合、なんと翻訳するか、それがいちばん大切だとおもいます。翻訳できれば、だいたいできますよ。そのあとで、単語と単語のニュアンスとか、文法と文法の間のニュアンスなんか教えます。

H：Aクラスのヒアリングの授業のやりかたはどうですか

D：ヒアリングは、いまやっているのは、あのー、前学期、I先生（同僚の教師）に買ってきてもらった南開大学（が出版したヒアリング教材：南開大学は天津市の著名な大学）…南開大学の、ちょと、よくないんです。そのもの、それから、わたし、また、自分でテープがありますね。そんなものを使ってやります。

H：それは、テープをながして、学生に聞かせて

D：聞かせます。はい。それは、いまははじめて、先学期はやらなかったんです。大学の試験のなかにヒアリングはなくなったんですからね。1年生は20課までですね。ですから、授業のすすみがたりな

いかと、ですから、でも、今年からはやらなくちゃだめという感じがして、ヒアリングですね。それで、はじめて。
H：それは、なぜやらなくちゃダメだとおもったんですか
D：それは、いまはおも、おもに授業しているものは、日本語でやりますね。ヒアリングができなかったらだめなんで。
H：先生は全部、日本語で授業しているんですか
D：いやいや、あの（笑）、文法のときは、文法の授業をするときは、あの、朝鮮語、中国語、日本語で解釈します。もちろん、おもに朝鮮語ですね。ほかの時間は日本語でやります。文法は、身につけなかったらだめなんですからね。はい。
H：じゃあ、教科書のいちばん最初の時間は単語をやりますか
D：あー、いまは単語をやります。一年生ですから。単語をちょとやらせてから、じつは第2課の場合は、単語は予習させますね。宿題として。あの、この新出語彙を予習してください、といったら、おぼえてきます。自分でその単語の意味をさがしてからきますね。そうだったら単語をおもに発音の読み方ですね、アクセントの読み方、それを練習させます。
H：意味は自分で予習させて、発音とかアクセントを授業でやるんですね
D：あの、中学のときそういう練習がなかったそうなんです。なかったようですよ。あのー、後ろに1形とか2形とか、こういう表記がついていますけどね、読むのはむちゃくちゃに自分勝手に読みますね。それで、先生についてから読んでから、あの、テープもありますからね、本文が終わってからテープの内容を聞いて、聞かせます。（1形・2形はアクセント型の表記をさす）
H：単語をやって、それから本文ですね
D：本文です。本文は、いまはとくに、前学期の場合はですね。1年生はとくに日本語に、あの、なんというか、興味といいますか趣味ですか…
H：興味ですね

D：興味をもたせるように、はやくち、はやくち…えー、速く読む練習をさせます。ああ、はじめからスピードをだして読ませますね。つぎは、二人立たせてですね、どちらが速く読むか、そういう練習をさせます。では、もちろん、1年生だったらです、アクセントとかこういう方面で違うところがありますよ。イントネーションとか。でも、速く読むためには、何度も練習しなければなりませんね。ですから、ふだんですね、テープを聞いてから1回ぐらい読みますよ。でも、宿題を読んでください、といっても読まないんですね、いまの生徒、それで。

H：AさんとBさんと立たせて、同時に読ませて…

D：段落段落で、この一段落は、この二人、つぎの段落はわたし…誰、あの、自分で指名しますね。わたし誰と試合をします、と、こういうふうに。それで、わー…っと読みますね。読むためには自分で練習しなくちゃだめですね。負けたらちょとはずかしそうな、そんな顔しますね。そういう感じがしますね。もちろんわたしが…たとえば、わたしが日本語ができないと思ったら、生徒たちがちょっとレベルの低いと思う人、そういう人を指名しますね。あなたと試合します、と。

H：そうすると、今度は低い人は勉強する、と

D：うちに帰って自分で読みますね。はい、勝つために。

H：そうして、本文が読めるようになったら、今度は文法の説明ですか

D：本文が読めるようになったら、文法ですね。簡単に文法の、あの、勉強をして、文法の勉強は、連語とか、まずおぼえさせます。連語はなぜかというと、あの、いまの生徒はよく書かないんです。先生が教えてから、自分がうちに帰ってから書かないんですね。ですから、わたしがここに書いてから、おぼえなさい、ではA組の場合は5分間でいいですよ。

H：おぼえますか

D：ええ、すぐおぼえてしまいます。でも、B組の場合はですね、おぼえさせてもおぼえられないですからね、この授業のなかで、これだ

けはおぼえて、おぼえたら、あのー、外に出ることができるから…
H：教室の外に？
D：はいはい…では、はーっとおぼえますね(笑)。でるために。でも、こういう方法もあの、いまはちょっと(笑)。
H：文法の説明は、おもに朝鮮語
D：ええ、文法のときは朝鮮語
H：文法の説明をするときに朝鮮語で説明するのと中国語で説明するのとどっちがやりやすいですか
D：はい、わたしはいまはだいたい朝鮮語をつかいますね。もちろん、あの中国語、ある単語はですね、たとえば、「そろそろ時間です」とか「そろそろ」、この「そろそろ」のこういう単語は、朝鮮語で授業したら、だれも理解できないんです。それで、こういう場合は中国語で解釈するとすぐわかりますね。そういう単語は朝鮮語に翻訳したら、そのままになったら使えないです。「そろそろ時間です」朝鮮語でいえば、「이제 곧 시간입니다.」「바야흐로 시간입니다.」…理解できないんですね。朝鮮語のなかでは、そういう意味がないですから。中国語で「快到什么什么时候了」。あ、すぐわかりますね。ああ、たとえば、「そろそろ時間です」といえば、「快到上课了」、ああ、すぐにわかりますね。それじゃなくて、中国…朝鮮語だけでは、だめなんですね。
H：ふつうは…例外があることもわかりましたが、ふつうはやはり、朝鮮語のほうが語順とか文法で似ているので説明しやすいんですか
D：はいはい、とくにB組のほうは、ひとことひとこと、翻訳させますね。たとえば「なになにを」、「を」は朝鮮語の何々にあたる、とこういうふうに。はい。
H：それができるから、朝鮮語のほうがやりやすい。で、文法をやってからは
D：文法をやってからは、そのつぎの授業は、問の答えの練習ですね。おたがいに問いをだして、本文を読んでから、あの問いをつくりますね。

H：あ、自分でつくるんですか
D：つくります。問答練習ですね。自分でつくって自分が指名します。A…えー、いまは、生徒が少ないですからね、ABC 三つの組、あるいは AB 二つの組、ある場合は、男女がわけて試合しますね。男女がわけて誰が質問します、というぐあいに。質問できなかったら、（罰ゲームとして）授業の終わりの部分に歌をうたわせたり（笑）、踊りをやらせたり、こういうふうにやります。
H：じゃあ、教科書のなかの問題をやらせるのではないんですね
D：いや、教科書のなかにありませんよ、問。少しだけでしょう。
H：じゃあ、この練習問題は、自分で問題をつくって
D：ええ、まあ、生徒たちがいちばんすきなのがこの問答練習の時間ですね。
H：こういう教え方は、ほかの学校でもしているんでしょうか
D：いやー、S（注：S 市朝鮮族中学…この周辺でもっとも大きな朝鮮族中学）でもやっているでしょう…
H：ほかで、あんまり聞いたことがないんですが
D：わが学校では、ほとんどの人がこの練習をさせますね。これは、自分でセンテンスをつくりますからね。聞くためにはセンテンスを、問いをつくらなければならないんですね。また、教科書をおぼえないと答えられないですからね。
H：教科書を見ないでやるんですか？
D：はい、テキストを閉じて質問します。これはもちろん A 組、あの、B 組はだめなんですから。
H：B 組はどんなことをやりますか
D：B 組はおもに読み練習です。誰が速く読めるか。はい。
H：最後に練習でおわりですか
D：練習でおわりです。あ、会話、会話はその授業のなかで、あのー、授業のなかで、全部、おぼえますね。会話、会話本文がおわったら、つぎの授業のなかでは、ヒアリング、テキスト第 1、練習 1 は、あのヒアリングですね。テープの内容について、ことばのよう

にいいなさいという、それをやってから、つぎは、ロールプレイですね。あー、会話の内容をあの、自分でつくってから、二人か三人ででて、ロールプレイです。
H：その二人か三人は、最初から仲のいい二人
D：でもいいです。
H：それは、そのときに指名するんじゃなくて
D：指名しないんです。最初から誰かでてくださいといったら、宿題として、前の時間にこれは宿題、準備しなさいというと、書きますね。書いてからおぼえます。つぎは、そのなかであるところは先生がなおしてあげますね。いちばんあとは、『自立試験問題』をとりあげます。『自立試験問題』は、あの練習問題（集）ですね。
H：じゃあ、かなりいまは、話したり聞いたりというのを増やしてやっているんですね
D：はい、以前よりも。以前も、だいたい5・6年前は文法の授業が多かったんです。この時間のなかにも文法、あとの授業のなかでも文法、こうだったんですけど、いまは文法の授業は20分ぐらい…だいたい20分ぐらい
H：ああ、そんなに少ないんですか。D先生が自分の…Nの高級中学のときも文法中心ですか
D：ああ、そのとき、そうです。文法の授業が多かったんです。でも、はじめ、あの、聞きとれなかったらですね、いくら授業をしてもわからないんですよ。わたしもそうだったんです。そのときも、たとえば、そのときは、未然形とか連用形とか、未然形ってなにーというふうに、それで、はじめからわかったらですね、とくに、あの、はじめの五段動詞からの活用ができなかったら、あとの活用は全然、だめなんです。いくら授業してもですね、わからない、なぜそうか…変化するかーという感じがします。
H：いま学校によっては高考の試験問題を毎日やっている学校とかそういう学校もありますが
D：高校3年生の場合は、毎日、練習問題をとりあつかいます。はい、

3年生の場合はそうなんです。でも、1年生と2年生の場合は、お
　　　もに話す練習ですね。
　　H：話したり聞いたりがちゃんとできていれば、高考の問題は
　　D：はい、やさしく思われますね。

　　　　　　　　　　　　　　　　　　　　　　　　（2006.2.20）

　D氏の話のなかで、まず強調されているのが、「聞くこと」「話すこと」の重要性についてである。インタビューのなかで、それは何度も強調されている。現在のD氏の授業では、朝鮮語・漢語でおこなう文法の説明をなるべく短くし、それ以外は、日本語で授業を進めているという。また、生徒の発話の時間を長くすることが意識されている。しかし、このような授業が意識されるようになったのは、5・6年前（2000年ごろ）であり、それまでは、もっと文法説明の多い授業がおこなわれていたという。それはD氏の日本語運用力といった要素に起因するものではなく、社会的にそのような授業が標準とされ、D氏も無意識にそれにしたがっていたということであろう。インタビューでわかるとおりD氏の日本語運用力はとても高いレベルにあり、その当時から日本語で授業を進めることに困難があったとは思えない。

　受験教育については「高校3年生の場合は、毎日、練習問題をとりあつかいます。はい、3年生の場合はそうなんです。でも、1年生と2年生の場合は、おもに話す練習ですね」ということばから、高校3年生に集中しておこなえばよいという考えがうかがえる。さらに、「（話したり聞いたりがちゃんとできていれば、高考の問題は）やさしく思われますね」ということばから、話す練習と受験勉強が矛盾するものではないとD氏が考えていることがわかる。その意味でD氏の意識は、すでに受験教育から、コミュニケーションのための日本語教育へとむかっているといえよう。

　しかし、その一方、「話す練習」の内容については、あくまでも教科書に書いてあることが中心であり、教科書を離れて、テーマを自分できめて話す（スピーチ）、あるいは、ある場面や役割を想定して会話の練習をする（ロールプレイ）こと、さらに日本語による討論などはおこなわれておらず、日本における日本語教育で一般的に想起される「コミュニケーションを意識した

授業」とは一線を画したものとなっている。唯一、学習者のオリジナルな発話力が問われるとおもわれる「問答練習」も、内容は教科書の内容を暗記して、それについての問答をする、というものである。「これは、自分でセンテンスをつくりますからね。聞くためにはセンテンスを、問いをつくらなければならないんですね」とはいっても、表現する内容は教科書の内容に固定されており、自分自身のことを表現するために言語を運用しているとはいえず、真のコミュニケーション力が身につく練習といえるかどうかは疑問が多い。その一方「また、教科書をおぼえないと答えられないですからね」と語っているのは、高考が、教科書に準拠しておこなわれることを意識し、「教科書をおぼえるため」の問答練習としておこなっていることがうかがわれる。

　なお、Aクラスにおいては、「ヒアリングのテープをながして、学生に聞かせ」るのだが、その練習について、「先学期はやらなかったんです。大学の試験のなかにヒアリングはなくなったんですからね。」とあるのは、数年前から、遼寧省では高考の日本語の試験からヒアリングをなくしたという事情を語っている。日本では考えられないことだが、第3章で述べたとおり、中国の高考は、省(あるいは市)単位で採点され、中国全土の各大学の学生募集(招生)も省単位で人数枠を指定しておこなわれるので、省の状況によって、特定の科目の問題の一部を採点せず、他の問題の配点をひきあげて150点満点にするという操作をすることが許されるのである。遼寧省の場合は、ヒアリング試験に使われる校内放送の装置の整備状況が、試験会場によってまちまちであることから、このような措置がとられているとのことである。

　いずれにしても、「1年に20課進まなければならないし、大学入試にはヒアリングがなくなったので、昨年まではヒアリングをやらなかった」が「今年からはやらなくちゃだめという感じがして」なぜなら、「おもに授業しているものは、日本語でやりますね。(だから)ヒアリングができなかったらだめ」というわけでヒアリングの練習を開始(再開)した、というD氏のことばには、「生徒に日本語を学ぶ本来の目的を伝えたい」という外国語教師としての立場と、「受験のための日本語教育」を強く意識しなければならない民族学校の教師としての立場の間で揺れうごくD氏の心情が吐露されてい

る。

　D氏の語りのなかで、「聞くこと」「話すこと」と同じぐらいくりかえしふれられているのが、AクラスとBクラスの授業内容の大きな差である。インタビューでは、二つのクラスの話が交錯しているためにややわかりにくいが、D氏が教え方にさまざまな工夫を試みているのは、主にAクラスを対象としたものである。Bクラスについては、「5分間か10分間を利用して活用をおしえてあげました。中学校の活用ですね。」とあるように、はじめは中学校の文法項目の復習をおこない、「つぎはおぼえさせますね。おぼえたら、すぐにできますね。簡単なものはできるようになる。とくに助動詞、接続助詞と助動詞がつく場合、なんと翻訳するか、それがいちばん大切だとおもいます。翻訳できれば、だいたいできますよ。」「B組の場合はですね、おぼえさせてもおぼえられないですからね、この授業のなかで、これだけはおぼえて、おぼえたら教室から出ていってもいいというとすぐにおぼえる」といった暗記と翻訳を中心とした教育がおこなわれている。AクラスとBクラスは、テストによる成績の差もさることながら、生徒の学習意欲に大きな差があり、これが、授業内容に差をつけなければならない要因になっているようである。

　このように同じ学校でまなぶ生徒の間に大きな学習意欲の差があることは、日本語教育ではなく、民族教育をささえてきた朝鮮族コミュニティ自体が、現在抱えている大きな問題が学校教育の場にあらわれたものである。この問題については、次節以降に述べる。

[A先生の話]
　（このインタビューには、当時、同中学で日本語を教えていた日本人教師のI氏が同席した。文中Iとあるのは、同氏の発言である）

　　H：A先生が日本語を学生におしえるときに、朝鮮語ができる学生とできない学生[31]で、効果にちがいがありますか？
　　A：ありますよ。やはり朝鮮語が上手な学生がはやいです。
　　H：それはどういうところにでますか？　たとえば文法の理解とか

A：やっぱり、語順が問題です。基礎のときがそうです、で、むずかしくなったら、やっぱり頭のいい子が…（笑）。

H：基礎のときは朝鮮語が上手な学生がすぐにうまくなる

A：はい、入門がはやいです。

H：先生がおしえるときも、入門のときは、朝鮮語のほうがやりやすいですか？

A：はやいです。ぴったりあうことばが多いですから。文法も副詞、副助詞もぴったりあうことばが多いから…。

あるところは中国語がぴったりくるところも、たまにありますが…でも、わたしはなるべく朝鮮語、中国語はつかわないようにしています。年上（途中から日本語クラスに編入してきた生徒）が（授業を）うけたらそれはしかたがないです、慣れていないから。…1年生のときからわたしが教えたら、1年生のときに、いっしょうけんめい、基礎をつくって、できるだけ、2年生3年生になったときは、もう、ほとんど日本語だけで授業をします。3年生になったら、ほとんど日本語だけです。質問がきてしかたがないときだけ、朝鮮語、中国語でこたえます。

H：先生の授業のやりかたはどういうふうな…新しい課に入るときは

A：わたしの授業は、45分のなかではじめは、スピーチです。短いスピーチ。それからは、前の課の会話の発表、学生の人数が多いので、1時間で検査ができないです。それで、今日は10人、8人…2人ずつやるときは、4組が8人。（学生は）よく準備するんですよ。1人がスピーチしたあとは、6人、8人、10人、自分が準備した会話を発表します。そしたら、もう15分なくなりましたね。あ、そして、また、短文を予習してきたのを検査したり、書くとしたり、わたしはできるだけ単語だけやることは、ちょっと少ないです。

H：いろいろ総合的に進めていくんですね

A：それから…もう、本文に入ります。つぎの時間に、またスピーチ、新しいスピーチ、一人一人順番にやるから、もうそれから会話の発表、そうしたら、1週間で50人はだいたいおわります。

H：そうすると、話すことにすごく力をいれているんですね
A：ええ。
H：この1分間スピーチは、本文の内容に関係したものですか
A：関係ありません。自由にやります。テーマは自分で準備させます。自分の日本語の力を短い時間で生かして、考えたり、書いたり、発表したり、その過程が勉強になりますよ。で、大学に入って、わたしに電話かけてきて、「老師、這個方法太好了！（先生、あのやり方はすごくいい！）」それで、下の2年生3年生にも、それを教えてください、と。
H：じゃあ、あまり教科書をおぼえさせるというのではなく、教科書を基本にしてそれを発展させる練習が中心ですね
A：生徒の実力を高める、それがとても重要だと思います。ただ読んだり書いたりして、大学に入ったらやっぱり先生の授業が聞きとれない学生が多いそうです。電話がきて、「先生、わたし、学校ではあまり日本語が上手だとは思わなかったんですが、大学に入ったら自然に手があがるんですよ」で、学校にいったら、大学の先生に「あなたはどこの学校からきたのか？」と聞かれたりするそうです。やっぱり生徒たちはよろこんで、わたしに報告してくれます。
H：A先生がそういう授業のやりかたをするようになったのは、いつからですか
A：90年代のはじめごろ…。そのときから、もう唖巴外語、「唖巴」わかりますね？　読む書くことはできますが、聞く話すことはできない（中国語「唖巴」は、障がいのために話せない人」）。そういうことがいつも会議にいったら、S市に会議にいったら、なおしなさいと、上の指導者からいわれたんです。あー、J先生（注：遼寧省教育学院の民族教育部教研員）、J先生の前の年寄りの先生だったんです。そのときは、論文も書いたんです。そのことについて。
H：それは、90年ごろから、中国の外国語の教育についていろいろわれはじめたことですね
A：はい、わたしは91年、92年…そのときからはじめたんです。試験

はふつう100点満点ですね。全部書いて。そのときわたしは、えーと、生徒たちに、みなさん、満点をとったら合格です。もし、90点だったら合格ですよね。あの、「口語」、口で試験をやるから、話す…「口試」それがなかったら不合格ですよ、誰でも100点とる自信がありますか…ほとんどがないですね。そしたら不合格ですよね。で、100点を60点、それからこちらは聞くのは10点、話すのは10点、くじひいて読む…朗読は10点、90点？　とにかく「口試」は40点です。それにとっても力を入れたんです。90年代のはじめ。わたしが毎日、検査したんです。期末試験のときは、とってもめんどうだったんです。

I：去年もやりましたよね。

A：一度、やったことがありますね。去年の1年生・2年生…めんどくさいですよー。

H：そのころは、学生数も多かったんでしょう？

A：多かったですよー。200人、300人です。まず100点の試験用紙の試験をしてから、60パーセントに換算してから、一人一人、こういうLL教室があったんでしょ。（注：このインタビューはLL教室でおこなっている）それで、一人一人、録音してまた再生して…。

I：ああ、そんなことしてたんですか。

A：してたんですよ。そうしたら、学生たちいっしょうけんめいやりますよ。不合格だったら困りますよね。

H：大変だったでしょうね

A：はい。いまは、わたし、歳をとってやりたくないです（笑）。

H：それまでの1990年代までの日本語の授業は、読んで、書くという授業ですね

A：はい、そうです。

(2006.2.20)

A氏も授業では、「話すこと」を重視するべきであるという。そして、と

くに授業で「1分間スピーチ」に力をいれていることが語られ、生徒が自由にテーマをきめて話をすることによって、「大学進学後を見据えた日本語教育」をすることができることが強調されている。また、「いまは歳をとってやりたくない」というが、かつては、生徒がテープに録音したものを聞いて成績に算入することもあったという。このようにA氏は、日本語教育をコミュニケーションのための教育としてとらえているという点で、D氏よりさらに積極的な姿勢をみせている。

　A氏は、このような教育の方針は1990年代のはじめごろ、遼寧省教育学院の教研員の指導によってはじめたものだといっている。その教研員は、年齢からいって、おそらく「満州国」時期に教育をうけた人物だとおもわれ、コミュニケーションの道具としての日本語というものを実感として理解していたために積極的にこのような指導をしたのではないかと考えられる。しかし、その指導をA氏が受け入れ、授業に取り入れることができたのは、実は、それ以前のA氏自身の学習経験による部分が大きい。というのは、前節で、紹介したように、A氏は教師となってからも、自分の「聞く」「話す」力が不足していることを感じたため、授業をおえてからF市の専門学校に聴講生として通い、日本語のネイティブスピーカーと会話の練習をしたり、当時は珍しかったテープレコーダーを使って日本語を聞く練習をしたりしている。それが、現在のA氏の日本語教育にも反映しているのである。

　ただ、そのように積極的な意識を持って「話したり」「聞いたり」する練習を大切にして教育にあたっているA氏も、授業の進行そのものをコミュニカティブにおこなっているというところまでは達していないようである。生徒と教師が日本語で話しながら授業を進めていくということはなく、生徒が「自由に話す」練習は、授業のはじめにおこなう個人でおこなうスピーチと2～3名でおこなう教科書の各課に取材した会話の発表であり、どちらも事前に「よく練習」してきたものを口頭で発表するという形をとっている。しかし、事前に準備する過程で、「自分の日本語の力を短い時間で生かして、考えたり、書いたり、発表したり、その過程が勉強になります」。このような方法で学習を進めた生徒は、大学に進学して、他の中学から進学した学生と同じクラスになると、本人が自分の日本語運用力の高さにおどろい

て、A氏に連絡をしてくるほどだという。

　ところで、D氏とA氏は同じ中学で約20年間、日本語教育にあたっており、いつも授業の進め方についてよく話し合っているというが、その授業に対する考え方には、微妙な差異があるように思われる。つまり、A氏はD氏にくらべると一世代年上であるのだが、日本語によるコミュニケーションの技術の習得に関する意識はD氏よりも高い。筆者には、これが二人の出身地と家族環境の差によるもののように思われる。というのも、同じ中国東北地方、旧「満州国」であったとはいっても、遼寧省出身のA氏のふるさとは、南満州鉄道の付属地として、「満州国」以前から鉱工業の大規模な開発が進められた土地である。市街地には、「満州国」でも有数の大きな日本人コミュニティが存在していた。したがって、その町で「満州国」時代におこなわれた日本語教育は、実際に日本語母語話者と話すことを想定していたであろうし、学校の外で日本人と話す機会も多かったであろう。さらに、A氏の父親は、病院で日本語の通訳として勤務しており、文革中も、ひそかに日本語のラジオを聞いていたような人物であった。一方、D氏の出身地である黒龍江省N市は、「満州国」時代に鮮満拓殖会社の入植地として、主に朝鮮半島からの移住者が集落をつくった地域である。そこに居住していたのは、ほとんどが朝鮮人であって、若い日本人教員がいた学校もいくつかあったようだが、それ以外の日本人は、鉄道線路に沿って日本人守備兵が数名単位で鉄道の駅や橋梁に詰めている程度であったと聞く。このように日本語母語話者がそれほどいなかった地区で、朝鮮人の入植者に対して当時、朝鮮半島で推進されていた「国語常用全解運動」がおこなわれていたのである。実際には、日本語が話された（話さなければならなかった）のは学校の中だけであり、学校以外の村のなかで使われていたのは朝鮮語であったという。つまり、学校で勉強している子どもたちは、みんな日本語を使うことができたが、実際に日本人に対し日本語が使われる機会はあまりなかった。これにくわえて、世代的な関係で、D氏の家族にはそれほど日本語が上手な人がいなかったという。このような歴史的な状況の差が、戦後生まれの二人の日本語に対する感覚にまで影響を与えているのではないだろうか。確証はもてないが、筆者には「満州国」時代にあった地域的な日本語教育の差異が、現在

の日本語教育に対する考えかたに、どこか影をおとしているように感じられる。

3.4.5　日本語教師の学習経験

　地域的・環境的な差が、現在の日本語教育に差異を与えているのは、A氏・D氏に限ったことではない。日本語教員へのインタビューによって明らかになったことは、それぞれの教員の日本語学習歴と学習環境、経験が、現在の日本語教育への取り組み方に大きく影響していることである。

　自分自身の学習経験が、教職についてからの授業に反映されることは、あらゆる教員・教科におこることである。しかし、大学の日本語教員などと比較し、朝鮮族中学の教員にはその傾向が一段と強いように感じられる。たとえば、自身の学習体験と現在の教授経験が深く結びつき分離できないものになっていることは、たとえば、3.3.2 において、「そのときは、わたし、その活用ができなかたんです(笑)。できなくて、わたし自分で文法の本ですね、文法の本を見ながらですね、ノートにメモしたんです。毎日メモしたんです。」と語っているD氏が、現在の自分自身の生徒について、「はじめの五段動詞からの活用ができなかったら、あとの活用は全然、だめなんです。いくら授業してもですね、わからない、なぜそうか…変化するかーという感じがします。」と、初級中学１年生の段階で活用をしっかりと教えることが、非常に大切であると考えていることや、教師になってから、仕事のあと、聴講生として専門学校に通い、当時はめずらしかったテープレコーダーを使って学んだA氏は、生徒たちにもテープレコーダーを使用した試験をおこなっていることからもよくわかる。さらに、次節 3.5 で論じる授業における教科書の取り扱いについても、中国国家の教育方針が、全面的に教科書に準拠した教育をもとめていること以上に、自身がそのような環境で教育をうけた教師は、教科書を大きく離れて授業を構成するという意識を持てないため、ということもいえるだろう。

　すべての中国人日本語教師が、多少なりとも自身の学習経験にもとづいて授業を組み立てているということは共通している。しかし、高等教育レベルの教育機関に勤める教員の多くは、日本への留学経験がある。彼らは来日し

てあらためて自らの日本語と日本で話されている日本語を比較し、内省する時間を持った。あるいは、大学院その他の教育機関で、日本語教育を客観的に学び、研究するという体験を通して、自らが受けてきた日本語教育のあり方を反芻するチャンスを持つことができたと思われる。しかし、本稿でとりあげてきた朝鮮族の中等教育機関の日本語教師は、ほとんど留学の機会を持たず、国際交流基金が主催する短期間（3ヵ月）の来日研修で来日した経験がある程度である。したがって、日本語を学ぶこと、教えることについて客観的に見つめなおす経験というものをほとんど持たない。したがって、朝鮮族の教員の授業には、非常に強く学習者としての自己の経験が投影されているのである。

　最近、いままで日本の日本語教育との関係を持ってこなかった東北地方の学校にも、日本から日本語教育の支援がおこなわれるようになってきた。それはたとえば国際協力機構（JICA）の青年海外協力隊や、国際協力基金からの青年教師（ジュニア専門員）などの派遣であり、研修会の開催である。それ自体は歓迎すべきことではあるが、このような、日本人との関係をあまりもたない中で、日本語を習得した教員については、まず、彼ら自身の学習経験をじゅうぶんに理解しなければ、その日本語教育の手助けは難しいと筆者は考えている。というのは、本研究の調査において、朝鮮族中学に派遣された日本人教員が、日本の日本語教育の常識を持って現地の日本語教育を批判したり、自分が日本語教員養成課程で学んだ日本語教授法を鵜呑みにし、その方法で授業を進めることを主張するため、現地の教員が困惑したり、摩擦をおこすケースを少なからず目にしているからである。同様に、日本人が企画した研修会に参加した朝鮮族の教員が、しばしば「わたしたちの教育には役にたたない」という感想を持つこともよく耳にしている。

　彼らの授業には、学習者としての自己の経験が強く影響していることに加え、小学校から第二言語である漢語の学習をはじめ、初級中学に入学した時点で、漢語よりも母語に近い構造を持つ日本語を「外国語」として学習するという他の日本語学習者にはあまり例がない学習環境を持っている。そのような学習のバックグラウンドを考察した上で、日本語教育の支援や協力がなされなければならないと思われる。

3.5　教科書とその使用

　前節 3.4 に述べてきたとおり、朝鮮族中学の日本語教員の授業は、教員自身の学習経験に大きな影響を受けている。それと並んで大きな影響を与えているのは「教科書」が授業でしめる役割とその取扱いである。ただし、こちらに関しては朝鮮族中学の日本語教育だけではなく、一般的に中国における日本語教育の特徴であるようにも思われる。そこで本節では、民族中学における教科書とその使用についてまとめておきたい。

　中国の日本語教科書のうち、高等教育機関で使用される教科書は、大学の日本語専門課程用の教科書と、主として第二外国語の授業に使われる「非専攻」用の教科書にわかれている。専門課程用の教科書・教材は「総合型教材」と「技能型教材」、「日本事情などの教材」にわけられる。「技能型教材」というのは主として会話の教材をさす。一方、非専攻用の教科書は、そのために編集された「総合型教材」が使われる（秦 2008, 171–175）。なお、中国の教材の特徴として、日本語能力試験の対策本、問題集が日本国内よりはるかに多種類出版されていることがあげられる。これは 3.5.3 に分析するとおり、中国の日本語教育が、コミュニケーション能力の育成よりも、「知識」としての日本語習得を目的としたものに傾斜しがちな傾向があることを端的に示す現象であると思われる。

　時間的推移をみていくなら、文革中にわずかにつくられていた日本語教科書は、例文その他にイデオロギー色が強すぎ、文革終結とともに、ほとんど使われなくなった。しかし、それ以降 1990 年代はじめごろまで、中国で作られた教科書はほとんどなく、早稲田大学、東京外国語大学などが日本で刊行した教科書に中国語の注記が加えられた種々の「海賊版」教科書や、一般成人教育用に人民教育出版社と光村図書が共同編集した『中日交流標準日本語』(1988) が大学の専攻・非専攻を問わず数多く使われていた。1990 年代に入ると「(大学)教学大綱」に準拠した専攻用教科書として『新編日語』(周平・陳小芬編 1993)、『新編基礎日語』(簡佩芝・孫宗光編 1994)、非専攻用教科書として『新編大学日語』(陳俊森など編 1994) をはじめとして新たな教科書が出版されはじめ、2000 年以降は、毎年のように斬新な発想で設計さ

れた教材が発行されている。しかし、朝鮮族中学をふくめ中等学校で使用される日本語教科書は、原則として人民教育出版社発行のもの1種類だけが使われている。

3.5.1 民族中学で使用される教科書とその変遷

　すべての朝鮮族中学において授業に使われているのは、人民教育出版社が発行した中学・高校教科書『日語』を、延辺民族出版社が朝鮮語版に翻訳したものである。中国の初等・中等教育では、「日本語」科目にかぎらず、すべての教科目について人民教育出版社が編集・出版した教科書が使われてきた。すなわち「人民教育出版社」は、資本主義諸国の商業出版社とは異なり、国家教育部[32]の下部組織として「国定教科書」の編纂と出版を担当する行政機構の一つなのである。朝鮮族の場合は、それらの教科書をさらに延辺教育出版社が翻訳した「朝鮮語版」を使っている[33]。なお、東北三省と内蒙古自治区の朝鮮族学校の教科書、カリキュラムは延辺自治州に設けられた「東北三省朝鮮語文教材協作小組」によって協議・調整して決定されるので、原則としてすべての朝鮮族学校で同じ教科書が使われている。ただし、2000年以降、人民教育出版社以外の出版社が作成した教科書を使用することが許可されるようになり、上海などでは、独自の英語教科書などが刊行・採用されはじめている。つまり、現在の中国は、「国定教科書」制度から「検定教科書」制度への移行期にあるわけだが、日本語のように学習人口が少ない教科の教科書は、他の出版社が進出することは考えられず、今後も人民教育出版社の教科書が使われていくことになるとおもわれる。

　1978年に日本語の授業がはじまった当初は、教科書がまだ作られていなかった。前章のB氏の証言にもあったように、文革の最中は、外国語を学ぶことが「敵国のスパイ」として批判の対象になる時代であったため、外国語の教科書が刊行されることは、ありえなかった。それどころか、学校教科書の発行に代わって「毛主席語録」が、すべての科目で教科書として使われたほどであったという。

　1972年に日中国交回復が発表されると、日本語を学ぶことが認められる

雰囲気が生まれ、上海を中心に日本語の教科書が発行されはじめた。1972年に上海石油化学工業総廠の日本語訓練班で発行された教科書と1973年に上海外国語学院で発行された、いずれも「わら半紙」に孔版タイプ印刷の教科書が黒龍江省東部の民族中学の図書館の片隅に残されていたことから、最初期の授業は、これらの教科書を使っておこなわれたものだろうと推測される。また、上海では1973年からラジオで日本語講座が放送され、それにあわせてテキストが出版された。この時期の中国は、第一次日本語学習ブームがおこり、ラジオ講座のテキストは活版印刷で大部数が発行されている[34]。そして、これらのラジオ講座のテキストは、ラジオ講座で学ぶ人々だけではなく、学校教育の現場でも広く使われたという。そのときは教科書そのものを授業につかうこともあったし、また、教師が手書きの孔版(ガリ版)で必要な項目を転写して、オリジナルな教材を作成することもあった。

この時代、民族中学で生徒として日本語を学んでいた遼寧省のE氏は、教科書について以下のように語っている。

　　E：あー、それからね、あの、そのときはいまのようにテキストはなかったんですよ。それで、今日はこのような内容の文章、明日はまた、このような内容の文章、それから、わたしたちは、そのときは、毎日、汽車で、あの、つーがく、しました。で、そのときは毎日、汽車の中で単語をおぼえたりして。
　　H：どこからどこまで汽車にのっていたんですか
　　E：Lという、(いまは)開発区(になっている地域)があります、そのところから。S中学はそこに。そのときは…いま、いまはバスもたくさんあります。そのときはバスなんかなかったんですよ。はー、それで、汽車で。
　　H：テキストが、なかったって、それは何年ごろですか。
　　E：81年
　　H：あー、(日本語教育が)はじまったばかりのころだ。
　　E：はい。そうでしょ。あのー、中国では大学の試験が78年、回復されましたね。で、わたしが高校に入学したのは81年だったんで

しょ。
H：そのころはテキストがなくて、先生がふるいテキストからプリント
　　をつくって
E：はい、そうです。プリントをつくって、だしたり。
H：その古いものは、むかしの、満州国の時代のものですか
E：いえいえ、満州国のものじゃなくて、あの、やはり、そのときは、
　　やはり、あのー、(ラジオ放送の)日本語講座がありました、大連外
　　国語学院などの講座がありましたか、そのときは、わたしもそのテ
　　キスト一冊買いました、でも、わたしのレベルでは、それが読めな
　　かった(笑)。簡単なことだけ。それからまた、日本の…カラーでで
　　きた、その広告、わたしもおぼえているんですが…初級の…。

(2009.2.20)

　「日本のカラーでできた、その広告」という本は、おそらくNHKの国際短波放送ラジオジャパンが、中国むけに放送した日本語講座のテキストではないかと思われる。この教科書は、希望者に無料でおくられたこともあって非常に好評で、中国国内に広く普及した。当時の中国では、カラー印刷がまだ珍しかったことから、E氏の記憶に鮮明に残っているのだろう。同様の体験談は、北京出身で1980年代初めに日本語をおしえていたB氏(漢族)にも聞いたことがある。B氏は、このNHKのテキストをガリ版で印刷しなおし、学校の教材につかったという。

　このようにラジオ講座のテキストや、教師の手作りのプリントを教科書として使う時代は、1978年から、E氏が高校を卒業した1984年までつづくが、その後は、他の教科と同様に人民教育出版社が教科書を刊行し、すべての学校がこの教科書を使用することになる。人民教育出版社の教科書は、その後、現在までに3回の大きな改訂がおこなわれている。

　初級中学用の最初の教科書は1983年8月〜12月に刊行された。『初級中学課本(試用本)日語』という表題である。この「試用本」というのは、国家教育部の正式な認定をうける前に「試用」される本、という意味だが、

1988年5月の第5次印刷にも、引き続き「試用本」の表記があり、結局、この本は1994年に修訂版がでるまで10年間にわたり使われつづけた。編著は人民教育出版社外語室日語組、「編写者(編著者)」に、張国強・何平華・唐磊各氏の名前があり、「審定者(校閲者)」に、佐治圭三・野口マリ子(語言部分)、宋文軍(語法部分)各氏の名前がある。

大きさはA5版であり、全6冊で、一学期に一冊の教科書を使用することとなっている。第1冊と第2冊は、まとまった内容の「課文(本文)」はなく、文字・発音にはじまり、名詞を中心とした単語の導入、そして単文の練習へと進む。第3冊から400字程度の「課文」が導入され、各課に題名がつけられている。「課文」につづき、「語法(文法)」の説明がある課もある。そして練習で終了する。練習は、小異はあるものの、「言い換えなさい」「二つの文を一つにしなさい」「まるうめ」「わくうめ」「中国語に翻訳しなさい」そして、「つぎの会話を練習しなさい」といった形式で5～10題の練習問題が提示されている。なお、先に掲げた1984年の「吉林省民族中学日語教学研究会」の「模範授業」の教案は、いずれも、この教科書によるものである。

第3冊と第6冊の課文の題名と語法(明示されている課のみ)の一覧は、表3-9・表3-10のとおりである。課文の題名を一読して想像がつくように、課文は、会話の体裁をとったものはなく、いわゆる読解文となっている。そして、その文章の内容は、「人と乗り物」「近視の予防」のような特定のテーマについての解説をした説明文と、「わたしの一日」「やっと言えた言葉」のような中学生が書いた作文のような内容のものに大別される。長さは400字から800字程度である。

それぞれの課で学ぶ「語法」は、日本の学校文法用語を使用しているが、初級中学2年生の前学期で使用する第3冊で、初級の学習者がもっともつまずきやすいといわれている、「五段活用動詞の音便」すなわち「テ形」を四つの課をついやして説明していることがわかる。すなわち現在の標準的な教科書と同じような「日本語教育」的なシラバスが組まれていることが目を引く。続く第4冊・第5冊で、助動詞を除く各品詞の用法・接続と活用を学び、最終の第6冊は初級中学で学んだ文法項目の復習になっている。

高級中学の教科書は、初級中学の教科書につづき、1984年10月～1985年3月に刊行されている。編著・校閲者は初級中学用の教科書と同じである。初級中学用の教科書の編纂につづけて作業がおこなわれたものであろう。各課の構成も、練習問題も、初級中学の教科書の形式を踏襲している。第1冊から第3冊にかけて各課の「課文」がしだいに長くなり、「閲読（読解）」に重点がおかれた教材という感が強くなる。課文の中には、「農夫と蛇」「雷峰の日記」など、社会主義体制下の中華人民共和国において「定番」的なプロパガンダを翻訳したものがみられる反面、いくつかの題材は、日本の中学校の「国語」教科書から題材をとったものとなっている。表3-11～表3-13に第1冊～第3冊の課文の題名と語法（明示されている課のみ）を示す。

　高級中学の教科書でとりあつかわれる「語法」は、初級中学に続いて学校文法にもとづいた品詞ごとの説明であり、2年生で敬語までの項目を終了す

表 3-9　1983 年　「初級中学課本（試用本）日語」第 3 冊　目次より

第3冊

課	課文	語法
第1課	四季と　わたし	形容詞連用形
第2課	人の　体	動詞連用形
第3課	人と　乗り物	動詞連体形
第4課	わたしの　一日	五段活用動詞の音便(1)
第5課	何を　して　いますか	五段活用動詞の音便(2)
第6課	写真と　絵はがき	
第7課	鉛筆の　話	形容動詞連用形
第8課	日本からの　便り	五段活用動詞の音便(3)
第9課	公園	五段活用動詞の音便(4)
第10課	王さんの　部屋	
第11課	病院	補助動詞
第12課	エジソン	
歌曲(附録)	靴が鳴る	

表 3-10　1983 年 「初級中学課本(試用本)日語」第 6 冊　目次より

第 6 冊

課	課文	語法
第 1 課	パンダと桜	日本語の 4 種の文体・日本語の品詞
第 2 課	月	
第 3 課	生物	体言
第 4 課	仮名文字の　由来と　片仮名の使い方	
第 5 課	近視の　予防	用言
第 6 課	やっと　言えた　言葉	
第 7 課	ベチューン同志の　話	連体詞、副詞、接続詞と感嘆詞
第 8 課	日本語	
第 9 課	ぼくたちも　手伝います	附属詞
第 10 課	わたしたちの　夢	
歌曲(附録)	今日の日はさようなら	

　る。文法の学習項目を、一般的に日本語教育でいわれているレベルと比すれば、初級中学が「入門レベル」、高級中学で「初級レベル」程度にあたる。初級中学から高級中学 2 年生までの総学習時間は、450 時間程度であるから、ほぼ妥当なレベルであろう。中国の日本語教育では、漢字の習得に費やす時間がごく少ないことを考えると、時間的には十分であるということができよう。

　高級中学 3 年生の教科書には、語法に関して新たな学習項目が提示されていないが、中国の高校 3 年生は、ほとんど全教科にわたって受験準備がおこなわれることを想定して、新たな学習項目をつくらなかったのであろうと思われる。

　1983 年〜 1984 年にかけて出版された初代の初級中学の教科書は、ほぼ 10 年をすぎた 1994 年に修訂がおこなわれた。「試用本」であった教科書が、これによって、やっと国家教育委員会(当時)が認定した正式の教科書になったわけである。この認定された教科書『九年義務教育三年制初級中学教科書　日語』は、人民教育出版社外語室日語組編著、修訂者は唐磊・張国強・

表3-11　1984年「高級中学課本(試用本)日語」第一冊　目次より

第1冊

課	課文	語法
第1課	朝	「そうだ」(様態)、自動詞と他動詞
第2課	会話	「らしい」「ようだ」
第3課	足がいたいそうです	「そうだ」(伝聞)
第4課	高校生の日記	可能動詞、「たい」
第5課	鶴の恩返し	接頭辞と接尾辞
第6課	矛と盾	動詞の名詞的用法
第7課	学生に日本語の正しい発音を聞かせます	「使役
第8課	太陽	
第9課	たんぽぽの知恵	擬声語と擬態語
第10課	ピエール・キュリー	受身
第11課	豊かな暮らし	動詞の被動態(1)
第12課	どうしたんですか	動詞の被動態(2)
第13課	シルク・ロード	である体
第14課	電気	複合名詞
第15課	会話	複合形容詞
第16課	李時珍	複合動詞
第17課	たこあげの昔と今	複合詞のまとめ
第18課	みかんの木の寺	助動詞のまとめ

　陸冰封氏、審定者は、谷学謙・白澤龍郎・中村覚太郎氏と記されている。
　修訂のもっとも大きな点は、それまで3学年6冊であった教科書が、3学年3冊に縮小されたことである。それ以前の教科書は一冊あたり10課～12課で構成されていたのに対し、この修訂版は1冊が4単元16課で構成されている。この各学年に配当された課の数を比較してもわかるように、学習内容がそれまでの三分の二程度に減らされた。表4-13、表4-14に試用本教科書の第4冊(2年生後期使用)と修訂版教科書の第3冊(3年生全年使用)の目次を掲げた。これを比較して明らかなように、2年生の後期に使用していた「第4冊」の課の半数ほどが、3年生が使用する修訂第3冊に移動している

表 3-12　1985 年「高級中学課本（試用本）日語」第二冊　目次より

第 2 冊

課	課文	語法
第 1 課	水の旅	
第 2 課	ありがとう	授受動詞（くれる・もらう・あげる）
第 3 課	農夫と蛇	授受動詞（やる）、補助動詞（やる）
第 4 課	スケートの約束	補助動詞（くれる・もらう）
第 5 課	天気予報	補助動詞（あげる）
第 6 課	三つのおの	
第 7 課	小さなねじ	
第 8 課	映画を見る	形式名詞
第 9 課	魚つり	形式名詞
第 10 課	手紙	尊敬語
第 11 課	先生への電話	謙遜語
第 12 課	床屋	丁寧語
第 13 課	金色の魚	尊敬語
第 14 課	五十歩百歩	授受表現のまとめ
第 15 課	「今」	「であります」体
第 16 課	雷峰の日記	「ぬ」「べし」
第 17 課	学校園の草花を大事にしよう	
第 18 課	鳥の王様選び	

ことがわかる。つまり、減らされたのは、主に 3 年生の学習項目であった。他に題名の変更（例：わたしの　名前は　長江です→わたしたちは　長江の水です　僕のお父さん→父）や課文および練習問題の加除修正がおこなわれ、また、修訂版は 4 課を 1 単元として、各単元のおわりに中国語のコラムと、文法・文型の「まとめ」が挿入されている。中国語のコラムの内容は、「日本人の姓」「日本語のなかの外来語」「日本の地名の読み方」「日本人の愛好するスポーツ」などである。日本の姓や地名など固有名詞の読み方（発音）に関心が払われ、実際に日本人を相手に発話することを想定していることがうかがわれる。つまり、この修訂版教科書が編纂されたころには、た

表3-13　1985年「高級中学課本(試用本)日語」第三冊　目次より

第3冊

課	課文	語法
第1課	こんにちは	
第2課	銀座へ行く	
第3課	老人問題	
第4課	栄養	
第5課	保健係の提案	
第6課	日記	
第7課	先生にお願いする手紙	
第8課	父の仕事	
第9課	朝のマラソン	
第10課	お父さんと本	
第11課	スーホの白い馬（１）	
第12課	スーホの白い馬（２）	
第13課	広い心	
第14課	マッチうりの少女	
第15課	小さな笑顔	
第16課	忘れられない人	

だ日本語を学ぶだけではなく、コミュニケーションの相手としての日本と日本人を意識しはじめていることがわかる。

　以上が、修訂版教科書の概要であるが、しかし、この修訂版教科書は、東北地域の朝鮮族中学では使用されることがなかった。なぜなら、すでに述べてきたとおり、東北地域の朝鮮族初級中学は2002年まで4年制をとっていたからである。この教科書は「九年義務教育三年制初級中学　日語　教科書」とあるように、3年制の中学で使われることを意図していた。そのため、4年制の朝鮮族中学で使うためには、学習項目が少なすぎるということで、延辺教育出版社は朝鮮語版への翻訳をおこなわなかった。そして、

表 3-14　1983 年　「初級中学課本(試用本)日語」第 4 冊　目次より

第 4 冊

課	課文	語法
第 1 課	わたしの 名前は 長江です	
第 2 課	手の 仕事	動詞終止形
第 3 課	春が 近づいて いる	
第 4 課	なぞなぞと 童話	形容詞、形容動詞終止形
第 5 課	試験	簡体と敬体、「だ」と「です」
第 6 課	反対の 言葉と 打消しの 形	動詞未然形と「ない」
第 7 課	わたしは 解放軍と 言う	
第 8 課	盲と 象	動詞の過去否定形式
第 9 課	大掃除	動詞未然形と「う」「よう」
第 10 課	ロバの失敗	
第 11 課	買い物	補助動詞
第 12 課	僕の お父さん	
歌曲(附録)	永遠の友情を	

　2002 年に朝鮮族の初級中学が 3 年制にあらためられるまで、民族中学では試用本の教科書が使われつづけた。

　「修訂版」の初級中学教科書につづき、1996 年より 1998 年にかけて、高級中学の新たな日語教科書が刊行された。ただし、この『全日制普通高級中学教科書　日語(試験本・必修)』[35] は、その前の初級中学教科書とは異なり、まったく新しく編纂されたものである。また、この教科書は日本と中国の共同制作による教科書という点で画期的な教科書であった。中国側は、従来と同様、人民教育出版社(課程教材研究所)が編集の中心となり、日本側は、国際交流基金の資金援助のもとに、財団法人国際文化フォーラムが編集の中心となった。編集委員長は水谷修氏、編集主任を加納陸人氏がつとめた。日本側の実質的な作業の中心人物であった加納氏によれば、日中間には、かなり深刻な意見の相違などもあったようである。この教科書は漢語版の出版後、ただちに朝鮮語版に翻訳され、東北全域の朝鮮族中学で使用された。これには、民族学校であっても高級中学は、ふつうの(漢族の)中学と同

表 3-15　1994 年「義務教育三年制初級中学教科書　日語」第 3 冊　目次より

第 3 冊

課	課文
第 1 課	わたしたちは　長江の　水です
第 2 課	反対の　言葉と　打消しの　形
第 3 課	わたしは　解放軍と　言う
第 4 課	遊びに　行く
第 5 課	買い物
第 6 課	大掃除
第 7 課	ロバの　失敗
第 8 課	父
第 9 課	漢字の　話
第 10 課	ある　中学生の　日記
第 11 課	拾い物
第 12 課	ヘリコプター
第 13 課	旅行
第 14 課	物の　名前
第 15 課	友達への　手紙
第 16 課	心に　残る　言葉

（注：この教科書には「語法」の表示がない）

じく 3 年制であったということに加え、大学統一入学試験（高考）を受験することを考えると、古い教科書を使いつづけるのは不利であるという考えがあったようである。

　この教科書は、「修訂版」三年制の初級中学教科書につづけて使われることを想定しているため、一冊目のレベルは、「試用本」教科書の最終年次とあまり変わらないか、やや易しい。そのため、「試用本」教科書を使いつづけていた朝鮮族中学の生徒・教員からは、「同じ学習項目をくりかえし勉強するのはムダ」という声もあがったが、1996 年から 7 年間にわたり、国際文化フォーラムが東北三省と内蒙古自治区の教育学院および人民教育出版社などと組んで毎年夏休みに大規模な研修会を開催したことも手伝い、次第に

その編纂の意図が現場の教師にも理解され、おおむね好評を得た。

　この教科書は、「修訂版」初級中学教科書と同様に、版形はB5で、1学年が1冊にまとめられており、各学年は4単元16課で構成される。各課は、「本文」－本文新出語彙－本文解説(文型を使った例文集と漢語・朝鮮語による簡潔な解説)－「会話」－会話解説(主に口頭で使われる表現をあつかう)－「練習」本文の練習－会話の練習－「コラム」(漢語・朝鮮語による日本の文化的事項の紹介)となっている。日本側の全面的な協力をえてつくられたこともあり、内容もデザイン、イラストなど全体の雰囲気が、日本人が考える「外国語の教科書」に近いものに仕上がっている。また、課の内容には、異文化理解や地球環境問題をとりあつかうものがふくまれ、現在の外国語教育のトレンドを踏襲したものとなっている。課の構成において、やや読解の分量が多めであるが、これは、中国の外国語教育に一般的な傾向である。

　授業では、1週間で教科書の一課をおえるのを標準としている。これは、多くの民族中学で共通しており、各課のシラバスもだいたい決まっている。表3-16は、黒龍江省J朝鮮族中学における各課の進行シラバスを示した。1時間目は新出単語、2・3時間目は本文の朗読と文法・文型の説明、4時間目は会話、5・6時間目は教科書の練習問題、7・8時間目は問題集をおこなう。この時間配分をみてわかるとおり、問題を解いている時間が長く、授業時間の半分をしめる。また、1～3時間目は、教師が朝鮮語を使って語彙・文法の解説をする時間がかなり長い。したがって、生徒が日本語を発話する時間はあまり多くない。後に述べるとおり、中国教育部が、外国語教育につ

表3-16　各課の進行シラバス

1時限目	新出語彙の解説と暗記
2・3時限目	本文朗読、文法・文型の説明
4時限目	会話
5・6時限目	(教科書の)練習問題
7・8時限目	問題集の練習問題

いて、コミュニケーション能力養成を重視する方針をうちだしたことにより、新しい教科書には、「課文（本文）」とならんで、「会話」と「会話の練習」が導入された。それによって、「会話」という時間がつくられたわけであるが、それまで、学習者は授業中に、ほとんど「発話」の機会をもたなかったのであり、この教科書によって週に1時間とはいえ「会話」の時間ができたのである。旧版の教科書は、ほとんどすべての課が「語文」（朝鮮語文と漢語文）と同じ「読み教材」で構成されていた。つまり、母語教育と、「母国語」[36]教育と、外国語教育が、難易の差はあるにせよ、よく似た構成の教科書をつかっておこなわれていたのである。

　朝鮮族学校では、よく「三語教育」ということばが使われる。これはバイリンガル教育を意味する「双語教育」ということば[37]を、拡張したものである。この母語である朝鮮語教育および、中国国内の「通用語」（共通語）である漢語教育と「外国語」である日本語教育が、並列関係にあるという感覚にはやや違和感をおぼえるの[38]だが、そのような用語が使われるようになった理由の一つは、かつての教材の構成にあるのではないかと考えられるのである。

3.5.2　問題集にみる「受験日本語」

　高考の問題が、指導要領（教学大綱）に準拠してつくられるのは、日本のセンター入試、あるいは大学入試と同様だが、中国における伝統的な「教育」観からくるものか、試験問題は「知識の有無」を問うものが多く、応用力や創造性を要求される問題が非常に少ない[39]。すでに述べたとおり、中国では、各教科とも長い間、教科書が1種類しかなかったので、学校で学ぶ「知識」は、教科書という形で統一されている。さらに、日本と異なり中国には受験教育に特化した進学塾・予備校がいまのところ、ほとんどない。そこで、受験対策として、授業時間にくわえ早朝と夜間に自習時間を設定して（2.2.2を参照）、徹底的に教科書の復習がおこなわれる。試験で高得点をとるためには、それがもっとも有効な学習法であるからである。表3–16の7・8時間目にある「問題集」というのは、そのために発行された、教科書に準拠し、高考の過去問題を分析してつくられた問題集のことである。日本

語科目において、このとき使われる問題集は、延辺教育出版社が発行する『高中日語復習指導書』(2000)『高中日語総復習資料』(2000) などといった解説書／問題集である。これらの問題集は、朝鮮語による日本語文法解説と大学統一入学試験を想定した問題がまとめられている。これらの問題集は、朝鮮族中学のためにつくられたものであり、文法解説には、すべて朝鮮語をつかっている。生徒は、これらの問題集を反復してトレーニングする。また、教員はこれらの問題集を基準として自ら問題を作成し、自習時間に実施する。3年生の担当教員に「仕事の上で、いちばん大変なこと」を聞くと、「土日も休まず生徒の指導をしなければならない」こととならんで、かならず挙がるのが「適切な練習問題を作成し続けなければならないこと」である。

　入試問題のなかで比重が高いのが、類義語の使いわけについての解説と問題である。そのためか、類義語の使いわけは、黒龍江省の中学の日本語教育ではもっとも重要度が高い項目としてとりあつかわれており、現地を訪問したネイティブの日本語教員は、日本語を担当する教員からも、また学習者からも頻繁に質問をうけることになる。その代表的な組み合わせは表 3-17 のようなものである。

　例えば、最上段の類義語を使った問題には、つぎのような例があげられる[40]。

1　ひどい風邪をひいた。（　　　）しかたなく家で寝ていた。
2　その運動場は広かった。（　　　）たくさんの子どもたちが遊んでいた。
3　強い風が吹きはじめた。（　　　）雨もひどく降りだした。
4　彼女はとても明るい性格だ。（　　　）とても親切だ。

表 3-17　問題がつくられている類義語の組み合わせ例

それで	そこで	そして	それに
いっそう	いよいよ	だんだん	ますます
すこし	すこしも	わずかに	ちょっと
とつぜん	すぐ	急に	ふいに
絶対に	必ず	ぜひ	きっと

（『高中日語総復習資料』2000 年　延辺教育出版社より）

表 3-18　「それで」「そこで」「そして」「それに」の使いわけ

それで	前文の状態が原因・理由となり、後文の新たな状態・行動がおこる
そこで	前文の場所・時間において、後文の状態・行動がおこる
そして	前文の状態・行動につづいて、後文の状態・行動がおこる(時間差)
それに	前文の状態・行動に追加して、後文の状態・行動がある(時間差なし)

　朝鮮族中学の日本語の授業では、1～4の解答は順に「それで」「そこで」「そして」「それに」である。なぜなら「それで」「そこで」「そして」「それに」は、それぞれ表3-18のような使いわけがあると教えられるからである。

　表3-18のような「使いわけ」の内容の解釈は、間違いとはいえない。しかし、それを1～4のような試験問題にして「正解」をもとめるのは問題があるといわざるをえない。つまり、これらの問題は、語の意味を一度、抽象化・純化したのち、演繹的につくられたものであるから、日本語話者の語感からはやや外れた、ただ一つの「正解」が生まれるのである。このように黒龍江省の民族中学の日本語教育では、文法解釈、類義語使いわけの解釈の精緻化がすすみ、ときとして現実に使われている「日本語」以上の精密な使いわけが問われることが珍しくない。さらに、そのよりどころとなるのは、延辺教育出版社で発行された教科書と解説書／問題集であるため、これらの教科書の例文が絶対視されることとなる。なお、高考の問題には、近年になって「作文」「ヒアリング」「文化項目」が導入されるようになったが、それまでは、ほとんどの問題が、そして、いまでも、もっとも大きな比重をしめるのが、このような四者択一の「ことばの使い分け」の問題であった。

3.5.3　中国の日本語教育における教科書の位置

　中国では、比較的短い期間に大きく変動する政治状況にあわせて、学校教育においても学習しなければならないとされる内容が変化する。そして、その内容の基準となるものが「課本」とよばれる教科書である。そのため、中国では、授業において教科書が持つ意味がきわめて重い。外国語の教科書もその例外ではなく、そのときどきの政治状況が、学習内容に大きく反映す

る。民族中学の日本語教育においてもそれは例外ではなく、授業の内容としてもっとも重視されるのは、「教科書を全部教えたか」ということなのである。3.4.1 でとりあげた『民族中学日語教学研究(試刊号)』の総括にあたる「閉会のことば」には、教科書と教授法の位置づけについてまとめた以下の一節がある。

 教材とは「主体となる材料」という意味で、日本語テキストが中心的役割を演ずるのは勿論のことで、その他に補助読本(閲読読本)や、参考用プリント、更に参考書、辞書、絵本、図表、テープなどがひとまず教材として考えられるものである。こういう教材は教育部の検定を通ったものになる以上、必ずテキストに精通し、研さんして、教材の研究に力を注がなければならないと思う。
 つまり、教材の研究とは、まず素材研究と指導法研究の『要素』から成っている。教材を真剣に生きさせるための第一条件は学習素材そのものへの具体的な理解である。次に指導法の研究である。その教材を有効適切に教えるためには、その学習指導計画を立派に立てなければならない。

すなわち、中国の学校教育においては、まず、「教育部の検定を通った」テキスト(課本)に「精通し、研さんして、教材の研究に力を注がなければならない」のであって、教師は、その「教材を真剣に生きさせるため」に指導法・学習指導計画を「立派に立てなければならない」のである。すなわち、中国では、最初に「教材(テキスト)」があり、教師は、その教材を「理解」して、「その教材を有効適切に教えるために」「学習指導計画を」立てるのである。これに対し、日本の日本語教育においては、教材の位置づけが、中国とはまったく反対である。1980 年代の終わりに田中は、つぎのように述べている。

 教材はコース・デザインのうち教育実施にいたるまでの準備段階の最後の時点で作成されるものである。また、それは原則として教師自身が

作成するべきものである。
　　しばしば，教材を考えることはすなわち教科書を選ぶことであるという誤解があるようである。しかし，教科書とは後で詳しく述べるように，一種の既製品であって，あるコースのコース・デザインに完全に合致することはほとんどあり得ないものである。あるコースの学習者のニーズから出発して，そのシラバス，カリキュラムに完全に適する教材はやはりそのコースを担当する教師がコース・デザインの一環として作成するほかはない。
　　　（中略）
　　まず，すべての準備は学習者のニーズを調べることすなわちニーズ分析からはじまる。ニーズ分析の結果をもとにいくつかの調査を経て，シラバスが決定される。そして，そのシラバスはコースのサイズなどに合わせて刈り込まれる。つぎに，そうして最終決定されたシラバスを教えるのにもっとも適した教授法が選択される。そこで，その教授法を教室で実現するための教室活動が選択され，最後にその教室活動に適した教材が作成されることになる。
　　つまり，教材はそれまでの段階で行われたさまざまの決定，選択の結果として確定されるものであって，このような手続きをへて作成された教材であれば，そのコースの学習者の要求に完全に合ったものになるはずである。
　　　　　　　　　　　　　　　　　　　　　　　　田中(1988, 174)

　現実には、日本の日本語教育の現場においても、田中が「既製品」という（商業出版された）「教科書を選ぶ」ケースが圧倒的に多く、教師が学習者に応じて設計したシラバス、カリキュラムを実現するためにオリジナルの教材を作成するケースはそれほど多くはない。それどころか、教材の制作に必要な時間と資本を確保できるほど余裕を持ってコースが運営されている教育機関はごく少数であるといったほうがよいと思われる。しかし、少なくとも日本人日本語教師は、商業出版された教科書が「既製品」であるという意識を持っており、その「既製品」の教科書にもとづいて授業案を組み立てていく場合、教科書を完璧になぞって教えなければならないなどとは考えていない

であろう。すなわち、日本人日本語教員の意識においては、第一に授業計画（シラバス、カリキュラム）があり、それに準じて教科書が選定されるのである。たとえ教科書として「既製品」を使用する場合でも、その順位は変わらない。そのあらわれとして、日本人の教員は、授業に教科書以外の教材や（「生教材」とよばれる）リソースを使用することに非常に積極的である。それに対し、朝鮮族中学の日本語教師の意識では、第一に教科書があり、その教科書に準じて授業計画が定められ、その授業計画から逸脱することがないように授業をすることが強く求められているのである。それが3.3でみてきた「教科書を教える」模範授業にもあらわれていたのであると考えられる。

ところで、このように「教科書」が授業において第一優先的な位置をしめていることは、中等教育だけではなく、中国の日本語教育の一つの特質であるように思われる。何度も述べてきたとおり、中国において日本語教育が本格的におこなわれるようになったのは1970年代である。この日本語教育の開始期に使われた教科書を比較すると、70年代には、かなり短いスパンで日本語教育の目的が変化したことが明瞭にわかる。

プロレタリア文化大革命が継続していた1970年代最初期には、日本語教育が中国における社会主義の優位性を明らかにするプロパガンダの一環と考えられ、一方的に「自らについて語る」ための教科書が作成される。しかし、その中でも理工系の学生のために日本の科学技術文献を「読む」技術の習得を目的とした教材がつくられており、また、1976年の四人組の失脚以降は、日本人との交流を目的とし、会話練習を中心とした学習目的別の教材も作成された。さらに適切な教材の入手がむずかしかった1970年代から80年代にかけて大学の日本語専攻課程でおこなわれていた授業が、会話の力をつけることを非常に重視したものであったことは、3.3.3などで見てきたとおりである。

ところが、1980年代以降、高等教育において外国語が必修化され、日本語の履修者数が急増し、それまでの日本語専攻課程の学習者以上に、非専攻の学習者が増えるのと期を同じくして、日本語教育の（国家）政策的な目的も多様化してゆく。それが現在、中国において「総合型」とよばれている独特

の教科書を生みだしたように思われる。

　3.5 で述べたとおり、秦（2008）は、中国の高等教育機関の日本語専攻課程で使われる教材を「総合型教材」「技能型教材」「日本事情などの教材」の三種に分類している（秦 2008, 172–174）。中国の大学（日本語専攻課程）で「総合型」とよばれるテキストが使用されているのは、課程の中でもっとも「多くの授業時間数が割かれている精読」の時間である（秦 2008, 172）。「精読」という科目名称で明らかなとおり、そもそも、この科目は日本語文献を正確に「読む」ことを習得することを目的に設定されていた。この「精読」に日本語教育課程の多くの時間が割かれることになったのは、3–2 に述べたとおり、清末にはじまる中国の日本語教育が「欧米の先進技術を日本語（の翻訳文献）をとおして学ぶ」ことにあったからであろうと想像される。しかし、「改革開放」政策の順調な進展により、1990 年代には中国での外国語教育の最終目的が「言語コミュニケーション能力の育成」にあると規定される（中国教育部『大学日本語基礎段階教学大綱』1990）。そこで、それ以降、「読む」ことを中心としていた「精読」の教科書に、「会話」文が挿入されるようになり、さらに機能シラバスや場面シラバスの要素が積極的に取り入れられるようになった。また、2000 年代以降になると新たに公布された各種の教学大綱[41]において「文化」項目を取り扱い、異文化を理解することが外国語教育の目的の一つであると規定され、それを意識した本文や会話文が増え、またコラムで日本の「文化」を取りあげることがおこなわれるようになった。こうして、当初は読解を中心とした「精読」の教科書が、他の要素を取り入れてゆき、「総合型」と称されることになったのである。
「総合型」テキストの各課の内容には表 3-19 のような一定のパターンが認められる。ところで、この総合型教材の各課の構成、あるいは「構造」を比較してみると、それは、1970 年代、「毛沢東思想」のプロパガンダのために作成された教科書とほとんど変わっていない。すなわち、かつての「精読」の教科書は、中国の改革開放政策とそれにともなう外国語教育政策の変化にあわせ、さまざまな要素を付け加えていったが、その中心にかつての「精読」教材の要素をそのまま残しており、その教材をつかう授業も慣習的に「精読」の授業とよばれ続けているのである。一方、「総合型教材」に対して

「技能型教材」とよばれる教材にはどのようなものがあるかといえば、それは「会話の教科書」と「聴解教材」である（秦 2008, 173）。つまり中国の大学の日本語専攻課程の授業は、「総合型テキスト」を使用する「精読」の授業と、「会話の教科書」と「聴解教材」を使用する「コミュニケーション能力」育成のための授業、そして「文化項目」をとりあつかう「日本事情」の3タイプの授業で構成されているのである。

　一方、日本語専攻課程以外の中国の学校の授業も、それが高等教育であっても中等教育であっても、あるいは「業余教育」とよばれる社会人向けの日本語教室も、やはり、この「総合型」教科書に準拠して進行するのが一般的である。その際、1週間の授業で一課をおえるのがだいたいの標準となっている。それにより各課のシラバスも、授業時間数にあわせる形でパターン化されている。非専攻の日本語授業で「総合型」以外の教材が使われることがないわけではないが、あくまでも「授業時間があまったとき」補助的に使われる程度であり「総合型」教科書を使わずにもっぱら「技能型」教科書を使って授業を進めるということは、まずありえない[42]。もちろん、朝鮮族中学の日本語の授業も同じである。

表 3-19　「総合型テキスト」各課の標準的な構成

課文（本文）	テーマをもった文章
新出語彙	かな・漢字・品詞・中国語訳の一覧
語法（文法）注釈	その課で習得すべき文法項目を中国語で解説
会話	日本人と中国人が登場する日常会話
練習	練習問題と翻訳問題

　「総合型」教科書は、課文の内容が文革当時のものとまったく異なるため、一読しただけでは気づきにくいのであるが、表 3-19 に示したように、その構成は 1970 年代に発行された「精読」タイプの日本語教科書の延長線上にある。課文（本文）が「読解文」であり、それに続いて「新出語彙」、中国語の解説による「語法注釈」がある点などにそれがあらわれている。中国の教員と学習者にとっては、このようなテキストの構成と、それを使用した

授業(シラバス、カリキュラム)が一般的である。しかし、中国以外の地域では、このような精読(読解)を中心とした教科書を外国語学習の基準とするという例はほとんどないと思われる。現在、中国出身の日本語学習者は、日本語能力試験その他の「試験」の成績と、コミュニケーションにおける日本語運用力の相関関係が弱いことが、日本の日本語教育関係者によく指摘される。その理由の一つとして、よくあげられるのが、漢字圏と非漢字圏の差異ということであるが、そのほかにこのような「教科書」の構成と授業におけるその教科書の取り扱いも大きく関係しているのではないだろうかと筆者は考えている。

　それと同時に、すでに述べたとおり中国では、その時代の教育政策、言語政策の「目的」の変更によって、学習しなければならないとされる内容が大きく変化してきた。それを具体的に記述したものが「教科書」である。それゆえ、中国の日本語教材を分析・研究する場合には、内容の変化に注目して論じられることが多いが、筆者はむしろ、中国の日本語教育の「変わらない部分」に目をむけることがより重要であろうと考える。すなわち、中国では学習しなければならないとされる内容は、時代とともにかなり激しく変化していくが、その内容のすべてはその時々に発行される「総合型」テキストに記載されている、という基本原理が変化することはない。中国の「総合型」教科書という名称には「教えなければならない内容が『総合』してすべて記載されている」という意味が含まれているように思われる。そして、中国の日本語教育は、かつて「精読」の教科書とよばれていた「総合型」テキストがすべての基本にあり「聴解・会話」と「日本事情」のテキストがオプションとして扱われる、という構造を持っていることにより、コミュニケーション能力の育成よりも、「知識」としての日本語習得を目的としたものに傾斜しがちなのである[43]。それが「総合型」テキストとよばれる中国独特の教科書が持つ意味である。

　その意味で、このようなタイプのテキストに準拠しておこなわれている朝鮮族中学の日本語教育も、中国的な日本語教育の枠内におさまっているのだということができる。

3.6　朝鮮族の日本語教育の進展と変化

　以上、朝鮮族の日本語教育の内容と展開をまとめてきた。当初、朝鮮族にとって日本語教育とは、大学入試の受験科目の一つにすぎなかった。そして、閉鎖された社会の中で日本人とのコミュニケーションなどはまったく想定もされない授業が展開されていた。それにもかかわらず、中国の高度成長期がはじまろうとする時期に、朝鮮族は日本語が使える人材を輩出することができた。このような結果を生んだ理由としては、前章において比較・考察したように、当時の大学専攻課程の日本語教育と朝鮮族の日本語教育には、その環境などに意外な類似点が多かったことがあげられる。

　日本語教育をとりまく環境を比較すると、大都市に所在した大学と東北地方の中小都市、あるいは農村にあった朝鮮族中学には条件に大差があったように感じられる。たしかに、現在の中国では、その差が歴然としている。しかし、1970年代、文革終了時期の中国においては、その差はそれほど大きくなかった。外国語教育の条件を左右するものは、第一に教員、そして教材・教具である。このうち教材や教具については、当初、大学も民族中学も「ない」という点で大きな差がなかった。文革直後の中国では、教材も教具も手に入らず、テープレコーダーなどもなかったのである。教員についても、すでに述べてきたとおり、あまり条件が変わらなかったと思われる。すなわち、当時、日本語教育を担当した教員は「満州国」時代に日本語を学ぶか、または日本に長期間留学していた後、帰国した者が選ばれた。大学の教員になった者は、それなりの学歴を持っていたようだが、どちらも学生たちが「日本語は非常にうまかったです」と語るような、母語話者に近い日本語運用力を持つ教員がいた。授業は直接法でおこなわれた。日本語教育の専門家はほとんどいなかったこともあり、授業にあたって文法などは重視されず、教科書の暗記と暗唱がくりかえされた。これは中国にも朝鮮にも共通する儒学の伝統的な学習法に通じるものであったから、学生はほとんど違和感を持たなかったようである。

　大学の日本語教育と朝鮮族中学の日本語教育の環境でもっとも異なっていたのは、クラスの人数と教師の数だった。大学は15〜20名で1クラスを

構成し、全寮制であったから、学生同士で日本語を使い会話練習をすることができた。また、教員の宿舎が近くにあるケースも多く、夜、教員が会話練習の相手になってくれることもあった。これに対し、朝鮮族中学のクラスは40〜60名と比較にならないほど多く、会話練習などは望むべくもなかったと思われる。ただ、日本語に興味を持つ生徒は、村に住む「満州国」世代に日本語を身につけた「おじいさん」と話すことができた。「40・50代の人はほとんどが日本語を話せました」「老人たちは酒を飲むと日本語で話します」「日本語で日記を書いていた」という証言にあるとおり、朝鮮族のコミュニティの中では、日本語を話すことがごく日常的におこなわれていたようであるから、日本語を勉強中の生徒も話してみたいと思えばそれが簡単にできる、という環境であった。もちろん、ほとんどの大学生が卒業までに十分な日本語の会話力を身につけたのに対し、朝鮮族中学の生徒で十分な会話力を身につけたものは、クラスの中で、特に日本語が好きな生徒に限られていただろう。しかし、2002年に筆者が朝鮮族中学で授業を担当していたときも、一クラスに数名はコミュニケーションをするのにそれほど不自由しないほどの日本語運用力を持つ生徒がいた。したがって、当時の朝鮮族中学には、大学の日本語教育に匹敵するほどのレベルに達する生徒がかなりいたであろうということは確実にいえる。

　生徒の外部にある学習環境に対し、生徒の内部にある学習意欲、学習に対するモチベーションはどのようであっただろうか。当時、大学の学生は厳しい選抜を経て入学を許可されたエリートであり、学習に関しては、強い誇りと自信を持っていた。さらに大学は政府機関の「幹部」を養成する機関であったから、卒業後は国家が指定する職場へ配置され、そこで仕事をしなければならなかった。すなわち、日本語を専攻した学生は、十分な日本語運用力を要求される職業・職種に就かなければならないことが、入学時からほぼ確定していたから、学生たちの勉強に対する意欲は、現在からは想像できないほど高かった。これは、当時の大学で日本語を学んだ人が異口同音に強調することである。

　一方、朝鮮族の生徒が日本語を学んでいたのは大学入試のためであった。のちにはこれに就職のため、という目的がくわわるが、どちらも中国では非

常に重要なことがらであった。そのころの中国の体制では、進学できるかどうか、また、より優れた職種につくことができるかどうかで、その後の人生がほとんど決定されていたからである。当時の中国では、大学進学も就職も、多くの人には1度しかチャンスが与えられていなかった。そして、その進学と就職において、日本語が鍵を握る重要な要因になっていたことも、すでに述べたとおりである。朝鮮族の生徒にとって、日本語でよい点をとれるかどうかが大学進学の可否を決めるといってもよかったし、就職においては、日本語が使える職種につくことができなければ、かなり不利な状況におかれることが決定的であった。なぜなら、当時の朝鮮族は、漢語(中国語)の運用力においては漢族とはかなり差があり、漢語で仕事をしなければならないとなると、どうしても漢族との競争に敗れてしまうことが明らかであった。1992年になって韓国との国交が結ばれるまで、朝鮮語でできる仕事は、ごく限られたものしかなかったのである。もちろん、まだ韓国への「出稼ぎ」などはまったく不可能な時代であった。このように考えると、朝鮮族の生徒にとっても日本語を学ぶことは、非常に重要なことであり、そのモチベーションは決して低くはなかったと考えられる。ただ、大学受験にあたっては、日本語以外にも多くの教科を学ぶ必要があったから、日本語の学習に専念できる大学生に比べれば成果にかなりの差があったことも予想される。

　さらにもう一つ、朝鮮族の日本語学習に考えなければならないのは、母語である朝鮮語との距離の近さである。朝鮮族の教員、あるいは学習者が必ず口にすることが、日本語と朝鮮語の近さ、そして、それによる学びやすさ、ということである。この時代、朝鮮族の中には、小学校に入るまであまり漢語に触れたことがない者もすくなくなかった。したがって、漢語の学習は「外国語」の学習と同様であった。このように小学校ですでに別の「外国語」を学んでいた朝鮮族の生徒が、中学で日本語に触れたときの率直な感想が「日本語は学びやすい」というものであったのだろう。このような条件のもとで、難しい漢語に対する易しい日本語という概念が朝鮮族の生徒たちに強く印象付けられ、それが日本語学習を助ける働きをしたとも考えられる。

　以上のような、外的条件と内的感覚が、朝鮮族の日本語教育を「大学受験」を目的としながらも、使える日本語を習得させることにつながったので

あろう。すでに述べたとおり、すべての生徒が日本語を使えるようになったとは思えないが、次章でも述べるように、日本企業の中国進出にあたって、主要な人材の供給源になるほどの成果をあげたことは事実であった。

　しかし、それ以降の朝鮮族中学の日本語教育は、大学の日本語教育との差異を大きくしていったように思われる。それは、1．外国語学習として数々の「教授法」を取り入れていったこと、2．「満州国」時代の日本語教育を受け継ぐ教員の退職と集落の日本語話者の高齢化により、日本語があまり日常的に話されなくなったこと、3．朝鮮族のコミュニティ自体が衰退しはじめたことなどの複合的な原因によると考えられる。このうち2．教員と日本語話者の高齢化の影響については具体的に調査をすることができなかったが、1．外国語教授法の知識が導入され日本語教育が変化していった様子は、時を隔てた五つの教案を比較していくことで明らかになった。また3．朝鮮族コミュニティの衰退については中国社会科学院民族研究所（1999）、鄭（2001, 2006）朝鮮族簡史修訂本編写組（2009）など数多くの先行研究でも重要な社会問題としてとりあげられており、また朝鮮族の教員諸氏へのインタビューの中でも再三言及されているとおりである。

　外国語教授法の導入については、日本語教育が英語教育に見習ったものであることは間違いがない。当時の中国の英語教育は、日本語教育以上に受験教育以外のなにものでもなかったと考えられる。なぜなら、1978年の開始期に母語話者に匹敵する日本語運用力をそなえた教員を準備することができた日本語教育に比べ、英語教育は中国全土で圧倒的に不足していた英語教員を2〜3年のうちに促成で養成したのである。したがって、その教員養成にあたって教員自身の英語運用力を養成することが十分に訓練されたなどということは考えられない。おそらく、前節で述べたとおり中国の伝統である「教科書を教える」あるいは「教科書の知識を教える」ことができる教員を養成することができればよいと考えられたにちがいない。その結果、当初は日本語教育にくらべるとかなり見劣りがしたであろう英語教育であったが、英語が中学・高校の外国語教育のスタンダードとなり、受験競争に勝つためにそれを見習うことが必要だとなると、今度は朝鮮族の日本語教育がしだいにそれに近づいていったに違いない。こうして、朝鮮族の日本語教育も中国

全土の中学でおこなわれている「外国語授業」と同様のパターンをとるようになっていったのだと思われる。3.4.1に掲げた表3-4および3-5から3.4.2に掲げた表3-6～8へという授業の進め方の変遷にもそれを見てとることができる。しかし、それは同時に日本語教育の「再開期」の授業にあったコミュニケーション能力の涵養に資する部分がなくなり、朝鮮族学校の当初の学習目的である受験教育に傾斜した教育となっていったことをも意味している。

　一方、大学の日本語教育は、2000年ごろまで、国家の「幹部」養成機関という色彩を色濃く残し「日本語で仕事ができる人材の育成」という当初の目標が変わることはなかった。一クラス20名以下の編成で、教員も十分に配置され、依然として密度の濃い授業がおこなわれていた。つまり、大学は当初から続くその日本語教育の目的をよく果たし、引き続き優秀な人材を輩出していった。

　中国の大学の日本語教育が変質しはじめるのは、中国政府が高等教育の方針を変更し、大学が学生から高額の授業料の徴収を開始しはじめた1995年からである。教育部が「二一一工程」という目標を掲げ、大学の急激な学部・学科の増設と定員増を積極的に指導・推進した（3.2.3参照）。それとともに、大学側にも教育を「産業」と考える姿勢が生まれ、授業のマスプロ化が進行し、外国語学部においてもクラス数が増えた。また、一クラス当たりの定員も増やされた。現在の中国の大学では、外国語授業の一クラスの定員を30名以上にしている学校が少なくない。同時に、日本語教員の需要が一気にふくらんだことにより、適性をもった教員が不足し平均して授業の質が落ちたといわざるを得ない。その結果として、大学の日本語専攻を卒業してもあまり日本語が話せない学生が出現するようになった。こうして、開始期には、非常に高いモチベーションを持った学生ときわめて日本語運用力の高い教員を集め、会話練習を徹底しておこなうというユニークな特徴を持って進められた中国の大学の日本語教育も、経済発展とそれにともなう進学率の上昇とともに、ごく平均的な外国語教育へ近づいていった。それは、やや遅れて朝鮮族中学の日本語教育と軌を一にしたともいえよう。それは「満州国」をふくめて戦前の日本語教育の影響が、中国の日本語教育から完全に消

減したことを意味しているのだと考えられる。

注

1 国際交流基金ホームページ日本語教育国別情報による。本稿の数値は 2009 年度のもの。http://www.jpf.go.jp/j/japanese/survey/country/
2 孫(2003: 336–355)。
3 原文は「東文近于中文、易通暁」であり、「日文」が「漢文」に近いこと、すなわち、文章を書くときに漢字がつかわれることをいっている。したがって、聞くこと、話すことは意識されていない(張之洞『勧学編・外編』)。
4 1952 年『関于全国俄文専科学校的決定』(李・許(2006, 187))。
5 李・許(2006)198 〜 200 ページに全文が収録されている。
6 同校出身で卒業後、教員をつとめた Z 氏の話による (2009.11.7)。なお、同校は 1970 年ごろから 1980 年ごろにかけて、短い期間に大連日本語専科学校、遼寧日本語専科学校、遼寧外国語専科学校、大連外国語学院と校名を改称しているが、煩瑣を避けるため本稿では、現在にいたる校名「大連外国語学院」に統一した。
7 李・許 (2006: 246–248) によると、この外国語学校を計画したのは、早稲田大学を卒業し、後に中日友好協会長をつとめた廖承志であった。1959 年に北京外国語学院付属中学、続く 1960 年に北京外国語学校が開校した。この両校には中学だけではなく小学部も設けられ小学校 3 年から外国語教育が開始された。その後、1963 年に上海・広州・重慶・長春・西安に、1965 年に武漢・天津・唐山・杭州・四川(成都)・旅大(大連)・ハルビンに開校し、一部の学校には小学部も併設された。
8 当時、書籍の印刷と販売は共産党が厳格に統制していた。それを一元的に管理する組織が「新華書店」である。
9 元白求恩医科大学(長春市・現吉林大学白求恩医学院)日本語教研室主任の W 氏の証言による。
10 中国政府機関が発表する「意見」「指示」の類は、ふつう公刊(市販)されることはない。題名をあげた『加強外語教育的幾点意見』『関于加強中学外語教育的意見』『1980 年至 1983 年高校英語培訓計画』は、李・許 (2006: 362–368) にそれぞれ解説つきで全文が収録されたものを引用した。なお、この李・許の『中国近現代外語教育史』は、公的な資料集としての性格を持っており、外国語教育政策にかかわる主要な「意見」

について、その全文が収録されている。
11 公的な資料が欠けているため、経緯は不明であるが、実際には1978年ごろから、中学における日本語教育は開始されており、また、大学入学統一試験でも「日本語」が選択できた。したがって、この『意見』は日本語教育を「追認」したものであろう。
12 蘇(1980, 30)には「吉林師範大学」の名があげられているが、現在の東北師範大学である。
13 筆者は1989年から1992年まで、白求恩医科大学(長春市：現在は吉林大学白求恩医学院)で日本語教育に携わっていた。同大学には5年制の「日本語医学コース」が設けられていたが、このコースは「満州国」時代に医学を学んだ人々によって運営されていた。
14 統一大学入試開始年についてA氏は1978年ごろから外国語の試験があったと語っており、このB氏の話とは矛盾する。また、黒龍江省教育学院およびハルビン市教育学院の教研員が1977年に日本語の試験を受けたと語っている。さらに3章でも大学関係者が1977年から試験が開始されたと述べている。したがって、B氏に思い違いがあり、試験の開始は1970年代終わりごろであると考えられる。
15 「状元」とは、歴史的には科挙の試験(殿試)で1位の成績をおさめた者のことである。しかし、現在の中国では、大学入学統一試験(「高考」)において省(ときには市・県)でもっとも高得点をおさめた者を「状元」とよぶ。
16 このL市の朝鮮族学校には、育った環境により朝鮮語があまりできない学生がいる。
17 この件について、数年間にわたり、当時の教育部の「意見」「通知」などを収録した文献を渉猟しているが、現在までに関連する資料は見つかっていない。しかし中国の教育システムからいって「上部機関からなにも指示がなかった」といいきるのはむずかしいように思われる。いまのところ、A氏やB氏のことばどおり「自分たちで自然に決めた」可能性もあるとしかいえない。なお、民族教育(民族学校の設置)が必要な地域については、省・自治区、および市・県の教育委員会に「民族教育部」が設置され行政的な指導をする。しかし、その「民族教育部」は、通例、対象となる少数民族のなかからその長が任命される。朝鮮族のコミュニティはそれほど大きくないため、民族教育部と現場の教員は、しばしば酒食をともにするなど強い連帯感を持っている。そのため、教育現場では民族教育部の長の「行政指導」が必ずしも上からの一方的な通達ではなく、「民族の意思を代表した指示」として受けとめられる雰囲気があることも付記したい。
18 日本語は「満州国」の「国語」ではなかった。したがって、「満州国」では、「国語教育」として日本語教育がおこなわれたことはない。しかし、当時、「朝鮮人学校」は、

事実上、朝鮮総督府の管理下にあり、朝鮮半島とほぼ同じ方針、教科書で教育がおこなわれていたことは2章でみてきたとおりである。したがって、朝鮮族の人々に限っていえば、日本語教育が「国語教育」としておこなわれていたといってよい。

19 日本の高校の「政治経済」科目とは異なり、実質的には「中国共産党史」である。
20 中国東北地方の大都市、および北京、上海などには、1945年以降も中国に残留することを選択した日本人が相当数いた。これらの人々のなかには、文革終了後、日本語教師をつとめた人が少なくない。
21 中国語では、一般に「朗読」とよばれる。
22 JACET（大学英語教育学会）では、コミュニカティブ・アプローチの指導について、「①会話の目的や対話者の地位・上下関係等を考慮した言語の使い分けをする練習の重視、②文単位の学習から脱却して、一連の対話の流れ（談話：discourse）の中で理解したり、発話させる練習の強化、さらに③言いたい意図が伝わらない時にでも、言い換えたり、別の方向から話を立て直したりする方略等を、積極的に教えていく」としている（JACET教育問題研究会，2001, 58）。
23 第1章注9および第2章注51を参照。
24 同書は「わら半紙」に和文・漢文タイプによる孔版（ガリ版）で印刷された全104ページの冊子である。「言序（序言）」に延辺一中で春節休暇を使って製作した、とある。ほとんど手作りに近いものだが、黒龍江省の朝鮮族中学などにも所蔵されていたところをみると、かなり広範囲の関係者に配布されたと思われる。
25 吉林省民族中学日語教学研究会（1985: 91-94）。
26 吉林省民族中学日語教学研究会（1985: 87-90）。
27 この研究会は吉林市で開催されたので、吉林市朝鮮族中学の生徒たちが動員されて模範授業に参加したのだろうと想像される。したがって、金氏の授業は、勤務校の生徒を対象におこなわれたものだが、延吉第二中学から来た黄氏の模範授業は、初対面の生徒を相手にしておこなわれたものである。したがって、この「宿題」が実際に「宿題」であったかどうかはわからない。
28 筆者がはじめて中国東北地方で日本語教育にたずさわったのは1989年のことであったが、このころからやっとテープレコーダーやビデオが教育現場に普及しはじめた。
29 使用教科書についての説明は5.4を参照。
30 日本のおせち料理に「昆布」（昆布巻き）が入るのは、「こんぶ（こぶ）」の音が「よろこぶ」に通じるからであるとされるのと同様に、中国で春節に「魚」を食べるのは、「魚（yu）」と「余（yu）」の音が通じるからであるとされている。
31 この学校には、朝鮮語があまりできない生徒も入学してくる。生徒の朝鮮語のレベル

は、主に出身地の環境によって決まるという。
32 中国において中央政府の「部」は日本の「省」にあたる。したがって、「国家教育部」は日本の「文部科学省」に相当する。なお、1980年代の一時期、「教育部」は「教育委員会」と名称が変更されたが、まもなく「教育部」へともどされた。
33 「朝鮮語文」などは、延辺教育出版社が独自に発行している。
34 復旦大学日語教研室が編集した上海市業余外語広播講座の「日語」第3冊のテキストは、初版(1973年12月)が25万部であった。
35 「試験本」の意味は、前の教科書の「試用本」と同様である。「必修」とあるのは、高校の第一外国語の教科書として使用されることを意味している。
36 中国では、あまり「母国語」といういいかたはしない。漢語をふくむ56民族の言語(ただし、回族は漢語を母語とするので55言語)のすべてが「中国語」である、とされているからである。(2.1.1参照)
37 中国で「双語教育」というと、一般的には、民族語と漢語の二つを使用した教育を意味する。
38 ふつう(漢族)の学校では、漢語と(外国語としての)英語を学んでいるが、「双語教育」とは決していわない。もし、漢族の学校で「双語教育」ということばが使われるとすれば、イマーション教育など、特別なプログラムが組まれていることを意味するであろう。つまり、漢族にとっての「双語教育」という用語は、日本の「バイリンガル教育」とほぼ同じ意味で使われるのである。したがって、朝鮮語・漢語・日本語の教育を同等のものとしてとりあつかう朝鮮族の「三語教育」という用語は、やはり独特の感覚を持っているといわざるをえない。
39 このような状態は、中国でも決して好ましいとは考えられておらず、高考を改良しようとする試みがおこなわれている。受験者数が全国で1000万人をこえる(2.2.2参照)大規模な試験であることが改革を難しくしているため、2008年から各省・自治区・直轄市ごとに試験を作成・実施することとなった。しかし、そのためにいままで以上に地域格差が激しくなり、それが新たな問題となった。なお、日本では、センター入試にくわえて各学校が2次試験などを実施することができるが、中国では大学ごとの2次試験が禁止されていることも問題の一因となっている。
40 問題例は、延辺教育出版社(2000A, 2000B)より一部を改変して、抜粋したものである。
41 「教学大綱」は、日本の「指導要領」と同様、教育機関の種類別(小学校・初級中学・高級中学・専科学校など)に作成される。大学の基礎科目などは、さらに専攻・非専攻別に作成され、公布される。

42 3.2.3にふれた「留学準備のための日本語学校」や4.3でふれる鶏西市などに開校したキャリア形成を目的とした日本語学校などでは、「会話」のテキストや「日本語能力試験問題集」をかなり積極的に使用するが、やはり「総合型」テキストを使って進められる授業が中心である。

43 2000年代半ば以降、このような伝統的な「総合型」教科書の枠を大きく変えて、新しい発想のもとに設計された教科書が大学向けにも中学（初級中学・高級中学）向けにも、出版されはじめている。このような新しいタイプの教科書について、現場の、ことに中学校の教員からは、とまどいや批判的な感想のほうが多く聞かれる。しかし、それほど遠くない将来、中国の日本語教育と教科書の関係が大きく変化していく可能性は十分にある。

第4章
朝鮮族の日本語教育の変遷とその構造

　本章では、中国朝鮮族の日本語教育が中国の日本語教育の中でどのような役割を担ったのかを明らかにし、同時に朝鮮族コミュニティにとって日本語教育とは何だったのか、ということを考察したい。

　朝鮮族は、中国における日本語教育が今日のように世界第二位という規模になるにあたって大きく二つの役割を果たした。

　第一に、前章までにも触れてきたとおり、朝鮮族の日本語教育は、中国経済の高度成長にあたって不足していた「日本語が使える人材」を「民」の生産現場に供給するという役割を果たした。それまで中国の大学における外国語教育は「官」のための人材を養成するためにあり、それだけを目的としていた。皇帝官僚制のもとで鎖国政策をとっていた清の時代から、毛沢東の指導により極端な社会主義制度へと移行した中国であるが、外国語の能力を持つ人材の育成と供給に関しては、一貫して公権力の独占するところであり、それは体制が変化しても変わらなかった。中華人民共和国成立後も1990年代まで大学で日本語を専攻した学生が、すべて政府機関に「分配」されていたことがそれを端的に物語っている。

　しかし、文化大革命終了後、鄧小兵が「改革開放」をスローガンにかかげ、「民」の活力を利用した経済成長を構想した際、そこで必要となった「日本語が使える人材」を供給したのは「官」の人材養成の枠内からやや離れた場所に位置づけられていた少数民族の中等教育機関が養成した人材であった。朝鮮族の民族教育が、それまでの中国にはなかった「民」が必要とする人材を育成したのである。このように今日の中国の高度経済成長の最初期に人材を供給したこと、それが朝鮮族の日本語教育が果たしたもっとも大きな役割であったといえる。

第二に朝鮮族の日本語教育は、日本語学習人口を地域的にも社会階層的にも広げる役割を果した。ただし、朝鮮族の日本語教育がこのような役割を果したことは、朝鮮族自身にとっても想定外のできごとであった。当初、朝鮮族が日本語教育を選択したのは、大学入試のためになにか一つ外国語が必要だが、教員が確保できたのは日本語教員だけだったからという消極的な理由によるものであった。しばらくして、その選択が朝鮮族にとってきわめて有利な選択であったことがわかると、彼らは積極的に日本語を学び始めるが、その目的は、個人的には大学入試のためであり、コミュニティにとっては民族教育の振興のためであった。先に述べたとおり、当時の中国において大学に入学するということは「官」に職を得ることを意味していたから、「民」に職を得るために日本語の能力を使うということはまったく考えられていなかったに違いない。しかし、進学率が低く抑えられていたその当時、大学へ進学することがかなわなかった朝鮮族の生徒が、日本語という技能を持って広東省などの日本企業に職を得たのである。このような学歴によらず、身につけた能力・技能によって有利な職を得るということは、それまでの中国の伝統になかったことであるから、この現象は新鮮な印象を周囲に与えたに違いない。

　こうして、日系企業における朝鮮族の若者の活躍により、それまで「日本語」というものとはあまり縁がなかった中国南部・内陸部でも日本語を学ぶことに注目が集まった。そして「官」の人材を養成するために設立された高等教育機関にも日本語教育を始めようという動きが広がった。大学の中に「応用日本語」「商務日本語」専攻など、募集の時点から明確に民間企業への就職を志向した日本語関連学科を設置する動きが生まれたのは、その具体的な表れである。こうして、朝鮮族の日本語教育は、中国で日本語教育を広める役割を果したのである。

　その一方、日本語教育を選択したことが「少数民族」としての朝鮮族コミュニティの行方を左右することになった。そのはじまりは朝鮮族の若者が身につけた日本語の能力を持って故郷を離れ、彼らが「南方」とよぶ沿海地域の経済特区・開発区への移動をはじめたときにおきた。それは、朝鮮族が清末以来、生活の場としていた東北の集住地を離れ、中国社会へ、すなわち

漢族の世界へと拡散してゆくことを意味していた。若者たちの移動と移動先での経済的な成功は、朝鮮族のコミュニティ全体に社会的・金銭的な面での強い上昇志向を呼びおこしたが、それと同時に、それまであまり漢族社会、すなわち漢語の社会と積極的なかかわりをもたず、コミュニティ内部で根強く民族語を継承してきた朝鮮族が「漢語化」志向を強く持ちはじめるきっかけともなった。

　さらに、その数年後には中韓国交締結があり、朝鮮族の拡散は国境をこえて韓国に拡大した。「南方」への拡散が朝鮮族の「漢語化」であったなら、この国境を越える拡散は、求職・就業の「トランスナショナル化」と名づけることができよう。権（2011）がくわしく論じているように、この韓国への移動は、当初から明確に金銭的な充足を目的とした移動であると人々に意識されている。こうして、現在の朝鮮族コミュニティは、移住地である中国への一層の定着と言語的同化を志向する動き、そして、それとはまったく反対に民族語の継承とそれを利用しての再移民、すなわちトランスナショナル化の動きが並行してすすんでいる。

　「南方」で職を得た若者はその地で家庭を持ち定住していく。また子どもと親を残したまま韓国に出国した人々も長期にわたってその地にとどまり帰郷しなくなった。こうして「満州国」の消滅から2・3世代の間に中国東北地方に形成された「中国朝鮮族」というエスニシティ集団は、ふたたび急速に解体をはじめた。すなわち、朝鮮族コミュニティが自らの意志によって選んだ日本語教育は、構成メンバーの地域的な拡散と、それに起因するコミュニティの衰退と解体の引き金となったのである。

4.1　中国経済の高度成長と人材の不足

　中国の教育制度においては、初等教育・中等教育にくらべ高等教育が突出して優遇されている。たとえば学生一人あたりの教育予算をみてみると、「小学生一人当たりの教育費を1とした場合、中学生は2.89、大学生は124.5（1974年）、しかし2000年になると、中学生は6.0で、大学生が201.5となり、中国の教育予算はいかに大学・高等教育に傾斜しているか窺うこと

ができる。」(王 2004, 117)このように大学が優遇されているのは中国が社会主義体制を標榜していたことのほかに、「科挙」の伝統も影響しているのではないかと考えられる[1]。いずれにしても、中国における高等教育機関は、伝統的に、国家を支配する権力機構に参加するための訓練を受ける場所、現代中国語でいうところの「幹部」になるための勉強をするところであり、そこでの学習目的は明確に「立身出世」である。すなわち中国の大学は、ヨーロッパの大学のように個人の知的好奇心を満たすために学ぶところではなく、国家の指導者を養成する機関であった。

　日本語教育もその例外ではなく、中国の大学の日本語教育は、もっぱら国家運営に必要な人材を養成するという観点からおこなわれてきた。そのため、入学選抜では、しばしば学生の関心や興味が無視され、試験の得点によって入学する学科が自動的に決められていた。同じように、大学を卒業した者も自らの意思とは関わりなく、専攻課程に応じて政府が指定する「単位」(勤務先・職場・職業)で働くことを義務付けられていた。これを「分配」[2]と呼ぶが、つまり大学で日本語を専攻した者であれば、卒業し、就職したその日から、日本語を使って仕事ができなければならなかったのである。このような中国の伝統的な大学観が変化し、大学生が自らの意思と好みにもとづいて専攻を選択するという、西側先進国と同じ状況がはじまったのは、1990年代後半、「改革開放」政策の進展と共に、学校が学生から授業料をとりはじめ、教育が産業として認識されるようになって以降のことである[3]。また、それと時を同じくして「分配」制度も廃止され、卒業生は自らの意志によって職業を選択することができるようになったのであった。本研究がとりあつかってきた1970年〜1990年代前半の大学の日本語教育においては、いまだ「分配」制度が存続しており、大学は「幹部」養成機関にほかならなかった。この点が中国の日本語教育に特有の、またきわめて特異な点であった。

　前章で述べてきたように、日本語教育の再開期、大学の専攻課程における日本語教育は、教材や設備に関してめぐまれた状況にあるとはいえなかったが、小規模なクラス編成で、学習に対する意欲が非常に高い学生が集まっていた。学生は「会話ができるようになること」を最大の目標として学習にと

りくんでいた。社会主義体制のもとで、大学は国家「幹部」を養成する機関であり、外国語を学ぶ目的は明確に職業とむすびついており、学生は卒業後、必ず日本語を使った仕事につかなければならないことが在学中から決まっていたので、卒業までに日本語による高度なコミュニケーション能力を身につけなければならないという至上命令があった。これに対し、教員には、母語話者と同じぐらい高度な日本語運用力を持つ者が選ばれた。すなわち、戦前から戦後にかけて日本で生活した者や、「満州国」時代に日本人の学校に通って日本語で教育を受けた者であった。「彼らの多くは文革中、過去の経歴によって批判され、弾圧を受けていたため、突然、大学に呼びだされ、日本語教育にあたるように命じられたことを千載一遇の機会として、学生と同様、きわめて熱心に指導した」という[4]。1970年代、欧米ではオーディオリンガル・メソッドによる外国語教育が確立され、それに続くべく次々と新しい外国語教授法が考案されていた時代であった。しかし、中国では、文革により外国語教育の空白があったため、外国語教育を専門にする教員はほとんど皆無であった。したがって、欧米の教授法開発の動向とは、ほぼ無関係に授業が展開された。15～20名以下の教室で、母語話者に近い運用力を持つ教員を相手に、教科書や教育機器を使わずに会話力を高めるためのレッスンがくりかえしおこなわれた。この時代、中国で日本語教育を受け、現在は、来日して中国語の教員として大学で教鞭をとるM氏は当時の授業を「当時、そういうこと(外国語教授法理論)は知りませんでしたが、今でいう徹底したコミュニカティブ・アプローチでの教育でした」と語っている[5]。すなわち、この時期の日本語教育は、日本語によるコミュニケーション能力の養成、具体的は「会話力」を養成することを徹底的に意識した教育がおこなわれていた。当時の日本語専攻の学生たちは、在学中から一種の「実習」として広州交易会などの国際的な催しで通訳をつとめたり、友好訪中団のガイドを要請されたりすることが頻繁にあったが、多くの学生は、学習をはじめて3年目にはそのような役が不自由なくこなせる程度の日本語力、とくに会話能力を身につけていたようである。

H：3年目にはもうだいたい話せるようになりましたか。

U：結構だいたい。よくその当時は、やっぱり日本と国交復興の、よく旅行の団体というよりも訪中団ですね、旅行社からいろんな訪中団があって、結構、その実践を通しては、よく訪中団の団体の通訳になったりして、まあだいたい、あまり別に不自由とは思えなかったぐらいの…(日本語は話せるようになっていた)。

(2009.09.07)

　このように当時の日本語教育は、効果的に機能しており、人材を養成するという点では成功していたのだが、ただ一つ、大きな問題点があった。それは、人材の供給が需要にまったく追いついていなかったという点である。1990年代終わりごろまで、中国の高等教育は国家機関の人材需要を満たすだけの規模しか持たなかった。大学進学率が数パーセントにとどまり、朝鮮族中学をふくめて受験競争がきわめて熾烈であったのもそのためである。すでに述べたとおり、1980年ごろ、中国全土の日本語専攻の学生数は3,000名程度であり、毎年、卒業させる学生は1,000名に満たなかった。そして、この数字は1990年になっても6,000名に倍増したにとどまっている。当時の大学の日本語学科の定員が全中国で6,000人程度、すなわち1年に1,500名前後の卒業生を送りだす規模しか持たなかったのは、国家の「幹部」として必要な人材がその程度にとどまっていたからであった。

　しかし、この間、中国において日本語ができる人材への需要は一気に高まっていった。それは「大躍進」から「文化大革命」にかけていちじるしく停滞していた中国経済が発展をはじめ、人材の需要が「官」から「民」へと一気に傾斜していったことによる。日本語関連の人材の需要増加は、まず外国人の中国観光旅行の解禁にはじまった。1979年ごろから中国は即効性のある外貨獲得手段として、少しずつ団体観光客の受け入れを開始し、1983年には、中国国内の29都市を「対外完全開放都市」に指定し、外国人の自由な訪問を認めること、他に100ほどの都市を、「旅行証」が交付されれば訪問できる「準開放都市」とすることを発表した。それまでは、中国側に身元保証をしてくれる「接待単位」(受けいれ団体)がある場合に限り「友好訪

中団」として団体ビザか商用ビザが交付されるのみであったので、一般の観光客が中国を訪問することはできなかった。また、訪問先は、事前に中国側が指定あるいは承認した模範的な人民公社などにかぎられ、かならずしも訪問者がいきたいところにいけるわけではなかった。しかし、この政策変更によって、はじめて中国大陸を観光目的で旅行することができるようになったのである。こうして受け入れが開始された外国人のなかで、その数が断然多かったのは日本人観光客であった。「満州国」への里帰りツアーからはじまり、すぐに西安、洛陽、そして桂林へとツアー催行が拡大していった。それはちょうど、各大学の日本語学科の一期生が卒業するころであったが、それと時期を同じくして、日本語ガイド・通訳の需要が一気に高まったのである。しかし、本章のはじめに述べたとおり、この時期、大学を卒業した人々は中国社会のなかのエリートであり、卒業後の進路は、個人が決めるのではなく、政府機関や有力な国営企業に「分配」されることとなっていた。

U：当時は卒業した時点で…。

H：分配(中国語)が(あったんですね？)

U：それで大連外語は一番(多くの)卒業生を出したわけだから、もう外交部も、外貿部も、外貿部っていうのは通産省ですね、みんな取りに来たんですよ。60人のうち外交部は15人くれって要求してきたんです。で、外貿部は30人くれっていうんですよ、とても応じられないと、もう全部半分に減らして、だから結局外交部に行ったのは8人、外貿部に行ったのは15人、これで妥協したんですね。ようするにこれは人材だからあちこち欲しがっているでしょう。

H：じゃあほとんどが政府の機関にいくか、あるいは大学の先生になるか？

U：みんないいとこですよ。大学の先生と研究所とか、あと民航、いわゆる航空会社とか、各遼寧省、大連市、瀋陽市の外弁(外事弁公室＝対外交流を担当する部署)とか、そういったところなんですよ。だから一番駄目なのは先生になる(ことだった)、先生にみんななりたくなかったんです。だから(わたしは)先生になれって言われたと

きに泣きましたね。でもやっぱり学校(出身大学)としては、当時、若い先生いないわけだから、ちょっと優秀な人たちを学校に残したわけね。

(2009.11.07)

　たとえば大連外国語学院では、1973年の第1期60名の卒業生[6]に対し、外交部が15名、外貿部が同じく30名の「分配」を要求してきたが、とても、それだけの需要にこたえることはできず半数ずつで妥協してもらったという。また、そのほかの卒業生も中国民航や地方政府など「いいところ」に分配された。学生たちがもっとも「なりたくなかった」のは、文革の時期、社会的な地位も給与もきわめて低かった大学の教員であったが、若い教員が不足している大学は、まっさきに優秀な学生の「分配」を受けたのだった。このとき、大連外国語学院に残って(残されて)教員になったのは9名だったという。次年度以後の卒業年次も同様の状況が続いた。当時、中国最大の、そして唯一の外国人向けツアーエージェントであった中国国際旅行社も有力な国営企業の一つではあったが、1校から数名の分配を受けるのがやっとで、急増した通訳ガイドの需要に対して、日本語ができる人材の数はまったく足りなかったのである。また、大学卒業生は、政府・企業の幹部候補生であるから、いつまでも現場でツアーガイドをさせているわけにはいかない。こうして、旅行業界は日本語を話す能力を持ち、しかも現場の仕事をさせることができる中等教育機関の卒業生の中に人材を探して動きはじめることになったのであった。第3章冒頭に述べたとおり、この時期、中国の日本語学習者の三分の一が朝鮮族であり、日本語を学んでいる中学生の半数は朝鮮族中学の生徒であったから、日本語のできる人材として朝鮮族の存在が大きくクローズアップされることとなった。その数年後には、日本企業の中国進出が本格的にはじまり、広東省を中心に日本語ができる人材の争奪戦はますます激化した。こうして人材の需要と供給のアンバランスが大きくなっていくなか、民族学校で日本語教育を受けた朝鮮族がもてはやされることとなった。

4.2　産業界への人材供給源として機能した朝鮮族の日本語教育

　すでに述べてきたとおり、1976年の文化大革命の終結とともに、民族学校が再開された。それと時を同じくして中等教育機関での外国語教育が再開され、大学入試でも外国語科目が必修科目になった[7]。こうして民族中学もふつうの中学も「外国語の授業をはじめなければならない」という状況におかれる。中国東北地域の中等教育機関では外国語を教えられる人材として「満州国」時代に日本語を学んだ人たちと「ソ連一辺倒」の時期にロシア語を学んだ人たち[8]しか確保できない学校が多く、英語教員がいないという理由で、日本語教育やロシア語教育をはじめた学校が多かった。すなわち、東北地域の日本語教育は、積極的な意図を持って再開されたものではなく、他の選択肢がないために「しかたがなく」再開されたものであった。したがって、中国東北各地の師範学校に設置された2〜3年制の英語教員養成課程が修了生を教育現場に送り出しはじめ、英語教員が確保できるようになると、ふつうの中学はいっせいに日本語教育を停止し、英語教育に転換しはじめた。その時期は1980年代の初めであった。

　ところが、朝鮮族の人々は、このわずか数年間という短い期間に、日本語を学ぶことは、朝鮮語を母語とする自分たちにとって有利なことであると考えるようになった。それは、大学入試における得点の大きな差という誰にでも明らかな形であらわれたため、民族中学校は外国語科目を英語に転換せず、積極的に日本語を学び続けることを選択したのだった。この1980年はじめごろにおきた「日本語教育の選択」が、中国の朝鮮族の人々と日本語教育との関係における大きなターニングポイントであった。

　すなわち、1945年以前の日本語教育は「侵略者」によって強制された教育であり、朝鮮人の人々には、何を学ぶかという選択の自由はなかった。一方、1978年に外国語教育が再開されてから数年間の日本語教育は、強制こそなかったものの、「中学校・高校では外国語を教えなければならない」という中央政府の教育政策のなかで、他に選択の余地がなかったため、「しかたがなく日本語を学ぶ」という消極的な考えかたによってはじめられたものであった。この時期まで、朝鮮族の人たちに、主体的に日本語を学ぶという

意識はなかったと考えられるのである。

　しかし、それから数年後、1980年代はじめにおこなわれた朝鮮族の人々による日本語教育の選択は、民族中学以外のほとんどの学校が英語教育に転換するなかで、あえて日本語教育を継続することを選んだという点で、「満州国」時代から続いてきた朝鮮族の人々と日本語教育の関係を一変させるできごとであった。つまり、このときはじめて朝鮮族のコミュニティは、自ら日本語を選び、主体的に日本語を学びはじめたのである。

　ただし、このとき、朝鮮族コミュニティが日本語教育を選択した目的は、大学入試を最終目標とする受験教育のためであり、「国際理解」「国際交流」といったことが意識されるどころか、ごくシンプルに日本人と日本語でコミュニケーションをするということさえ、まったく想定されていなかった。このころの朝鮮族コミュニティの意識は、もっぱら民族教育を成功させる手段としてしか日本語教育を考えていなかったのである。日本語教育は、文革時期に抑圧され危機に瀕していた民族教育を再興させるための仕掛けであり、とくに居住地域における朝鮮族の人口比が希薄で朝鮮語の継承に危機感が強い「内地朝鮮族」には、その感覚が強かった。そこで、朝鮮族の民族中学では、日本人や日本社会というものを意識することなしに日本語を学んでいたのであった。なんのために「外国語」を学ぶのか、という、本来の外国語教育の意味を考えるなら、このときの朝鮮族の日本語教育は、意味のない空虚なものであったといわざるをえない。しかしながら、日本語の勉強に興味を持っていた若い学生・生徒たちは、受験のために習った日本語を使って、学校の放課後に「日本語がとても上手なおじいさんと」あるいは、日本人の残留婦人や勉強熱心な年上の学生と「日本語でしゃべる」ことによろこびを感じていた。このころの朝鮮族の村の中では、「みんな日本語ができました。朝鮮族は、むかしから就学率が高いですから、日本語ができる人は珍しくなかった」という環境が、そのような機会をつくったのである。これが、日本語教育の新たな展開の伏線になった。

　1980年代の半ば以降、中国社会は、急速に、しかも未曾有の変化を経験することとなる。それは、「改革開放」路線の進展であった。そして「改革

開放」のもっとも早期に朝鮮族の日本語教育に影響を与えたのが、日本人観光客の急増であった。観光客として数多くの日本人が中国を訪問するようになり、朝鮮族の日本語教育もはじめて、大学受験以外の学習目的を持つことができたのである。

　1979年7月に中国は一般募集による団体観光旅行をはじめて受け入れた。初期の観光旅行は、決められたいくつかの「路線」(コース)を団体で参観する完全なパッケージツアーで、参加費用がヨーロッパ旅行と同じぐらい、あるいはそれ以上に高価であったが、日本には中国に興味を持つ人が多かったため人気を集め、日本のツアーエージェントは、あらそって中国への旅行を企画しはじめた。その結果として、中国を訪問した日本人は、1978年3万人、1979年4万6,000人、1980年6万5,000人、1981年8万人、そして1982年には10万人を超えた[9]。このような「中国旅行ブーム」をうけて、1983年、中国政府は、国内の29都市を「対外完全開放都市」に指定し外国人の自由な訪問を認めること、他に100ほどの都市を、「旅行証」が交付されれば訪問できる「準開放都市」とすることを発表した[10]。

　この時期、日本人の中国旅行者は「やはり"望郷志向"か、高年齢層が多く、50歳以上の人が全体の64%を占めている。なかでも60歳代が最も多く、全体の29.6%[11]」を占めていた。そのため、各旅行会社は、積極的に「人気のある旧満州の東北地方(ハルビン、長春、旅大など)を訪れるコース[12]」「旧満州マーケットを開発[13]」した。一方、「中国では、外貨獲得を至上命令としており、その最も手っ取り早い手段として積極的に観光客誘致を展開してきた」のである。したがって中国政府も「最大の旅行者供給国である日本」[14]から来る観光客の受け入れ環境を整えるために努力した。その一つが日本語通訳ガイドの確保であった。この日本語通訳ガイドについて週刊トラベルジャーナルは、1982年2月15日号(p.38-39)に『中国旅行メモ　誇りを持って懸命に働く日本語ガイドの"生活と意見"』と題した次のような特集記事を掲載している。

　　　中国を訪れた日本人観光客は年間で10万人に達するものとみられている。ご存知の通り、中国旅行の場合、旅行中全行程に通しで添乗する

ガイドが 1 人つき、しかも旅行目的地ごとに 1 人の現地ガイドがつく。10 万人もの日本人観光客を処理するためには相当数の日本語ガイドが必要となってくる。それも徐々にふえた 10 万人ではなく、ここ 2、3 年の間に急激に増加した 10 万人である。

普通の国だったら、とてもそんな相当数の日本語ガイドを短期間に養成できるはずがない。ところが中国である。国家、中国共産党の"分配"という命令によって、少しでも日本語のできる人間を全国各地から狩り集め、特訓し、主要な観光地に配置して、なんとかこの 10 万人という数を処理する体制を作りあげてしまっている。

1980 年代の中ごろ、中国全土に日本語通訳ガイドの需要が突然、しかも大量に生まれることになった。2.3 で述べたように、すでに当時、中国各地の大学に日本語学科が設けられていた。ことに日本人観光客が多かった東北地方においても、大連外国語学院、吉林大学、黒龍江大学、東北師範大学そして延辺大学などに日本語学科が設けられていた。しかし、これもすでに述べたとおり、当時の大学の日本語学科は規模が小さく政府機関の需要を満たすのもやっとという状況であった。そこで、旅行社は「少しでも日本語のできる人間を全国各地から狩り集め」なければならなかったのであるが「少しでも日本語のできる人材」は、旧「満州国」であった東北三省と内蒙古自治区に偏在しており、さらにその地域でも組織的に、しかも大規模に日本語教育に取り組んでいたのは、ほぼ朝鮮族中学のみであった。

こうして、朝鮮族中学の日本語教育が、突然、脚光をあびることとなった。旅行会社をはじめとする観光関係の業種は、現在の日本でも人気がある就職先であるが、当時の中国ではそれ以上であった。中国朝鮮族の生徒・学生の日本語の学習目的は、それまで大学受験しかなかったのだが、突然、通訳ガイドとして旅行会社へ就職するという、大学入試以外の学習目的が生まれたのである。なお、この時期、旅行会社に勤務して得られる収入は、学校教員の給与よりもずっと高かったので、朝鮮族中学を退職して旅行社に転職する現職の教員が少なくなかった。朝鮮族中学の日本語教員は、現在に至るまで慢性的に人材不足に悩んでいるが、これがそのはじまりであったといっ

てよい[15]。

　ところで、いままで述べてきたとおり、1978年ごろ再開した朝鮮族中学の日本語教育は大学受験教育という目的をもち、またその目的しかもたなかったのだが、それは決して朝鮮族の人々が、意識して目的をそれだけに限定していたというわけではない。いままで述べてきたことからもわかるとおり、「満州国」の消滅から、少なくとも1983年までは、日本人が中国東北地方を訪問することが非常にむずかしかったのである。朝鮮族の「おじいさん」の世代には、日本語の母語話者に近い人々が少なくなかったし、「満州国」後も日本に帰国せず東北各地の都市に残留していた日本人も少数ながらいたので、朝鮮族中学は中国政府の対外開放政策が決まる前から日本語教育を再開することができたのだが、「おじいさん」も残留日本人も、当然のことながら日常生活において必要な朝鮮語あるいは漢語は不自由なく話せるので、コミュニケーションのために日本語を使わなければならないという必要性はない。つまり日本語を使わなければコミュニケーションができないようなケース、具体的な場面が学習者自身にはもちろん、日本語の教員にもほとんど想定できなかったので、勉強の目的は自然に大学入試のみに絞られていたともいえるのである。

　1983年にはじめて「対外完全開放都市」が指定されたということでわかるとおり、1980年代半ばまで中国は外国人に関してきびしく閉ざされた世界であった。それは、中国に住む人々にとっても同様であって、大学に進学できるごく一部のエリートを除き、一般の中国の若者が自分の将来について考えるときに、それを外国社会や外国人と関係させて考えることはほとんどできなかったのである。つまり、1980年代半ば以降まで朝鮮族の若者が暮らしていた世界は、中国の他の若者と同じく、小さな閉塞された世界だった。「大躍進」から「文化大革命」へと続いた鎖国的な政策の下では、外国人とのコミュニケーションはもちろん、「国際交流」や「国際理解」などということがらも、それが現実的にどのようなことなのかを実感することが、きわめてむずかしかったのである。そして、そのような閉塞された環境のなかでは、日本語に限らず外国語を学ぶということに大学受験以外の目的を設定することが、ほとんど不可能だったというのが現実であった。そのように

考えると、1983年の対外開放都市の決定が、それまでの中国の閉塞された外国語学習環境にとって、いかに大きな変化であったかがわかる。そして、その決定に前後して、中国東北地方にも外国人観光客が訪れはじめ、しかも、そのほとんどは英語ではなく日本語を話す日本人観光客であったから、対外開放の決定が朝鮮族の日本語教育に与えた衝撃は非常に大きかったのである。

なお、1983年以降、中国を訪問する日本人観光客はしだいに増加していくが、旧「満州国」への里帰りツアーが多かったのは1990年ごろまでであり、関係者の高齢化とともに、その催行数は減少していった。それに替わって日本人の中国ツアーの主たる目的地となったのは、桂林・石林・西安など中国南部・西部の有名な観光地である。しかし、すでに述べたとおり、中国における日本語教育機関は中国東北地方に集中していたので、結果として、中国南西部の旅行社も朝鮮族中学の卒業生を数多く採用し、多くの朝鮮族の若者が就職のためふるさとを離れることとなった。これが、今日みられる朝鮮族の大規模な「移動」（流動・移住）の嚆矢となった。

この中国国内の観光旅行の自由化以上に、朝鮮族の日本語教育に決定的な影響を与えたのが、1984年の「経済技術開発区」指定であった。

文革が終了するとすぐ1977年に中国政府は、「改革開放」政策を開始し、故周恩来が提唱した「四つの現代化」をそのスローガンにすえた。10年にわたる文革の結果、いちじるしく疲弊した中国経済を立ちなおらせるためには、外国企業による投資が不可欠だと判断した当時の指導者、鄧小兵は1978年、深圳・珠海・汕頭（広東省）・厦門（福建省）の4ヵ所を経済特区に指定し、外資による直接投資を認めた。この経済特区には香港資本がいちはやく進出したが、当時の日本企業はそれほど注目しなかった。日本企業が中国に進出しはじめるのは、1984年、新たに「経済技術開発区」として大連・天津・青島など、日本に近く、しかも、かつて日本の支配を受けていた、いわば「土地勘」がある都市が指定されたころからである（図4-1）。しかし、一度、進出がはじまり、それが経済的な成功の機会につながることが理解されると、日本企業は、アメリカ企業とならんで積極的に中国に進出しはじめる。とくに1992年に鄧小兵が「南巡講話」を発表するとその数は爆発的に

増加した。1977年から2002年までに中国に進出した日本企業は2万社近くにのぼる（稲垣2003, 18）。これら2000年ごろまでに進出した日本企業は、約70％が製造業で、はじめは繊維・アパレル産業がもっとも多く、電気機器がそれに続き、さらに2000年代に入ると、自動車関連の工場が争って進出した。

このように1980年代から90年代にかけて外資系企業が競って経済特区へ進出したのは、人的資源が豊富に存在し、しかも人件費がきわめて安かったためであった。このころ中国へ進出した企業は、人件費の安い中国に工場をつくり、製品を中国国外に輸出することを目的としていた。これにより中国は「世界の工場」となったのである。それが可能になったのは、農村の過剰労働力を沿海都市に移転させる政策がとられるようになったためであった。

中国では1958年から84年ごろまで「自己都合で戸籍を他の地域（都市か農村かを問わず）に移すことが制度的に不可能なだけでなく。戸籍を移さずに他地域へ移動することも許されなかった[16]」（厳2005, 43）のだが、「1980年代以降、それまでの状況は一変した。」「郷鎮企業の急成長で非農業の雇用機会が増えた。それに都市部の雇用政策も調整された。さまざまな制度の改革に伴い、労働力の流動化は急速に展開した。」「1990年代に入ってからは、内陸農村から沿海都市への地域間移動も活発化した」のであった。（厳2005, 43–44）中国では2000年以降も引き続き個人の居住地の選択に関してさまざまな制度的制限があり、転居の自由が保障されているとはいえない（園田2008, 78–108）が、少なくとも1984年ごろから「一時的に本籍地を離れて就労すること」、すなわち「出稼ぎ」については許されるようになったのである。とはいっても、1990年代まで人々が「出稼ぎ」に赴く地域は、省内か、せいぜい隣接する省がほとんどであった。1992年に広東省宝安県の日系企業で大島など（2001）がおこなった調査によれば、現場従業員のうち省内出身者が51％、省外出身者は49％であり、その出身省はいずれも広東省に隣接する湖南省、広西自治区、貴州省と近隣の四川省であった（大島など2001, 95–98）。外資系企業の中国進出とともに出稼ぎが一般的になったといっても、1990年代にはまだあまり長距離の労働力移動はなかったといってよい。

しかし、大島は例外的に日本人スタッフの下で「通訳・翻訳・会計・人事」などの事務スタッフとして、あるいは「生産管理・品質検査・設備補修」などの技術スタッフとして働く従業員は「出身地が広範囲にわたる」と報告している。そして、そのスタッフの中で「大学卒スタッフ5人のうち3人は東北の黒竜江省出身である」と述べている(大島など 2001, 91–92)。

ここで大島が報告した「黒竜江省出身者」が日本語通訳・翻訳を担当していた者かどうかは不明である。しかし、一般に中国の工場には日本から現場を指導する技術者が数多く派遣され、生産ラインで直接、現場作業員の技術指導にあたった。そのため、日本人技術者の話を現地の工員に伝えるための通訳が大量に必要とされた。この日本語通訳は、先に述べた観光日本語通訳ガイドと同じ理由で、中国南部では人材確保がむずかしかった。そのため当時としては例外的に長距離を移動して中国最北の省である黒龍江省から広東省に就労するというケースが珍しくなかったことは事実である。その中には日本語を学んだ朝鮮族の人々が高校卒業後、通訳などの事務スタッフとして「南方」にいくケースも多かった。なお4.6に論じるように、その中の少なくない人数が、数年間の就業で得た資金と人間関係を利用して、日本に留学し大学への進学を果たしている。

さらに1992年に中国と韓国の国交が締結されることによって、その傾向に拍車がかかった。日本企業に加え、韓国企業の中国進出がはじまったからである。朝鮮族中学は3言語(韓・中・日)の習得により、漢族の中学校で学んでいる生徒にくらべてより多く就職・留学の機会が得られること、たとえ大学進学に失敗したとしても、韓国系および日系企業へ好条件で就職することが可能であることを強調するようになった。それにより、高度経済成長を続ける中国社会のなかで民族教育が実利を持つことを強調し、民族教育のステイタスを高め、優秀な生徒をあつめることができるようになったのである。インタビューの中でも、各人が異口同音に、朝鮮語・中国語そして日本語を学ぶことの意義を、就職のしやすさと結びつけて語っている。

A：それから大学卒業してから、就職しやすいことも一つだし、それから(中学で)日本語を習う人が少なくなったので、やっぱり日本語を

習った人が、重視される。そうですね。いまもう、そういってますよ。4〜5年たったら、日本語を習う人が重視される。わたしも毎日、まあ、チャンスがあったら、こういうこと話しますよ。

(2006.02.20)

C：朝鮮族は、朝鮮語もできますし、中国語もできますし、また中国人（漢族）にわからない日本語もできますし、社会にでたら、日本の会社で、また、韓国の会社で、はたらくことができます。でも、中国人は大学を卒業しても、ちょっと仕事先をみつけるのは大変になっています。やっぱり、朝鮮族の人は、中国人のわからないことばをえらぶのがいいと、わたしはおもっています。

(2006.08.10)

D：えー、これはそうですよ。いま、韓国からの企業が中国にたくさんありますね。では、あのじつは、外国語、とくに日本語、それからあの中国語、それから韓国語、はい、これをおぼえたら就職が、簡単です。それから、給料も高いです。みんな知っているですよ。

(2006.02.20)

　これらの発言にあるとおり、実際に韓国語と中国語、そして日本語の語学力を持つ朝鮮族は、通訳・秘書や工場等の中間管理職として韓国系企業・日系企業に歓迎され、有利な条件で職を得てきた。つまり、大学に進学できた場合はもちろん、仮に進学ができなかったとしても、朝鮮族中学の生徒にとっては、中学・高校で語学力を身につけておくことがきわめて重要なことなのであり、朝鮮族はそれを「みんな知っている」のである。また、その言語が漢族と競合する英語ではなく、第一に日本語を、それに続いて韓国語を意味していることは、朝鮮族にとってはいうまでもないことなのである。なお、朝鮮族の間では、労働条件と待遇の面で韓国企業の評価が日本企業よりはるかに低く、日本企業への就職を希望する者が圧倒的に多い。

　ところで、これら外資企業の進出先は、そのほとんどすべてが経済特区お

よび経済技術開発区に所在する。すでに述べたとおり、経済技術開発区の中には大連・天津・青島など中国の北部に位置する都市も含まれており、とくに大連は東北三省内の都市だが、朝鮮族の人々は大連をふくめてこれらの地域をひとまとめに「南方」とよんでいる。中国東北地域では、大連を唯一の例外として「満州国」時代から続く旧来の重化学鉱工業に偏した産業構造の改革がすすまず、沿海都市とは反対に経済的不振がつづいている。したがって、東北地方では、大学を卒業してもよい就職先がみつからず、所得水準も低い。このように低迷する朝鮮族の故郷に対して、めざましい経済成長をみせる地域が「南方」と呼ばれるのである。すなわち、かつてアメリカ合衆国で「カリフォルニア」が夢を実現できる土地としてイメージされていたように、朝鮮族にとって、現在の中国で夢を実現できる地域としてイメージされているのが「南方」であり、その「南方」に渡るためのチケットとなるのが、日本語あるいは韓国語の能力であると想定されているのである。

　「南方」における朝鮮族の就業先としては、日系あるいは韓国系企業への直接雇用だけではなく、それらの企業の駐在員をターゲットにした飲食業、サービス業などへ就業もそれ以上に重要である。これら「水商売」に従事するのは、進学に失敗した比較的学歴が低い若者であった。「南方」の工業開発区に、韓国・日系企業の工場などが進出すると、まもなくその工場周辺に韓国・日本料理店やカラオケ店、スナックなどが開店し、小さなコリアンタウンが誕生するのが通例である。それらの経営者と従業員は多くが東北地域からやってきた朝鮮族の若者であった。こうして朝鮮族の若者は日系企業への直接的・間接的な就業機会を求めて「南方」に流出していくのである。

　以上、述べてきたとおり、朝鮮族の日本語教育は、日本企業の中国進出にあたり大きな役割を果たしてきた。1980〜90年代にかけて、大学の日本語専攻課程を修了した学生は、ほとんどが政府機関や大企業に「分配」され、日本企業が雇用することができなかった。そこに人材を供給したのが朝鮮族の日本語教育であった。再三にわたって述べてきたとおり、朝鮮族の日本語教育は、受験のために始められたものであったが、教員の日本語運用力が十分に高かったこと、朝鮮族のコミュニティ内には、多くの日本語話者がいて、学習者が日常的に日本語を話すことができたために、受験勉強をこえて

「使える日本語」を習得する者がいたのである。観光通訳ガイド、日系企業への就職機会の増加に続いて、日本に赴く「技術研修生」として朝鮮族の人材を選択的に招致する企業があらわれたことも、「外国語としての日本語」を学ぶ機運を高めることとなった。このように日本企業の対中国ビジネスの勃興期に、朝鮮族は人的資源の供給源となったのであった。

　日本企業の中国進出の特徴は、それまでのタイをはじめとする東南アジア諸国への進出と異なり、大企業ばかりでなく下請けの中小企業もあらそって生産拠点を移転したことにある。このように大企業ばかりでなく中小企業までが中国に進出できた理由として、日中両言語に通じた通訳が現地で比較的容易に確保できたことがあげられる。その一端を担ったのが朝鮮族の民族中学・高校における日本語教育であったのである。

4.3　朝鮮族の「南方」移住が日本語教育の地域的な拡大に果たした役割

　前節に述べたように、朝鮮族の日本語教育は中国経済の離陸期に日本企業の中国進出を支えることに関してかなり大きな役割を果たした。それとともに、これまでほとんど指摘されてこなかったが、中国の日本語教育に大きな影響を与えたと考えられることがある。それは、朝鮮族の日本語教育が、中国の日本語教育を地域的にも、社会階層あるいは教育レベルの面でも拡大することになったということである。

　中国は世界第2位の日本語学習者数を持つ地域であるが、その日本語教育機関は、全土に均一に分布しているわけではない。すでに3.2.3で述べたとおり、2000年代に入るまで、その分布は北京以北の地域と上海に集中しており、とくに東北三省に極端な集中をみせていた。すなわち「満州国」の支配地と日本の租界があった上海である。それとは対照的に上海以南の地域で日本語教育をおこなっているのは、各省レベルの総合大学など、かぎられた数の高等教育機関しかなかった。つまり、東北三省と北京・上海以外の中国において日本語教育というものは、大学に進学したごくわずかな人が学ぶ特殊な外国語であった。1990年ごろ大学で日本語を専攻する学生は中国全

土で6,000名程度しかいなかったのである。したがって、中国に進出した日本企業は、大学の日本語学科で学んだ人を雇用することがむずかしかった。そこで、企業が目をつけたのが朝鮮族中学の卒業生だった。朝鮮族の人々は大学受験のために日本語を学んでいたのだったが、これまで述べてきたように、日本の支配下にあった地域で母語話者と変わらないほどの運用力をそなえていた世代との接触が少なくなかったため、仕事に使える程度の会話力に身につけている若者がいたのである。これら朝鮮族の人々は、高校を卒業しただけであったが、日本語ができるということで、日系企業では「管理」[17]的な職種につき、当時の中国では破格の収入を得ることができた。しかし、伝統的に学歴が重視されてきた中国で、学歴によらず、すなわち大学を卒業せずに「管理」職につくことができるというのは、文化大革命の一時期を除き、きわめて例外的なことであったから、このような朝鮮族の雇用動向は周囲の注目を集めた。

　1990年代に入って、このような日本語教育機関の地域的偏りがもたらした興味深い事象が見られた。それは、黒龍江省の辺境に位置する地方都市に突然、日本語学校が急増し、中国南部から多くの学生を集めたという事実である。

　鶏西市は黒龍江省南東部に位置し、ロシア沿海州に接する人口190万人ほどの地方都市である。ここは「満州国」時代、炭鉱の開発がおこなわれたことから発展した地域であった。炭鉱は主に市の西部に位置し、一方、市の南部から東部にかけては、水田と畑が広がり、ここに日本人と朝鮮人が入植した。1945年以降、日本人はほぼ全員が引きあげたが、朝鮮人はそのまま残って村落を維持した。現在、鶏西市における朝鮮族の人口比は2.5％にしかすぎないが、朝鮮族の民族郷があり、市内数校の民族中学で日本語教育がおこなわれている。ここに、はじめて日本語学校ができたのは1984年ごろのことだという。以下の話は、長く鶏西の日本語学校で教員を勤めているL氏（朝鮮族）による。

　　L：（1990年ごろ）鶏西の（日本語）学校が急に増えて、学生もですね、
　　　南方からたくさん来ました。あのときは、民間の学校はですね、

28校くらい、ぐんと増えましたね。
H：鶏西の日本語学校は誰が始めたんですか。
L：Tという人ですね。学校の名前もT日本語学校といいます。今は学生が2,000人くらいでしょうか。
H：そうすると、Tが日本語学校を始めて、それが南のほうで評判になったんですか。
L：うん、そう、そうですね。
H：それはやっぱり朝鮮族の人たちが南にたくさんいったから…。
H：はじめ（のころの学生）は朝鮮族。もうはじめは大部分朝鮮族ですね。それからだんだん、漢民族。漢民族が南方からたくさん（きました）。
H：朝鮮族の人は高校卒業してすぐ南方へ仕事に行ったんですか。それとも大学に入って卒業してから行くんですか。
L：うーん、大学を卒業して行く人もいるし、それから、高校卒業して日本語学校に1年半くらい行ってですね。これ訓練してから仕事（に）行きますね。
H：じゃあ、T日本語学校は、最初はそういう南のほうに仕事を求めて行きたい朝鮮族の人のための学校だったんですね。
L：はじめはそうですね。はじめは、うん、大部分、朝鮮族。それからはだいぶ漢民族が習うようになりました。
H：それはT日本語学校を出て南に行った朝鮮族の人たちが活躍しているのを見て、みんな習いに来たんですね。
L：そうですね、それが、うん、そうですね。
H：漢民族がそんな増え始めたのは何年ごろですか、90年に入ってからですか。
L：そうですね。90年から92年か、たぶん。

(2009.09.03)

　現在、鶏西市には、T日本語学校をふくめて2,000名以上の学生数を数える大規模な日本語学校が4校ある。いずれも朝鮮族が経営する私立の外国

語学校である。T 日本語学校をはじめとする 3 校は「満州国」時代に日本語教育を受けた「老一代」に属する世代が設立した。残る 1 校は 1980 年代に日本語教育を受け、日本に留学して大学院で日本語教育を学んだ夫婦が経営にあたっている。これらの日本語学校は、はじめは大学受験に失敗した朝鮮族の高校卒業生に就職のための「商務日本語」(ビジネス日本語)を教えていたのだが、1990 年代に入ると、これらの日本語学校に「南方」からやってきた漢族の学生が増えはじめ、学校は規模を拡大していった。こうして辺境の地方都市は日本語ブームで沸いた。学校の新設もあいつぎ、最盛期は 28 校、15,000 人の学生が日本語を学んでいた[18]。学生は、ほとんどが漢族で湖南省・江西省・貴州省などの出身者が多く、その多くが「南方」(主に広東省)の企業で労働者として勤めた経歴を持ち、そこで給料を貯めて、それを学費として鶏西に日本語を学びにやってきたのである。

　前に述べたとおり、日本企業に就職した朝鮮族は、民族中学で身につけた日本語運用力によって、生産現場の労働者と工場を管理する日本人の中間にあって労働者を指導する「工程管理」などをつとめた者が多かった。「南方」の工場で労働力となっていたのは、「(農)民工」とよばれる中国南部・内陸部出身の労働者であるが、やがて、彼らの間に朝鮮族を見習って、自ら日本語を身につけ、より高いポジションと賃金を得ようと考える者が現れる。中国の高度成長をささえてきた「(農)民工」とよばれる人々は、ほとんどが山間部の農村出身である。これらの地区は多くが「貧困地域」に指定されており、彼らの中には、向学心を持っており進学を希望していたにもかかわらず、経済的な事情で、小学校あるいは中学卒業後、沿海地区の工場に働きにきたものも少なくない。このような若者たちにとって(高級)中学卒業の学歴しか持たないにもかかわらず、日本語の運用力により中間管理職のポジションを得て働く朝鮮族の姿は、自分たちにも手の届く存在として、理想のロールモデルとなった。そのため、彼らの中に日本語の習得をめざす若者が現れたのである。彼らが、遠く東北の朝鮮族の日本語学校をめざしたのは当然であった。当時「南方」の工場では「日本語を学びたければ鶏西に行け」ということばが流行したという。

　鶏西の日本語学校は、大学の日本語教育とは異なり、朝鮮族中学の日本語

教育をモデルにしていたため、1クラスの人数が40〜80名と非常に多い。授業の内容は、学校によって異なるが、大きく二種類に分かれ、一つは教科書を使って「商務日本語」を学ぶものである。それは工場や企業内で頻繁に使われそうなフレーズを、暗唱と暗記という中国の伝統的な学習法を使って習得するというものであった。いま一つは「日本語能力試験2級」に合格するための勉強である。1990年代後半になると中国の日系企業は採用条件として「日本語能力試験2級」合格レベルを明示しはじめたので、それに目標をあわせたものであった。こちらは教科書で文法・文型を学んでから、ひたすら問題集を解くという形式で授業が進められた。これは大学入試のために朝鮮族中学で「晩自習」の時間におこなわれている学習形式とまったく同じやりかたである。このように、朝鮮族のビジネス日本語学校は、日本語教育を「産業化」して、ビジネス会話（定型フレーズ）の習得と、日本語能力試験の合格という2点に学習目標をしぼったカリキュラムを設定した。すなわち朝鮮族中学の受験勉強の方法をそのまま応用した日本語教育がおこなわれていたのである。このような日本語教育の方法は、小川が朝鮮族の日本語教育を「朝鮮族が最も重視する『大学の入試』に有利というプラグマティクな面」(小川 2001, 217) と評したことを想起させる。これらの学校で教員をつとめたのは、ほとんどが退職した朝鮮族中学の日本語教員や現職の教員のアルバイトであった。また、すでに述べたとおり経営者も事務職もほぼ全員が朝鮮族であった。有力な学校の中には日本人教員を招聘した学校もあったが、1校に1〜2名という数であったから授業の中心にはなりえず「わが校には日本人教師がいる」という宣伝効果のほうが大きかったものと思われる。

　以上のように鶏西の日本語学校でおこなわれた日本語教育は、外国語教育としてみるとかなり特異なものであったが、1年間の授業料が寮費込みで3,000元ほどと、中国の物価水準でみても安かったため、経済的に恵まれない地域出身の学生が、日本語の習得に未来への希望を託して数多くあつまったのである。当然のことながら、貴重なお金と時間を費やして黒龍江省の辺地までやってきた学生は学習意欲がきわめて高かったために、これらの日本語学校もそれなりの成果をあげ、一定の学習課程の終了後、ふたたび「南方」にもどって、日本企業に希望どおりの新たなポストを得た卒業生は少な

くなかった。

　このように、鶏西にあいついで開校した日本語学校は、私営企業の日本語教育としては、中国でもっとも早期に始められたものである。鶏西で学んだ学生数は、かなり控えめに見積もっても平均して1年間に5,000人以上に上り、期間としては1990年ごろから10年以上続いたのであるから、総計5万人を越えることは間違いがない。また、鶏西市のように日本語学校が「乱立」するほどではなかったが、ハルビン、牡丹江など朝鮮族が多い都市には職業訓練を目的とする日本語学校がつぎつぎと開校した。それらの学校で学んだ者は、ほとんど全員が就業の機会を求めて「南方」に戻ったのである。したがって、その後「南方」にあいついで開校した民間の日本語学校は、朝鮮族の日本語教育に強い影響をうけている。すなわち、朝鮮族の日本語教育がモデルとなり、ビジネス界に人材を送り出すことを目標とした日本語教育が盛んになり、さらに職業学校や師範学校など中等教育レベルの学校にも日本語教育を専攻する課程がつくられたのだと思われる。また、2005年ごろからは職業技術学院[19]や大学にも、ビジネス界に卒業生を送り出すことを主たる目的とした日本語学科があいついで開設されるようになったが、これも朝鮮族がはじめた教育産業としての日本語教育に何らかの影響をうけていると思われる。これらの教育機関では、東北地方から教員を招聘しており、広東省・福建省、海南省など「南方」の職業技術学院には必ず東北出身の教員がいるといっていい。さらに、中国全土に次々と開校されていった「日本への留学準備のための日本語学校」についても、東北地域の朝鮮族が先行する役割を果たしている。

　しかし、2000年以降、中国の「南方」に日本語を学べる学校が次々と開設され、また、高等教育レベルから中等教育レベルにまで日本語教育の場が広がったことは、鶏西市の日本語教育にとっては大きなマイナスであった。私立でもともと強固な経営基盤と施設を持っていなかった鶏西市の日本語学校は、2005年以降、入学者が減り、かなりの学校がすでに閉校となった。また、鶏西に限らず中国東北三省にある日本語教育機関も、吉林大学や東北師範大学など伝統ある大学の日本語学科をのぞいて長期低落傾向にあり、中国の日本語教育の中心が、その産業構造と同様、「南方」に移りつつあるこ

とを感じさせる。

4.4　1980年代、中国における日本語教育と人材育成の二重構造

　現在、世界第 2 位の学習者を数える中国の日本語教育は、実質的に 1978 年以降の 30 年間に形作られてきたものである。そのはじめの 20 年間、すなわち 1970 年代終わりから 2000 年ごろまで、図 4-1 に示したように、中国の日本語教育システムは大きく二つに分かれていた。一つは図の左側、すなわち中国国家の運営にあたる人材を育てる目的で開設された外国語学院と総合大学の日本語学科であり、もう一つは図の右側、すなわち、本研究のテーマである東北地方の朝鮮族の民族中学でおこなわれた日本語教育であった。

　2000 年ごろまで、大学では少数の選りすぐられた学生を対象に日本語によるコミュニケーション能力を身につけさせるための徹底的な教育がおこなわれた。そして、これらの大学を卒業した人々は、政府機関・有力国有企業に「分配」され、また大学の教員となって、現在の中国の日本語教育界を指導する立場にいる。

　それに対し、朝鮮族の日本語教育は、その大学へ進学するための受験勉強を目的にはじめられた。しかし、結果的により重要であったのは日本企業の中国進出に必要な人材を送りだしたことにあった。当時の中国では、大学以外にまとまった規模の日本語教育システムを持っていたのは朝鮮族中学だけであり、規模だけをみれば、大学の日本語専攻課程より、朝鮮族中学でおこなわれる日本語教育のほうがずっと大きかった。朝鮮族中学の日本語教育は平均的な「質」については大学と比較にならなかったが、教育の対象となった生徒の数が多く、教員の資質と環境がうまく備わった場合には、かなり優れた日本語運用力を持つ生徒が生まれた。その中には大学へ進学する者も多かったが、その希望がかなわず職業につく者も少なくなかった。1990 年代には、中国の大学進学率はいまだ数パーセント台であったからである。そして、当時は「分配」制度が機能しており、大学から民間企業へ卒業生がくることはほとんどなかったから、経済・産業面で朝鮮族の日本語教育が果たし

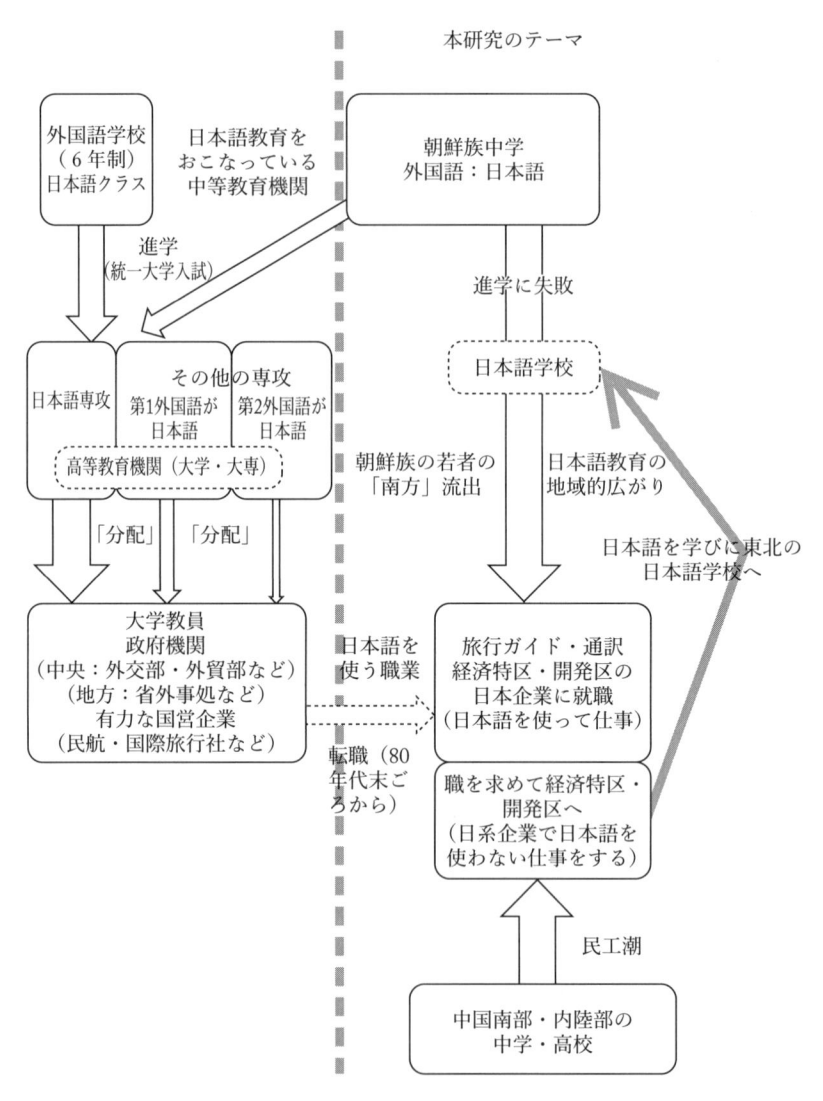

図 4-1　1980 年代、中国における日本語教育と人材育成の二重構造

た役割は高く評価されるべきである。
　このように日本語教育を受けた朝鮮族が「南方」に職を求め、そこで、日本語能力を生かして高卒ながらも「管理」的な職種につくことができたとい

うのは、当時の中国ではめずらしいことであった。1980年代の中国は、大学への進学率が数パーセント台にとどまっていた。また、人口の90%以上が「農民」として農村に住んでおり、しかも、農村には「待業者」という名の失業者があふれていた。したがって、「改革開放」政策がはじまると、中国南部・内陸部から沿海地域に膨大な数の人々が職を求めてやってきて、低賃金で単純労働についたのである。農村出身者には、それ以外の職業を選択することが不可能であった。そのような状況のなか、東北の農村からやってきた朝鮮族の若者が、日本語という外国語を習得していることによって、他の地域の人間とは異なる、より有利な条件の職業・職種を獲得しはじめたのである。これによって、それまでほとんど「日本語」というものと縁を持たなかった「南方」の人々が、日本語に興味を持った。やがて、この中から、数千キロはなれた東北地方の日本語学校におもむき日本語を学ぶ人が現れはじめたのである。1990年代に入ると、その人数は数万人に達し、さらに、その日本語教育への需要が「南方」での日本語教育機関、それも就業を目的とした日本語学校、職業技術学院などの開設につながった。さらに2000年代に入り中国政府の方針転換により、大学の大衆化がはかられると、就職に有利な「技能」として師範大学や工業大学にまで日本語学科を設置する動きが活発化するのである。こうして現在では、すでに新たに「南方」に設立された日本語教育機関が産業界への人材供給をはじめ、すでに主力はそちらに移りつつある。こうして、2000年代に入り、図4-1の右と左に分立していた日本語教育が一つに融合しようとしているのが現在の中国の日本語教育界の姿であるといえる。

4.5 中国朝鮮族の「漢語化」と「トランスナショナル化」

前節まで述べてきたように朝鮮族は、その民族中学の日本語教育をとおして、中華人民共和国の日本語教育が現在のような隆盛をみるにあたって無視できない役割を果たしてきた。しかし、反対に日本語教育が中国朝鮮族というエスニック集団に与えた影響もきわめて大きかった。本書を閉じるにあたり、視点をかえて、中国朝鮮族にとって日本語教育とは何だったのか、とい

うことを考えてみたい。

　前章までに何度かふれてきたが、じつは 2000 年ごろから、中国朝鮮族は「民族」としての大きな岐路をむかえている。それは、朝鮮族が「満州国」時代から居住地としてきた中国東北地域からの流出・移動であり、民族コミュニティの消失である。朝鮮族の移動は大きく二つの方向にむかっている。一つは、移住地である中国社会への一層の定着を志向する動きであり、言語生活としては、完全な「漢語化」にむかっている。もう一つの動きは、再度、中国国外へ移動し、そこでの経済的成功を志向する「トランスナショナル化」であり、同時にそれは継承語である朝鮮語を最大限に生かそうとする動きとしてあらわれている。

　1980 年代から 1990 年代にかけて、朝鮮族高級中学を卒業し、日本語の能力をかわれて「南方」の企業に就職する機会を得た者が、ふるさとを離れて働きはじめた。また進学の希望がかなって大学に進学することができた者も、大学を卒業した後は中央の政府機関や「南方」に職を求めて、東北地方から出ていった。現在の中国東北三省は、大連市を除き高度経済成長から取り残されてしまい、大学に進学した朝鮮族の若者がふるさとにもどってくるケースは稀である。たとえ個人としてふるさとにもどりたいという希望を持っていても、現在の東北地方では、農村はおろか中小都市でも、彼らが大学卒の学歴にふさわしいと考えるような職を得ることはむずかしい。中国社会科学院民族研究所 (1999, 258) によれば、このような朝鮮族の若者の大都市への「流失」は、すでに 1993 年ごろには大きな社会問題としてとらえられていた。朝鮮族簡史修訂本編写組 (2009, 221) は、「朝鮮族の移動は、20 世紀の 80 年代、主に女性からはじまった」といい、その後の朝鮮族の大都市への流出をつぎのようにまとめている。なお、この中の「山海関」は河北省にある長城の関所であり、「山海関以南に『流動』[20] した」というのは、朝鮮族の言いかたによれば、東北三省を離れ「南方」におもむいたことを意味している。

　　改革開放の初期、朝鮮族の農民は農村を離れた後、郷鎮、県都や小都市に達し、その後、人の流れは中都市から大都市に達し、最後は発展し

た都市や沿海都市に至った。現在、東北三省の都市を除いて、山海関以南の地区で第二次、第三次産業に従事している朝鮮族は50万人に達し、中国朝鮮族の四分の一をしめる。すなわち朝鮮族の4人に1人は、山海関以南に「流動」している。

　「南方」に流出し、日本企業に雇用された人たちがどのぐらいの数に達するかはっきりとしたことはわからない。4.2にもふれたとおり、中国には「住民登録」制度がなく、「戸籍」を出生地から簡単に移動することができないため、人口移動をリアルタイムで把握することがほぼ不可能に近い。したがって推定であるが、朝鮮族簡史修訂本編写組（2009, 221-222）は上に引用した部分の少し前に「統計が不完全である」と明記した上で「山海関以南」への「流動」を50万人ないしは60万人であると述べている。また、韓（2006, 160）も国内の移動人口は50万人であるとしている。2000年の人口調査で中国朝鮮族の人口は約190万人と報告されているから、先に引いた文章にもあるとおり民族人口の四分の一以上が「南方」に「流動」していることになる。すでに述べたとおり中国に進出した日本企業は2万社、韓国企業はそれよりもさらに多く3万社と推計されている。5万社に対して50万人という数値は先に述べた工場周辺の飲食業・サービス業などへの間接的な雇用をふくめ、十分にありうる数値であるといえよう。実際に東北三省の朝鮮族の村落を訪ね歩いても、朝鮮族の人々に故郷の現状をインタビューしても、確実に多くの「村」そのものが消失しつつあることは事実であり、流出は四分の一に留まらないという感を受ける。

　ところで、このように若者が「南方」へ流出したことは、それまで朝鮮語の世界に生きてきた朝鮮族に漢族なみの漢語能力を身につけることの必要性を感じさせることとなった。「南方」で働く朝鮮族にとっては、日本語の運用能力よりも、むしろ漢語の運用能力が足りないことが大きな問題であると感じられたのである。朝鮮族の居住地を離れて「南方」におもむくと、そこではまったく朝鮮語は使えず、すべて漢語で生活していかなければならない。「南方」に生活の場を移し、「中国人」として生きていくことになった朝鮮族が漢語能力の不足を痛切に感じたのは当然であったといえる。こうして

「南方」への進出は、しばらくすると民族教育の「漢語化」志向に反映していった。その動きは、まず日本語教育を英語教育に転換する動きとなってあらわれたのは2章で述べたとおりである。

このような「南方」への若年層の流出に続き、1993年に中国と韓国の間で国交が締結されると、その2～3年後には韓国への「出稼ぎ」が盛行することとなった。この「出稼ぎ」は、韓国のビザ取得要件の関係から、移民2世である30代～50代の既婚者が中心となった。ほぼ同時期に日本が南米の日系人を受け入れはじめたのと同様に、韓国もこのころから少子化と高学歴化による単純労働力の不足に悩んでいたため、韓国は条件付きで中国人の「同胞」を受け入れることとなったのである。その条件の第一にあげられたのは「韓国語運用力を有すること」であった。条件をクリアした朝鮮族の人々は、そのほとんどが子どもを中国において、祖父母に養育をまかせ、韓国に渡った。この2点は、日本語運用力を問われず、また家族で一緒に移動することが一般的であった日系人ブラジル人の来日とは対照的である。

韓国にいけば数カ月の労働で中国の子どもと祖父母が1年間楽に生活できるほどの仕送りができる。そこで、その仕送りをもとに、農村を離れ、都市部の民族学校の周囲に転居する留守家族が急増した。こうして若い人に続き、30～50代の大人たち、さらに老人たちも村を去ったのである。これが、農村の朝鮮族コミュニティの消失のはじまりであった。コミュニティに支えられていた農村部の民族学校はあいついで閉校し、残った都市部の朝鮮族学校の教育も低迷していった。

東北地域を離れ「南方」に移住した朝鮮族は、移住先では民族教育のシステムを持たず、朝鮮語を継承していくことが不可能に近い。また、東北地方でも人口が流出した農村部から民族学校が次々と閉校している。都市の民族学校は、なんとか生徒を集め、存続していくことができたとしても、町で民族語が使われるのは学校と家庭の中だけであり、生活の場としての民族コミュニティが空洞化してしまったので、子どもたちが朝鮮語を継承していく環境は不安定になるばかりである。こうして「漢語化」が民族語の喪失をよぶのはいうまでもないが、それとは対称的な現象であるように思える朝鮮族の「トランスナショナル化」も、結果としては「漢語化」と同様に朝鮮語が

失われていく状態をつくりだしていったのである。
　このように朝鮮族は、大きく一つは「南方」への移動、もう一つは韓国への移動という二つの「流出」経路を持って、縮小・解体していった。それを図にまとめたものが、図4-2である。
　現在では朝鮮族コミュニティに流入してくる、すなわち新たにコミュニティに参加するのは新生児をおいてほかにはない。しかし、コミュニティの出生率は低下する一方である。その理由が若い女性の流出にあることはいうまでもない。
　コミュニティに新たに流入する人口の減少に対し、コミュニティからの流出には大きく二つのパターンがある。一つは漢族社会への流出である。まず、図の左側の列に示した小学校から民族中学ではなく、ふつうの（漢語で教育をする）学校に進む子どもたちの存在である。2章にみたとおり、以前から朝鮮族学校がある地域でも全体の30％程度は漢族の学校に進学していたのだが、それに加え「南方」に移動していった家庭の子どもは、選択の余地なくこちらに進むことになる。また、東北地域の農村地区では、居住地周辺の民族学校が閉校したために、漢族の学校へいく子どもが増えている。2章で述べたとおり、現在の朝鮮族の状況をみると、家庭の教育だけで朝鮮語を継承することはむずかしい。つまり、この列に参入した子どもたちは「漢語化」によりコミュニティから流出してゆくのである。彼らが言語以外にも朝鮮族として強いエスニック・アイデンティティを保持し続けていく可能性は考えられるが、それによって、旧来の民族コミュニティに帰郷することは考えられない。また、そのような人々が集まって都会で新たにエスニック・グループをつくる可能性もきわめて少ないといわざるをえない。結局、その朝鮮族としての帰属感覚は、あくまでも個人的な意識のレベル、内的な意識にとどまらざるをえない。したがって、それが漢族社会で生まれ育つ彼らの子どもたちにも同じように継承されるケースはかなり少なくなると思われる。
　図の右側は、韓国への「出稼ぎ」による流出である。こちらは、子どもをもった親が、子どもの教育資金をかせぐために韓国へ赴くものである。はじめ彼らは2～3年で帰国する者が多かったが、中国東北の朝鮮族居住地区

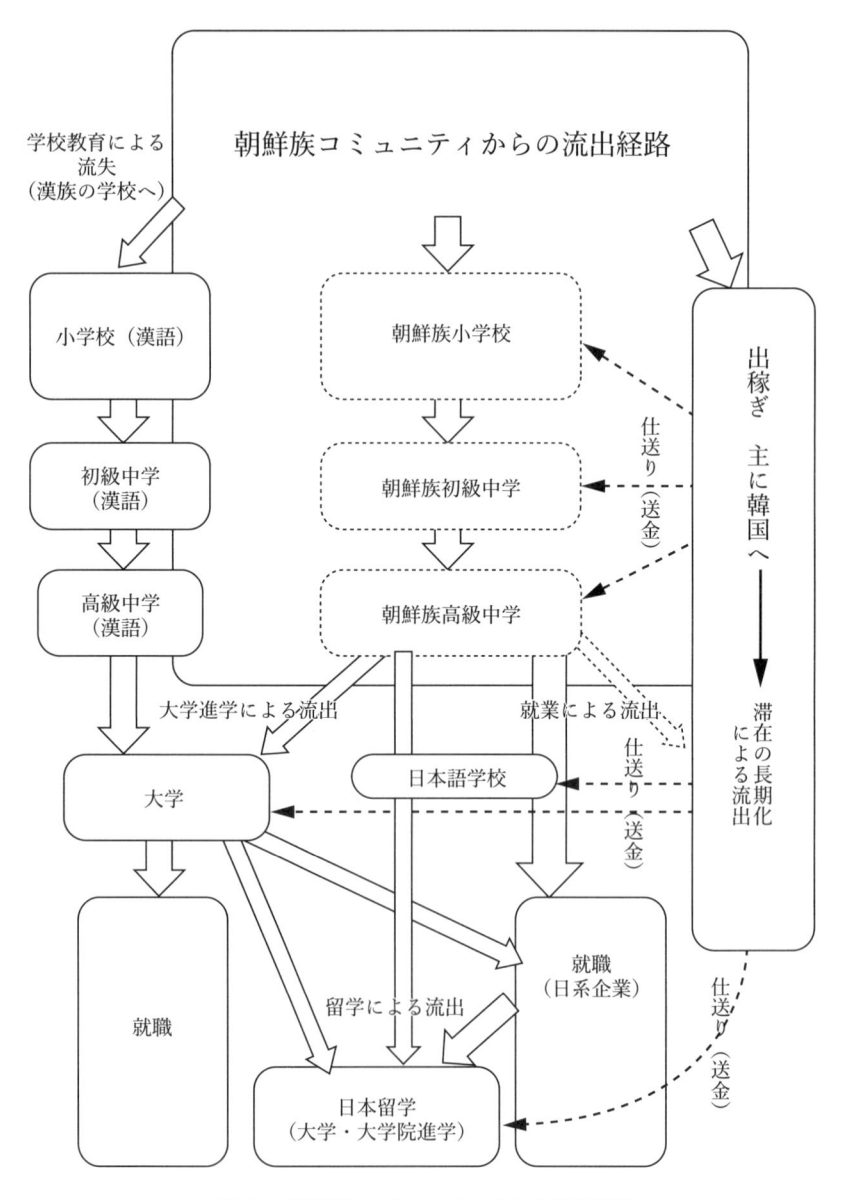

図 4-2　朝鮮族のコミュニティからの流出経路

では経済の低迷が続き、同時に中国国内の地域格差が広がるにつれて、しだいに韓国滞在が長期化する傾向を強めている。いまでは小学校のころから一度も親の顔をみたことがないと語る高校生がめずらしくない。また、その親たちが帰国してコミュニティに復帰するかどうかにも不確定要素が多い。そのため、朝鮮族簡史修訂本編写組（2009）などは、韓国に「出稼ぎ」にいった人々についても、現時点では流出者として扱っている。すなわち、図の右側は「トランスナショナル化」による流出である。

現在の朝鮮族にとってコミュニティの縮小と解体は大きな問題である。伝統的に水稲耕作を生業としていた朝鮮族は、農村に朝鮮族だけの集落をつくり、その民族コミュニティが言語や文化の継承を支えてきた。集落には、必ず民族小学校と初級中学があり、その民族教育はコミュニティの総意によって支えられていたといってよい。民族学校が民族語教育の中心となり、学校の外の朝鮮族コミュニティと一体となって朝鮮語が継承されてきたのである。

そのような環境が喪失していくことにより、朝鮮族は「民族」としてのコミュニティを維持できるかどうかが危ぶまれる状態にある。それは、同時に民族語継承の危機でもある。朝鮮族簡史修訂本編写組（2009, 221〜222）は、統計に不備があると付記しながらも、中国内（山海関以南と沿海都市）に60万人、韓国への「外出打工」（出稼ぎ）が30万人ないし40万人、さらに次の項で述べるとおり日本へは8万人が「流動」し、結局、朝鮮族の半数はすでに伝統的な居住地を離れているという数値を紹介している。

4.6　中国朝鮮族の将来と日本語教育

ところで、朝鮮族にはもう一つの「流出」経路がある。それは、図4-2の中央に示した朝鮮族小学校・初級中学・高給中学で教育をうけた人々の流出コースである。彼らは、高級中学卒業までは、コミュニティ内にとどまる。しかし、その後、大学に進学したり就職したりして朝鮮族のコミュニティから離れていくのである。多くの場合、流出はこの時点で終了してしまうが、この流出が日本への留学という新たな展開をするケースもまた少なく

ない。それが、図の中央下部にある、朝鮮族中学から、日本語学校を経て日系企業で勤めたのち日本へ、あるいは、大学卒業後に日本へ留学して大学院に進学するというコースである。じつは日本語教育を受け「南方」にいって日本語を使う職業に就いていた朝鮮族のなかの少なくない数が、その後、日本への留学、大学進学をしている。このように「日系企業での就労体験や日本の企業と仕事上の取引をするなどの経験が来日につながっている」ことは権（2011, 176-179）も指摘している。さらに、韓国に「出稼ぎ」にいった親の資金提供により日本留学を実現した朝鮮族の若者も少なくなかった。

1980年代から1990年代まで、一般の中国人の所得では、日本に留学するほどの資金を準備することはかなりむずかしかった。そのなかで、日本に留学した中国人の多くは特別な収入源を持っていた。日系企業で働くことによって資金を準備したり、韓国からの仕送りを受けたりすることもその一つであった。それもあって1980～1990年代、来日する中国留学生には朝鮮族の比率が非常に高かった。日本においても中国においても民族別の留学生数の統計がないために留学した朝鮮族の実数は不明であるが、その数は推定で3万人から5万人（権・宮島など2006, 181）あるいは8万人（朝鮮族簡史修訂本編写組（2009, 221））に達するといわれている。

李任官が延辺朝鮮族自治州龍井地区でおこなった実地調査によると1999年から2004年の5年間に、龍井から韓国に出国した者が33,949人であるのに対し、日本へ出国したものは3,625人であった[21]。つまり韓国へ出国する人数の1割程度が日本に来ているという。この比率が平均的なものであるとすれば、やはり3万人から4万人が在日しているという推計がなりたつ。こうして現在、日本は韓国についで海外に居住する朝鮮族が多い地域となっている。

ところで、朝鮮族の韓国への渡航と日本への渡航には、まったくことなる点がある。それは、朝鮮族が韓国におもむく場合は、ほぼ100％が就労を目的としているのに対し、日本へ来る朝鮮族は、その80％以上が留学・就学ビザを取得した青年であり、大学・大学院への進学を目的として来日するという点である。もちろん、日本へ留学した者も、そのほとんどが日本でアルバイトにつき、学費を稼ぎながら大学などに通っており、そのなかには就労

の方が主となってしまった「留学生」もいないわけではないが、はじめから就労のみを目的としている韓国への渡航とは明確な違いがある。金（2004, 67）・権（2011, 173–175）が、これら朝鮮族が日本に来た理由として「第一外国語が英語ではなく日本語であったという事実」をあげているとおり、この日本への留学が朝鮮族中学における日本語教育の結果の一つであることはいうまでもない。すなわち、朝鮮族の「漢語化」のきっかけが日本語教育にあったのと同じように、「トランスナショナル化」の進展にも彼らの日本語教育が関係しているのである。

　ところで「日本に在住する中国朝鮮族は、朝鮮語、中国語（普通話）、日本語を日常的に使用」している（高・村岡 2009, 43）という大きな特徴がある。これは、日本の大学や大学院の研究室、あるいは留学にともなうアルバイトなどの生活の場に、これら3言語を使用する人間、すなわち中国人・韓国人そして日本人がいることがごく普通にみられるからである。そして、高・村岡（2009）が述べているとおり、朝鮮族の留学生は必要と目的に応じて、これら3言語を使いわけて生活しているのである。

　このように3言語を使いわける生活、そしてその使いわけを常に意識させるような生活があるのは、朝鮮族にとって日本以外の地にはない。彼らの故国である中国では、朝鮮族の居住地をのぞいて朝鮮語が使える場所はほとんどない。それとは反対に韓国に渡った朝鮮族は、日常生活のほとんどすべてを韓国語ですませることになり、中国語を使うことはない。ところが、日本で朝鮮族留学生が学ぶ場面、あるいはアルバイトをする場所では、日本人はもちろん、中国人（漢語話者）と韓国人が同時にいることが多い。また、日本人は、朝鮮族が日本語と中国語、韓国語の三言語を使いこなすことを積極的に評価する。そのため、高・村岡（2009）が指摘しているように、朝鮮族の人々は日本に来た後、多言語使用を管理することをおぼえ、あるいは意識的なコードスイッチングを駆使して生活していかなければならない。それは、彼らにとって、自分が「韓国人でも中国人でもなく中国朝鮮族であること」を何よりも意識させられる新しい発見につながっていると思われる。そしてそれが、在日中国朝鮮族のエスニック・アイデンティティを強化することにつながっているようである。

現在、日本にいる数万人の朝鮮族留学生はかなり強いネットワークを持って生活している。構成員に留学生・研究者が圧倒的に多いことがネットワークの整備にプラスに働いているようであり、すでに在日朝鮮族によって「朝鮮族研究学会」のような全国的な学術団体や親睦団体がつくられている。このエスニック・グループの存在が今後、どのように推移するのかは、いまのところ予測がつかない。在日中国朝鮮族の人々は留学生が多く、比較的年齢が若いので、いまのところ日本で家庭を持っている人々は少ない。しかし、日本には「在日韓国朝鮮人」や「日系ブラジル人」という彼らによく似たエスニック・グループがすでに確立しており、それらのグループとならんで「在日中国朝鮮族」が新たなエスニック・グループを形成してゆく可能性は十分に考えられる。その場合、「南方」や韓国にわたった朝鮮族と同じように、彼らも日本社会の中で現地語を受容し、他の言語を継承しないこと、つまり「日本語化」してしまうことは十分に考えられる。しかし、現在のところ日本の人々は中国朝鮮族について「東アジアの3言語を自由に使いこなす人々」というイメージを持っており、それに高い評価を与えているので、朝鮮族が二つの継承語を維持し続けるための意識的努力をする可能性もまた十分にあると思われる。もし、そうなれば中国朝鮮族は再移動先の日本で、独自の社会的なポジションを確立することになる。

　「中国朝鮮族」は第二次世界大戦前の日本の植民地統治・侵略政策が生みだした移民集団である。その集団が、中華人民共和国の中で朝鮮語という民族語を軸としてエスニック・グループとしてのアイデンティティを獲得した。そのエスニック・コミュニティが民族教育の場で日本語教育の「再開」を選択したことにより、ふたたび日本との深い関係が生まれたのである。祖先の故地である朝鮮半島から、中国東北地方へと移動した彼らが、さらに日本に新たな生活の場を確立することになれば、それは、日本語教育が日本人以外のエスニック・アイデンティティを持つ集団を新たに創設するという新しい局面をむかえることになるのだが、その結果を知るのには、いましばらく時間がかかるだろう。

　いまの時点で本研究が結論にできることは、「満州国」の日本語教育は日本人がそれを忘れ去った後も、中国朝鮮族という、かつての日本語学習者が

形成したコミュニティの民族教育の中で大きく変容しながら存続し、現在の中華人民共和国の日本語教育の隆盛のある部分に確実につながってきたということ、そして、それにより朝鮮族自体も、民族集団の形成と維持に関わるような大きな影響を受けてきたのだ、ということである。

注

1 2章でふれたとおり、大学入学全国統一試験「高考」のトップ合格者は、科挙の呼称をそのまま流用し「状元」とよばれる。

2 本来、「分配」は大学だけではなく、各レベルの教育を終了した者すべてに適用される制度であったが、文革により産業の発展が停滞するにつれ、ほとんどの「単位」（職場）に余剰人員が発生し、「分配」制度が機能しなくなった。文革終了時に「分配」が残っていたのは大学の卒業生のみといってよい。

3 中国の大学が授業料を徴収しはじめたのは、1990年代に入ってからである。それまでも、授業料はあったが、まったく形式的な金額（30〜50人民元／年程度）にすぎず、多くの学生はそれをはるかに上回る奨学金を給付されていた。

4 当時、大連外国語学院で学んだZ氏へのインタビューによる。（2009.11.07）

5 四川大学で学んだM氏へのインタビューによる。（2009.05.20ごろ）

6 大連外国語学院は、1学年の定員が各学科70名であったが、そのうち10名は人民解放軍からの派遣学生であり、卒業後はただちに軍隊に復帰した。

7 中国の大学入学統一試験は、「理科」と「文科」にわかれる。1978年以降、その試験科目には何度かの変更がおこなわれているが、「語文」「数学」そして「外国語」の3科目は一貫して共通必修科目となっている。

8 中国東北地域は、地理的にロシアに近いばかりでなく、鞍山製鉄所・撫順炭鉱・第一汽車工場（長春）などが所在する重工業地域であったため、ソ連から多くのエンジニアが技術指導にきていた。そのため、ロシア語を学んだ人の数が他の地区より多かった。

9 週刊トラベルジャーナル1981年3月9日 p.9および1982年2月15日 p.38。

10 当時の中国の旅行事情については、『地球の歩き方　中国　自由旅行』84〜85年版14〜21ページを参照した。同シリーズが「中国」編を刊行したのは、この年がはじめてであった。

11　週刊トラベルジャーナル 1980 年 9 月 8 日 p.7。
12　週刊トラベルジャーナル 1980 年 1 月 28 日 p.4　なお、大連市は 1951 年に旅順市と合併した後、1981 年まで「旅大」市と称していた。
13　週刊トラベルジャーナル 1981 年 10 月 5 日 p.7。
14　週刊トラベルジャーナル 1980 年 9 月 1 日 p.3。
15　引用した週刊トラベルジャーナル 1982 年 2 月 15 日 p.38 の記事は、通訳ガイドの供給源として①大学の日本語専攻卒業、②中学を卒業して外語学校（高卒の学歴）に進むケース、③東北地方（旧満州）に生まれ日本軍の教育（原文のまま）を受けた、④大学の日本語を卒業して、しばらく教員をしていたところ、旅行社に回されたケース、をあげている。このうち①と③は理解できるが、②は意味が不明である。中国で「外語学校」とよばれる学校は中高一貫教育のエリート校であり、ほぼ全員が大学に進学するからである。「高卒に相当」という注記がなされていることから、おそらくここに相当数の朝鮮族中学卒業生がふくまれているものと思われる。また④は本文に触れた朝鮮族中学教員からの転職者を指しているものと思われる。
16　このような制限があるため、中国においては、日本の戸籍（中国語では「戸口」）にあたる制度はあるが、「住民票」にあたる制度がない。そのため、中国の人口移動については信頼できる具体的数値を示すことが困難である。ことに民族別の数値はほとんど得られない。
17　中国では、日本の(高級)管理職にあたる職種の総称として「幹部」という語が使われる。そして「幹部」と「工人（労働者）」の中間にあたる職種は「管理」とよばれる。一般に「管理」職につけるのは、大学の専科以上の学歴が必要である。当時は、現在の中国と異なり「専科」の学歴を持つ人は限られていた。
18　鶏西地区の日本語学校に関しては、L 氏の話に加え、筆者が数回、鶏西を訪問した際に数校の学校を訪問して関係者から聞いた話による。ただし、鶏西の日本語学校はすべて私立であるため設立・閉鎖が頻繁にあり、数値がどこまで正確であるかどうかはわからない。L 氏は、最盛期は 2002 年ごろで、学校数は 28 校、学生数 1 万 5,000 人だったといっている。筆者が 2004 年に別の学校の校長に聞いたところでは 15 校、7,000 人ということであった。さらに 2006 年の国際交流基金「日本語教育機関調査」(http://www.jpfbj.cn/) には 10 校が記載されている。しかし、L 氏によると 2009 年夏現在、存続している学校は 6・7 校に減っており、大手 4 校の一角をしめていた J 日本語学校も閉校したという。L 氏はその理由を世界的な経済危機に求めているが、筆者は本稿に述べたとおり、中国南部・内陸部にも日本語教育をする学校が数多く設立されたからであろうと考えている。

19 「職業技術学院」は、日本の高等専門学校（高専）にあたる教育機関であるが、5 年制の課程のほかに、高級中学卒業後に進学する 3 年制の課程もあり、中国ではこの 3 年制課程が主流である。理工系の専攻のほかに会計や観光、そしてビジネス外国語など専攻の幅が広い。

20 上記注 10 に述べたとおり、中国の戸籍制度は、人々の転居を制限していることから、農村・地方都市から大都市・沿海都市への移住は「流動」「暫住移動」といった「一時的な移動であり、しばらくすればふるさとに戻る」という表現が使われる。しかし、現実には大都市での長期滞在、さらに定住をのぞむ者が相当の割合で存在する。厳によれば上海市における調査でその数は 37％に達する（厳 2005, 207）。朝鮮族に関しても同様で、一度、生活条件のよい「南方」や「海外」に「流動」した者が、そのまま定住してしまうケースはごく一般的にみられる。

21 李任官　口頭発表 2008 年 11 月 29 日「国際人口移動に伴う地域の変容―中国吉林省龍井市を事例として―」朝鮮族研究学会 2008 年度総会及び研究フォーラム第二報告、およびフォーラムのプログラムによる。

参考文献

＊著者・編者名を日本語読みの五十音順で配置した

稲垣 清　2003　「中国の外資受け入れ状況と日本企業の進出」21世紀中国総研編　『中国進出企業一覧』2003-2004年版　15-27　蒼蒼社
岩佐 昌暲　1983　『中国の少数民族と言語』光生館
磐村 文乃　2007　「韓国における日本語教育の変遷」櫻坂 英子 編著『韓国における日本語教育』11-31　三元社
禹 鐘烈　2001　『遼寧朝鮮族史話』遼寧民族出版社
遠藤 誉　2010　『拝金社会主義　中国』　筑摩書房
『延辺朝鮮族自治州概況』編写組　1984　『延辺朝鮮族自治州』概況　延辺人民出版社
閻 崇年 主編　1991　『中国市県大辞典』中共中央党校出版社
延辺朝鮮族自治州地方志編纂委員会　1996　『延辺朝鮮族自治州志(上下巻)』中華書局
王 宏　1991　「中国における日本語教育概観」上野 田鶴子 編著『講座　日本語と日本語教育 16　日本語教育の現状と課題』31-48　明治書院
王 宏　1994　「1990年中国日本語教育アンケート調査結果報告」　国際交流基金日本語国際センター『世界の日本語教育　日本語教育事情報告編』第1号　185-201
王 宏　1995　「1993年中国日本語教育事情調査報告」　国際交流基金日本語国際センター『世界の日本語教育　日本語教育事情報告編』第3号　191-206
王 柯　2005　『多民族国家　中国』　岩波書店
王 紅曼　2000　『新中国民族政策概論』　中央民族出版社
王 智新　2004　『現代中国の教育』明石書店
大島 一二 編著　2001　『中国進出日系企業の出稼ぎ労働者』芦書房
岡本 雅享　1999　『中国の少数民族教育と言語政策』　社会評論社
小川 佳万　2001　『社会主義中国における少数民族教育』　東信堂
川喜多 二郎　1967　『発想法　創造性開発のために』　中央公論社
韓 景旭　2001　『韓国・朝鮮系中国人　朝鮮族』　中国書店
韓 光天　2006　「中国朝鮮族の都市移動の実態に関する報告」中国朝鮮族研究会編『朝鮮族のグローバルな移動と国際ネットワーク』アジア経済文化研究所　159-163
管 彦波　2004　「中国東北部朝鮮族の稲作について」2004　櫻井 龍彦 編　2004　『東北アジア朝鮮民族の多角的研究』　ユニテ　284-298

木村 宗男 編 1991 『講座 日本語と日本語教育 第15巻 日本語教育の歴史』明治書院

許 青善 等主編 2001-2005 『中国朝鮮民族教育史料集（1・2・3・4上・4下）』延辺教育出版社

曲 鉄華・梁 清 2005 『日本侵華教育全史 第一巻』 人民教育出版社

金 海燕 2007 「遼寧省朝鮮族人口変化研究」金炳鎬『中国朝鮮族人口問題研究』291-303 北京民族出版社

金 明姫 2004 「日本における中国朝鮮族の生活と意識 ―在日中国朝鮮族就学生・留学生・社会人を事例として―」神戸大学発達科学部人間科学研究センター『人間科学研究』11巻2号 65-93

金 龍哲 編訳 1998 『中国少数民族教育政策文献集』 大学教育出版

金 炳鎬・柳 春旭・呉 相順・孫 英善 1998 「朝鮮族教育史」中国少数民族史教育編集委員会編『中国少数民族教育史 第二巻』 466-583 雲南・広西・広東教育出版社

国松 昭 1982 「中国における日本語教育」 日本語教育学会編『縮刷版 日本語教育事典』707-708

権 香淑 2011 『移動する朝鮮族』 彩流社

権 香叔・宮島 美花他 2006 「在日本中国朝鮮族実態調査に関する報告」中国朝鮮族学会編 2006『朝鮮族のグローバルな移動と国際ネットワーク』アジア経済文化研究所 223-237

グッドソン、I 2001 教師のライフヒストリー（藤井 泰・山田 浩之 編訳）晃洋書房

グッドソン、I・サイクス、P（高井良 健一・山田 浩之・藤井 泰・白松 賢 訳）2006 『ライフヒストリーの教育学』 昭和堂

倉沢 愛子 2005 「グローバリゼーションの中の日本文化」縫部 義憲 監修・水島 裕雅 編集『講座・日本語教育学 第1巻 文化の理解と言語の教育』125-138 スリーエーネットワーク

厳 善平 2005 『中国の人口移動と民工』勁草書房

呉 仕民 主編 1998 『中国民族政策読本』 中央民族大学出版社

高 民定・村岡 英裕 2009 「日本に住む中国朝鮮族の多言語使用の管理 ―コードスイッチングにおける留意された逸脱の分析―」日本言語政策学会『言語政策』5巻 43-60

康 文 2007 「鶏西市朝鮮族人口負増長問題探討」『中国朝鮮族人口問題研究』278-290 北京民族出版社

国際交流基金日本語国際センター 2002 『日本語教育国別事情調査中国日本語事情』国

際交流基金

国際交流基金日本語国際センター　2008　『海外の日本語教育機関の現状・日本語教育機関調査・2006 年(概要)』国際交流基金

国務院人口普査弁公室・国家統計局人口社会科技統計司 編　2003　『2000 年人口普査分県資料』中国統計出版社

国家統計局人口和社会科技統計司・国家民族事務委員会経済発展司 編　2003　『2000 年人口普査中国民族人口資料(上下冊)』民族出版社

斉 紅深 主編　2002　『日本侵華教育史』人民教育出版社

斉 紅深 編著(竹中 憲一 訳)　2004　『「満州」オーラルヒストリー』皓星社

斉 紅深 主編　2005　『見証　日本侵華殖民教育』　遼海出版社

蔡 茂豊　1997　『中国人に対する日本語教育の史的研究』私家版

蔡 洙一・梁 玉今　2007　『論延辺朝鮮族人口負増長所引発的朝鮮族教育問題』　金 炳鎬 編『中国朝鮮族人口問題研究(朝鮮文)』(『중국 조선족 인구문제와 그 대책』)　民族出版社　229–239 (本論文は漢語で収録)

崔 乃夫 主編　2000　『中華人民共和国地名大詞典　第 1 巻』商務印書館(北京)

崔 明龍・瞿 健文 主編　2004　『中国民族村寨調査叢書・朝鮮族—吉林磐石焼鍋朝鮮族村調査—』雲南大学出版社

桜井 厚・小林 多寿子 編著　2005　『ライフヒストリー・インタビュー』　せりか書房

佐藤 郁哉　2006a　『フィールドワーク増訂版』　新曜社(旧版 1992)

佐藤 郁哉　2006b　『定性データ分析入門　QDA ソフトウエア・マニュアル』　新曜社

佐藤 郁哉　2008　『質的データ分析法　原理・方法・実践』　新曜社

石 剛　2003　『増補版　植民地支配と日本語』三元社

篠原 清昭　2001　『中華人民共和国教育法に関する研究』　九州大学出版会

週刊『トラベルジャーナル』1980 年 1 月 28 日 p4、1980 年 9 月 8 日 p7、1981 年 3 月 9 日 p9、1981 年 10 月 5 日 p7、1982 年 2 月 15 日 p38　株式会社トラベルジャーナル

周 耀文・王 鵬林　1995　「対貴州東南州苗族・Dong 族語言文字問題的幾点観法」周 耀文 編『中国少数民族語文使用研究』171–185　中国社会科学出版社

秦 衍「2. 中国の日本語教材」吉岡 英幸 編著『徹底ガイド日本語教材』2008 凡人社 169–176

蘇 徳昌　1980　「中国における日本語教育」　日本語教育学会　『日本語教育』41 号 25–38

園田 茂人　2008　『不平等国家　中国』講談社

孫 春日　2003　『"満州国"時期朝鮮開拓民研究』　延辺大学出版社

太 平武　2005　「中国朝鮮族民族教育現状」『民族教育研究　2005年第5期』17–21　中央民族大学期刊社

ダイヤモンド・スチューデント友の会 編著　1984　『地球の歩き方　中国　自由旅行』'84～85'版　ダイヤモンド社

高崎 宗司　1996　『中国朝鮮族　歴史・生活・文化・民族教育』明石書店

竹中 憲一　2000　『「満州」における教育の基礎的研究　第5巻　朝鮮人教育』柏書房

竹中 憲一　2004　『旧「満州」における植民地教育体験者の調査』平成14年度～15年度科学研究費補助金(基盤研究(C)(2))研究成果報告書

田中 望　1988　『日本語教育の方法―コース・デザインの実際―』大修館書店

谷 富夫 編　1996　『ライフ・ヒストリーを学ぶ人のために』世界思想社

中国教育年鑑編輯部　1989、1991、1992～『中国教育年鑑』人民教育出版社

中華人民共和国国家教育委員会頒布　1987　『普通高等学校招生暫行条例』

中国社会科学院民族研究所・国家民族事務委員会文化宣伝司 主編　1993　『中国少数民族語言文字使用和発展問題』中国藏学出版社

中国社会科学院民族研究所・国家民族事務委員会文化宣伝司 主編　1994　『中国少数民族語言使用情況』中国藏学出版社

中国社会科学院民族研究所 編　1999　『中国少数民族現状興発展調査研究叢書・龍井市朝鮮族巻』民族出版社

中国朝鮮族学会 編　2006　『朝鮮族のグローバルな移動と国際ネットワーク』アジア経済文化研究所

中国朝鮮族青年学会(舘野 哲他 訳)　1998　『聞き書き中国朝鮮族生活誌』社会評論社

張 石煥　2004.3.15　「日本語選択、後悔するのはやめよう！」『黒竜江新聞(朝鮮語版)』

朝鮮族簡史修訂本編写組　2009　『中国少数民族簡史叢書(修訂本)朝鮮族簡史』民族出版社

陳 立鵬　1998　『中国少数民族教育立法論』中央民族大学出版社

陳 培豊　2001　『「同化」の同床異夢』三元社

沈 林　2001　『中国的民族郷』(中国散雑居民族工作叢書)民族出版社

鄭 雅英　2001　「変貌する東北の朝鮮族社会　―「市場」と「民族」の狭間で―」佐々木信彰 編『現代中国の民族と経済』第四章 65–88　世界思想社

鄭 雅英　2006　「中国朝鮮族をめぐる歴史・現状・未来　―在日朝鮮人の視点から―」中国朝鮮族研究会『朝鮮族のグローバルな移動と国際ネットワーク』アジア経済文化研究所　87–102

鄭 婕　2003　「中央民族大学預科教育的現状与前瞻」中央民族大学『民族教育研究』2003

年第 1 期 28–32

鄭　仁甲　2007　「中国朝鮮族教育共同体反思」『中国朝鮮族人口問題研究』175–193　北京民族出版社

都　永浩　2007　「黒龍江省朝鮮族人口変遷及其発展趨勢」金　炳鎬　編『中国朝鮮族人口問題研究(朝鮮文)』(『중국 조선족 인구문제와 그 대책』)268–277　北京民族出版社(本論文は漢語で収録)

滕　星・王　軍　主編　2002　『20 世紀中国少数民族与教育　理論、政策与実践』　民族出版社

中嶋　誠一　編著　2005　『中国経済統計　改革・開放以降』ジェトロ(日本貿易振興機構)／官報取扱書

任　榮哲　2005　「在外韓国人の言語生活」真田　真治・生越　直樹・任　榮哲　編　『在日コリアンの言語相』　和泉書院　53–86

北京大学　1973　「中国における日本語を含む外国語の教育について」日本語教育学会『日本語教育』21 号 63–70

朴　光星　2004　「韓国における朝鮮族の労働者集団の形成」　櫻井　龍彦　編　『東北アジア朝鮮民族の多角的研究』　ユニテ

朴　奎燦・権　寧河・趙　昌赫・韓　鎮玉・許　青善・任　龍哲・千　洪範・姜　永徳　1989　『延辺朝鮮族教育史稿』　吉林教育出版社

本田　弘之　2003　「インターネット時代の日本語教育中の写作指導(中文)」中国教育学会外語教学専業委員会　編　『中学日語教学論文集』　吉林教育出版社

本田　弘之　2003　「中国東北地域における「満州国」後の日本語教育」『2003 年度日本語教育学会秋季大会予稿集』168〜173 ページ

本田　弘之　2005　「中国朝鮮族の継承語維持方略と日本語教育」社会言語科学会『社会言語科学』第 8 巻第 1 号 18〜30 ページ

本田　弘之　2005　「中国朝鮮族の民族教育とその将来」『杏林大学外国語学部紀要』第 17 号 179〜196 ページ

本田　弘之　2006　「日本語教育の〈自律〉と〈変容〉　―中国東北地域における〈満州国〉後の日本語教育の意味―」日本言語政策学会『言語政策』第 2 号 91–101

本田　弘之　2006　「中国朝鮮族中学における日本語教育の選択メカニズム―「満州国」後の日本語教育の連続性と非連続性―」『杏林大学外国語学部紀要第 18 号』107–118

本田　弘之　2006　「日本語教育をふりかえる」遠藤　織枝　編『日本語教育を学ぶ』第 9 章 207–227

本田　弘之　2009　「中国朝鮮族の日本語教育の「再開」」日本言語政策学会『言語政策』第 5 号　1–20

吉岡 英幸　2008　「日本語教育史」『NAFL 日本語教師養成プログラム 12　日本語史／日本語教育史』第 5 章～第 7 章　67–135

安田 敏朗　2006　『「国語」の近代史　帝国日本と国語学者たち』中央公論新社

楊 魁孚 主編　1995　『中国少数民族人口』中国人口出版社

李 傳松・許 宝発　2006　『中国近現代外語教育史』上海外語教育出版社

リチャーズ、ジャック・C ＆ ロジャーズ、シオドア・S　（アルジャルミー、アントニー ＆ 高見澤 孟 監訳）『世界の言語　教授・指導法』2007　東京書籍

JACET 教育問題研究会 編　2001　『改訂版　英語科教育の基礎と実践』　三修社

［教科書・問題集］

延辺教育出版社　2000　『高中日語復習指導書』

延辺教育出版社　2000　『高中日語総復習資料』

人民教育出版社　1983 年 8 月～12 月　『初級中学課本　にほんご　日語』1 ～ 6 冊

人民教育出版社　1984 年 10 月～1985 年 3 月　『高級中学課本　にほんご　日語』1 ～ 3 冊

人民教育出版社　1992 年 10 月～1994 年 10 月　『九年義務教育三年制初級中学教科書　日語』　1 ～ 3 冊

人民教育出版社　1996 年 12 月～1998 年　『全日制普通高級中学教科書（試験本）日語』　1 ～ 3 冊

本書は、日本学術振興会研究補助金日本学術振興会科学研究費補助金（基盤研究 C）課題番号「東アジア地域における 1945 年以降の日本語教育の自律と変容に関する調査研究」平成 17 年度～19 年度（研究代表者　本田弘之）および「基盤研究（C）課題番号 215205480001　課題名：東アジア地域における「愛国教育」が日本語教育に与えている影響についての研究」平成 21 年度～23 年度（研究代表者　本田弘之）の成果の一部である。

おわりに
―「見えない人々」の「見えないコミュニティ」―

　本書に何度か引用した権香淑著『移動する朝鮮族』は、現在の中国朝鮮族が持つ大きな特徴である「移動」あるいは「移住」についての研究である。この研究は丹念なフィールドワークによりすすめられていくが、テーマである「朝鮮族の移動」について、どのぐらいの人口がどこに移動しているかという数字をしめしている個所はほとんどない。それについて権は「日本には、韓国の朝鮮族社会ほどの規模ではないが、5〜6万人規模で朝鮮族が滞在していると言われる。しかし、中国のパスポートを持って来日する朝鮮族は、日本の出入国統計上には明示されないほか、社会的にも日本語音読みの中国名を使っていることもあり、いわば不可視的エスニシティ (invisible ethnicity) として、その動向の把握は容易ではない。」と語っている。(権 2011, 116)
　現在の朝鮮族がどこに何人いるのかさえ「見えない」のは、日本国内の統計だけではなく、中国国内の統計においても同様である。民族別の数値はごく基本的なものしか発表されておらず、「流動人口」はわからない。つまり、中国でも日本でも、朝鮮族について研究をするときには、公表された各種の統計的数値から何かを読みとって分析する、という方法がほとんど使えない(さすがに韓国だけは「韓国系中国人」が 363,087 人滞在していると発表 (2010 年) しているが)。したがって、本書の研究も権の研究と同様に、フィールドワークとインタビューという質的な研究手法をとることとなった。
　このような質的研究を進めていくために、なによりも重要かつ難しいのは、人間関係をつくっていくことである。とくに調査させてもらう側にとっては、どのようにしてこちらが信頼に足る人間であるかを相手に示すかが大変な難題である。本研究に関しては、わたし自身が日本語教師であったこと

が幸いした。教師研修会や実際に中学校の教室でわたしがおこなう授業を見てもらうことが、信頼感を得るため何よりも役だった。

　きっかけをつくり、それまで「見えなかった人々」が見えはじめると、そこから人間関係を広げていくことはそれほど難しいことではなかった。というのは、朝鮮族の人々は、「見えないコミュニティ」を形作っていることがわかってきたからである。外から見える彼らのコミュニティは、民族学校を中心とした狭いものだが、「見えないコミュニティ」は、「移動する民族」にふさわしく、ごくゆるい連絡網によって、きわめて広い範囲につながっているのだった。ひとたびそのコミュニティ内部で信頼されてしまえば、わたしが黒龍江省ではじめた調査を、吉林省、遼寧省に広げていくこともきわめてスムーズに進んだのである。とはいえ、人間関係をたどっておこなう研究には途方もない時間がかかり、論文としてまとめようと決意してから6年間、それ以前の予備的な調査から考えると10年間という年月がすぎてしまった。

　この研究を出版するにあたっては、数えきれないほどの方々にお世話になった。なによりも、お話を聞かせていただいた朝鮮族のみなさんに深く感謝しなければならない。直接、話を引用させていただいた朝鮮族中学の先生方はもちろんだが、その上の世代にあたる「老一代」の退職教員の先生方と、下の世代である現役の民族中学の学生・生徒のみなさん。また、日本に留学している朝鮮族の大学生、大学院生の方々からも貴重な情報を数多くいただいた。

　本来なら、それらのみなさんには、この本をもってすぐにお礼をいいにいかなければならないところだが、さすがに「移動する朝鮮族」だけあって、また、わたしが研究をまとめるのに手間取っていたこともあって、すでにそのかなりの方と連絡がつかなくなってしまっている。かつてB先生が、酒を飲みながらわたしに「朝鮮族は『根なし草』ですよ。小さな荷物を一つ持って『満州』『南方』『日本』そして『韓国』…ほいほい、と、すぐに移ってしまうんです」と語ってくれたことがあったが、そのB先生も数年前に「南方」にいき、さらに韓国へわたったと聞いた。とはいえ、わたし自身、

話を聴いたことのある朝鮮族中学の先生と新大久保の韓国料理店で出会ったり、同じく話を聴いた朝鮮族中学の卒業生に早稲田大学付近の路上でいきなり声をかけられたことがあるぐらい朝鮮族の社会は狭い（広いというべきか？）。だから、朝鮮族の「見えないコミュニティ」をたどっていけば、そう遠くない時期にB先生にも「韓国あたり」で再会できると思うが、B先生をはじめとして、とりあえず、すぐにお礼をいいにいけそうもないみなさんには、まず、ここでお礼をいっておきたい。

「ありがとうございました」

そのほかにもお礼をいわなければならない方がたくさんいる。
調査・研究にあたって学術振興会の科学研究費補助金の交付を2回にわたってうけることができたのは幸いであった。本書の刊行にあたっても、独立行政法人日本学術振興会平成23年度科学研究費補助金（研究成果公開促進費）の交付をいただいた。
　調査をはじめるきっかけとなった中学日本語教師研修会（1996～2003）を企画し、わたしを講師に選んでいただいた公益法人国際文化フォーラム。
　中国の田舎町の日本語教育について貴重な情報を寄せてくれた、また現地調査の一部に同行していただいた青年海外協力隊の隊員とOV（old volunteers）のみなさん。
　わたしが長春で日本語教師として第一歩を踏み出したときに知り合ってから、その後20年間にわたり変わらぬ親友である呉焱は、中国に調査にいくたびにさまざまなサポートをしてくれた。

「みなさん、ありがとうございました」

そして、誰よりも早稲田大学大学院日本語教育研究科の吉岡英幸先生にお礼をいわなければならない。本書の元となった論文は、博士論文として書かれたものだが、従来の日本語教育学の研究スタイルにはなかった内容・形式であるため、何度も審査でリジェクトされ、試行錯誤を重ねることになってしまった。その責任はすべて調査結果をどのような形にまとめればいいか、という見通しをつけられなかった筆者にあるのだが、筆者が挫折するたび

に、吉岡先生が本人以上に粘り強く指導、助言そして激励をくりかえしてくださった。先生がいらっしゃらなければ、せっかく調査に協力してくださった数多くのみなさんの好意を無にしてしまうところだった。
　「吉岡先生、本当にありがとうございました」

索引

あ

厦門大学　120
暗記　138
暗唱　158
インタビュー　15
内蒙古師範大学　119
英語　72
エスニック・アイデンティティ　271, 275
エスニック・グループ　276
延辺教育出版社　209
延辺第一中学　76
延辺大学　119
延辺朝鮮族　33
延辺朝鮮族自治州　25
応用日本語　242
オーストラリア　95

か

海外送金　85
外国語学校　115
外国語教授法　136
科挙　39
学習モチベーション　163
加授蒙古語　56
漢語　19
漢語化　32, 73
韓国　95, 256
漢語文　24

完全中学　38
間島　25
寄宿舎　53
技術研修生　259
吉林大学　75, 97
技能型教材　208
教育学院　170
教育制度　35
教学大綱　184, 227
教科書　208
経済技術開発区　254
鶏西　26, 260
下海　168
結婚　86
言語コミュニケーション能力　227
言語生活　30
高級中学　37, 213
高考　41
広州交易会　245
コードスイッチング　275
国際交流　250
国際理解　250
黒龍江省　31
黒龍江大学　97
コミュニカティブ・アプローチ　161
コミュニケーション能力　161
コリアンタウン　258

さ

在日コリアン　63
三語教育　221
山東大学　120
私費留学生　122
上海外国語大学　120
上海師範大学　120
上海対外貿易学院　120

重点校　39
授業参観　181
準開放都市　246
状元　43
商務日本語　242
初級中学　37, 211
職業技術学院　264
職業中学　37
進学競争　39
清国留学生　105, 110
人民教育出版社　209
清華大学　119
精読　227
専科　36
鮮満拓殖会社　58
鮮満拓殖株式会社　26
総合型教材　208
双語教育　221

た
対外完全開放都市　246
大学入試　129
大連外国語学院　75, 97, 120
大連理工大学　120
中央民族大学　119
中国医科大学　120
中国観光旅行　246
中山大学　120
朝鮮語の継承　64
朝鮮語文　24, 48
朝鮮語無用論　108
朝鮮人学校　101
朝鮮族研究学会　276
朝鮮族コミュニティ　84
直接法　174
通訳　168

通訳ガイド　248
テープ　144
テープレコーダー　154
出稼ぎ　81, 255
テレビ　77
天津外国語学院　97, 120
東北三省朝鮮語文教材協作小組　209
東北師範大学　120
東北師範大学赴日予備学校　2
「奴化（皇民化）」教育　105
トランスナショナル化　73, 79

な
内地朝鮮族　33
南開大学　120
南京大学　114
南方　168
日系企業　167
日本語学校　260
日本語能力試験　263

は
ハルビン　264
ハルビン工業大学　120
ハルビン師範大学　119
哈尔濱第一朝鮮族中学　190
ヒアリング　192
非専攻　96, 208
ビリーフ　188
フィールドワーク　19
武漢大学　120
普通高等学校招生全国統一考試　41
復旦大学　120
赴日予備学校　121
文化大革命　107
分配　241, 244

北京外国語学校　114
北京人民大学　119
北京対外貿易学院　120
北京大学　61, 114, 119
北京第二外国語学院　120
北京日本学研究センター　121
北京日本語研修センター　2
白求恩医科大学　120
法規授業　137
牡丹江　264
本科　36

ま

満州国　99
民族学校　44
民族教育　34, 44
民族語　50
民族郷　32
民族語文　47
民族コミュニティ　66, 268
民族別学習者数　96
モンゴル族　55
モンゴル文字　57

や

預科　72
四つの現代化　117, 254

ら

ライフヒストリー　18
ラジオ講座　117, 154
ラジオ放送　126
留学生10万人計画　122
遼寧師範大学　120
遼寧省　32
旅行ガイド　166

老一代　136
ロシア語　113

【著者紹介】

本田弘之（ほんだ ひろゆき）

〈略歴〉札幌市生まれ。早稲田大学教育学部卒業後、高校教諭を経て、青年海外協力隊に参加。中国・ポーランドで日本語を教える。早稲田大学大学院日本語教育研究科満期退学。博士（日本語教育学）。現在、杏林大学外国語学部教授。

〈主要著書・論文〉『徹底ガイド 日本語教材』（共著、凡人社、2008年）、『日本語教育を学ぶ 第二版』（共著、三修社、2011年）など。

文革から「改革開放」期における中国朝鮮族の日本語教育の研究

発行	2012年2月14日 初版1刷
定価	8700円＋税
著者	© 本田弘之
発行者	松本 功
印刷所	三美印刷株式会社
製本所	田中製本印刷株式会社
発行所	株式会社 ひつじ書房
	〒112-0011 東京都文京区千石2-1-2 大和ビル2階
	Tel.03-5319-4916 Fax.03-5319-4917
	郵便振替 00120-8-142852
	toiawase@hituzi.co.jp http://www.hituzi.co.jp

ISBN 978-4-89476-591-7

造本には充分注意しておりますが、落丁・乱丁などがございましたら、小社かお買上げ書店にておとりかえいたします。ご意見、ご感想など、小社までお寄せ下されば幸いです。